A CIÊNCIA DA PSICANÁLISE

METODOLOGIA E PRINCÍPIOS

A CIÊNCIA DA PSICANÁLISE
METODOLOGIA E PRINCÍPIOS

LUCIANO ELIA

A CIÊNCIA DA PSICANÁLISE
METODOLOGIA E PRINCÍPIOS
© Almedina, 2023

Autor: Luciano Elia

Diretor da Almedina Brasil: Rodrigo Mentz
Editor: Marco Pace
Editor de Desenvolvimento: Rafael Lima
Assistentes Editoriais: Larissa Nogueira e Letícia Gabriella Batista
Estagiária de Produção: Laura Roberti
Revisão: Luciana Boni e Mirian Furtado

Diagramação: Almedina
Design de Capa: Henry Szames e Roberta Bassanetto

ISBN: 9786554271547
Outubro, 2023

Dados Internacionais de Catalogação na Publicação (CIP)
(Câmara Brasileira do Livro, SP, Brasil)

Elia, Luciano
A ciência da psicanálise : metodologia e
princípios / Luciano Elia. – São Paulo : Edições 70,2023.

ISBN 978-65-5427-154-7

1. Epistemologia 2. Freud, Sigmund, 1856-1939
Crítica e interpretação 3. Psicanálise – Teoria – Psicologia
4. Psicologia I. Título.

23-158264   CDD-150.195

Índices para catálogo sistemático:

1. Psicanálise 150.195

Eliane de Freitas Leite – Bibliotecária – CRB 8/8415

Este livro segue as regras do novo Acordo Ortográfico da Língua Portuguesa (1990).

Todos os direitos reservados. Nenhuma parte deste livro, protegido por copyright, pode ser reproduzida, armazenada ou transmitida de alguma forma ou por algum meio, seja eletrônico ou mecânico, inclusive fotocópia, gravação ou qualquer sistema de armazenagem de informações, sem a permissão expressa e por escrito da editora.

Editora: Almedina Brasil
Rua José Maria Lisboa, 860, Conj. 131 e 132, Jardim Paulista | 01423-001 São Paulo | Brasil
www.almedina.com.br

PREFÁCIO

Existem questões do campo da psicanálise que insistem e, ao retornarem, mostram de outro modo o que já estava lá, sem que se o soubesse. Assim, sem levantar novamente a clássica interrogação acerca de a psicanálise ser ou não uma ciência, Luciano Elia parte, em ato, da afirmação que dá título à sua obra: a psicanálise é uma ciência. E adverte de saída a quem o lê: se a psicanálise é uma ciência, ela o é de uma forma peculiar, o que interroga o próprio escopo do que é científico.

Ao tomar como eixo guia de seu argumento que método clínico e método de pesquisa são um só e mesmo processo no campo psicanalítico, o autor avança do campo da epistemologia ao da psicanálise, recuperando o rigor da *sega cortante da verdade freudiana* – expressão lacaniana – a cada passo. O livro é uma grande obra sobre os fundamentos da pesquisa e, por decorrência lógica de sua premissa, sobre os fundamentos da clínica psicanalítica. Tanto o jovem iniciante quanto o psicanalista já iniciado encontrarão os fundamentos caudalosos do método clínico numa, ora mansa, ora revoltosa correnteza. A psicanálise é contraposta em sua especificidade como experiência com o inconsciente em mergulhos argumentativos em que a clínica, soberana como queria Freud, se impõe.

Na primeira parte da obra, em três atos, Luciano Elia aponta a perda da dimensão crítica da epistemologia em nosso tempo, afirma o corte moderno que funda a ciência como ato da razão através da homologia entre matemática e natureza e, finalmente, localiza o sujeito do conhecimento, daí decorrente, como sendo reintroduzido na dimensão científica pelas mãos da psicanálise. Por isso, a interrogação de Lacan – *qual ciência para a psicanálise?* – permanece fulcral na afirmação de que a psicanálise é, à sua maneira e radicalmente, uma ciência.

Na segunda parte do livro, os três últimos capítulos alimentam, com rigor e gravidade, o corte que sexualidade e linguagem imprimem ao sujeito do inconsciente, como ato que inclui o que o causa. E que, por isso mesmo, pode ser resumido pela máxima lacaniana de se ser responsável pelo que ainda não se sabe. Subversão no nível do saber, que acarreta a extração de suas consequências para o método psicanalítico. Aos moldes do que opera *homologamente, os avanços da teoria não poderiam refutar uma concepção teórica anterior, que, ao ser modificada, muitas vezes profundamente, por esses avanços, guardará com a concepção anterior, no e pelo ato mesmo do processo que a terá profundamente modificado, alguma relação com o que terá sido o ponto mesmo de equívoco que terá exigido a modificação* (p. 190). O raciocínio, complexo e decidido do autor, guarda, no estilo da escrita, a força da enunciação – o que é raríssimo de se encontrar. Por isso, não esperem uma obra digestiva.

O livro possui seis capítulos – das quais sugerimos não avançarem meio parágrafo sem leitura, vão perder pérolas preciosas para a clínica e para a investigação! Na abertura, apresenta a questão clássica da psicanálise como ciência e levanta a poeira de sua submissão ao capitalismo, localizando o lugar excêntrico da psicanálise em relação a ambos. Isto porque a psicanálise reintroduz o sujeito como ato de fala atravessado pela experiência do inconsciente e essa reentrada não está baseada em evidências, mas sustentada pelos efeitos que produz.

Na primeira parte, que cunharei de epistemológica, o livro mobiliza autores já conhecidos na seara psicanalítica, mas explorados em paralaxe, e outros inéditos, que trazem avanços que, nem Freud, nem Lacan, puderam conhecer. Eles nascem do movimento da instabilidade paradigmática imprimida pelos efeitos da contemporaneidade. O coração desta obra, entretanto, não está ainda aí. Nesse primeiro tempo de leitura, a erudição do autor nos guia no diálogo profícuo, ora em ruptura e precisão, ora em adesão e posicionamento, junto ao sofisticado universo-berço da psicanálise, a ciência moderna.

PREFÁCIO

Mobilizando autores críticos, por vezes habituais, por vezes inusuais no diálogo tradicional com a psicanálise, a obra traz fecundas interrogações sobre o desaparecimento da crítica epistêmica. Mobiliza Prigogine e Stengers, Latour e Grünbaum, Bunge, Japiassu e Escobar Fagundes sem hierarquias. Recupera Marx e Hegel, Kant e Descartes, mostrando, no real de nosso agora, a instabilidade que convida à nova inflexão na definição mesma de método. Luciano Elia nos brinda com aulas imperdíveis.

Ele desvela como a noção de *sujeito* é engolida pela estandartização do cientificismo (falsa ciência) e seu reducionismo ao comportamento, no ponto de encontro em que ideologia e ciência se mesclam na normatização neoliberal que financia e define o que seria a objetividade. Denuncia a *aversão do* neoliberalismo *à ciência e a constatação de uma notável correlação histórica entre o período de estrangulamento da epistemologia e da ciência crítica e o processo de ascensão e implementação do neoliberalismo nos países ocidentais* (p. 51). Impossível não tomar posição aí.

Dessa maneira, a patologização dos problemas sociais, a consequente psiquiatrização por uma via organicista, neurologizante, positivista e comportamental das situações de sofrimento psíquico, implicam a redução ao biológico de mazelas de ordem econômica, provocando a hipermedicalização dessas situações. E, no campo dos conflitos sociais, assinala *uma correlata criminalização e consequente judicialização de todos os atos, sem qualquer consideração científica por suas causas determinantes que são, na imensa maioria dos casos, causas psicossociais, não orgânicas, cerebrais ou redutíveis a tendências criminosas* (p. 53). Elas se tornam falsas pistas para justificar a necropolítica e a indústria dos medicamentos e das evidências.

A fim de responder aos impasses assim disfarçados de patologização, Luciano Elia abre o capítulo dois provocando o leitor a deixar sua zona de conforto e convoca distintas metodologias, seis mais exatamente, a mostrarem como se sustentam epistemologicamente. A questão nasce da clínica, neste caso com as psicoses – tema de sua tese de doutorado –, e retorna à teoria para tentar dar conta da questão acerca de como seria possível *encontrar enunciados teóricos importantes sobre a psicose dos quais não se possam depreender coordenadas de seu tratamento* (p. 59)?

A CIÊNCIA DA PSICANÁLISE

Do trabalho daí desdobrado, ele redefine a noção de metodologia como *ordem científica* – outra inflexão inovadora –, aproximando-a da noção foucaultiana de *episteme*. E a concebe como categoria substantiva, nominativa e discreta, mais ampla que as ciências particulares que supostamente as conteriam. Seu estatuto científico derivaria do caráter galileano do método hipotético-dedutivo, discutido a partir de Bachelard e proposto, no livro, como a premissa ou condição de cientificidade das cinco metodologias ocidentais que o autor elenca. Esse capítulo ganha uma envergadura filosófica e uma reflexão curiosa e inédita acerca do tempo a partir, não da cronologia, mas da irreversibilidade e da desestabilização das verdades universais no campo das ciências naturais numa entonação hegeliana.

Vale a pena percorrer o modo como, a cada metodologia, a psicanálise é introduzida desfazendo modos simplistas de abordagem que a confundem e que diluem sua especificidade. Esses reducionismos deslocam a psicanálise de sua abordagem científica, eivando seu território de falácias. Luciano Elia defenderá, na contramão dessa tendência enganosa, que *a psicanálise, mais do que ter seu método próprio, é, ela própria, uma metodologia entre outras, patamarizável com outros campos metodológicos, mais amplos que do que ciências do particular* (p. 115).

Destaque nesse capítulo para a sofisticada discussão do sintoma a partir de Marx... deixo o leitor com água na boca? A fonte está em suas mãos... *O mais valor é a causa, sempre imanente, do sintoma social do capitalismo, tanto quanto o mais-de-gozar ocupará, na estrutura do sujeito, o lugar de causa de seu sintoma, com a diferença fundamental de que a máquina capitalista (não o sujeito que detém a propriedade do capital) sempre reabsorverá o que se perde na "remuneração" da força de trabalho (o mais-valor), enquanto que, no campo do inconsciente, o mais-de-gozar sempre implica perda sem saldo de ganho* (p. 83). São extensões e digressões como essa que animam a transmissão psicanalítica deste escrito.

A questão orientadora do livro que salta no capítulo dois se formula em torno da possibilidade de haver uma ciência não subjetivista, nem plenamente naturalista, no sentido galileano, já que Lacan irá responder que a psicanálise é *antiphyisis*. Aliás, a abstrusa relação natureza e cultura é outra abertura da obra. A resposta lacaniana é desdobrada por Luciano Elia defendendo que a Cena Inconsciente é determinante da condição subjetiva como imanente ao ato de fala não todo redutível ao saber, nem todo apreendido pela verdade, posto que real, mas envelopado pela fantasia, cuja fixidez e abertura é o objeto *a* que realiza. Teoria e práxis assim não se dissociam em psicanálise.

O método hipotético-dedutivo de Galileu é baliza e ponto de partida para sua sustentação sobre o que seria a ciência como unidade. Daí, a cada metodologia das cinco decantadas, cai um equívoco de leitura e de interpretação do texto psicanalítico. Marxismo, psicanálise, fenomenologia, estruturalismo e arqueologia/genealogia. Retomar cada passagem elucidativa desses mal-entendidos recorrentes de leitura do texto lacaniano, de psicologização do sujeito, de ideologização da ciência e de redução do inconsciente à falsa equivalência com o subjetivo e com o falseável, faria com que este prefácio se tornasse o próprio livro – como numa pintura de Escher.

No terceiro capítulo, um novo passo: a ciência, numa discussão com Poincaré, é proposta como ato de razão matemática, no corte da Modernidade. Ela é amparada pela defesa de Koyré, a quem Lacan recorre para discutir o estatuto próprio da cientificidade da psicanálise. Luciano Elia desmonta, como ideológica, a razão empírica ou sensível na qualidade de escora da autoridade religiosa anterior ao advento da Modernidade, tomando a virada galileica como olhar dotado de aparato conceitual e lógico, que revira todo um sistema de saber-poder. Não se trata de demonstrar pela observação a verdade científica, pois a empiria do verificável apenas reenviaria o conhecimento a seus próprios pressupostos.

Partindo de Galileu Galilei e sua homologia entre a realidade e a ordem geométrica que a estrutura, a realidade natural deixa o estatuto de referente validador de uma ciência natural, como a física, para se amparar na ordem lógica e racional, que assume a forma de leis da geometria, à qual o cientista deveria se submeter. *Para Galileu, a teoria matemática precede a experiência, e a experimentação seria, por assim dizer, a materialização da teoria* (p. 125). Essa homologia matemática-natureza seria o princípio *princeps* do método e tornaria as coordenadas do método hipotético-dedutivo o único efetivamente

A CIÊNCIA DA PSICANÁLISE

científico com seus axiomas, premissas e hipóteses. Mais adiante no texto, a medicina baseada em evidências será o mote desse desarranjo em que a falsa ciência de nosso tempo se meteu, introduzida num circuito fechado do qual a verdade científica está excluída.

Se a fundação da ciência moderna foi um ato epistêmico – uma decisão filosófica – que fez corte com o pensamento antigo, ele foi também um ato político, de insubmissão ao poder estabelecido pela associação entre a fé cristã e o pensamento aristotélico – uma decisão política. Esta virada produziu também uma importante mudança na posição do sujeito do conhecimento (p. 128-9), como veremos. Como correlato antinômico desta operação científica, a psicanálise se debruça sobre o sujeito dela decorrente. Aquilo que Luciano Elia explica como sendo o fundamento científico da psicanálise, ele realiza em ato de escrita: uma operação de abertura ao inconsciente pela via do sujeito que se constitui pelo dito. *O psicanalista é um operador da experiência.* O saber não está do seu lado. Ler o livro provoca vertigem. É preciso preparar-se.

Os três últimos capítulos são dedicados à psicanálise propriamente dita e trazem, com a facilidade e intimidade de Luciano Elia com os sintagmas freudianos e os aforismos lacanianos, com a geometria não--euclidiana e os volteios de Freud a Lacan, um genuíno brinde ao leitor e à leitora – como um mergulho na causa e na teoria psicanalíticas que fundam a condição de possibilidade de sua práxis. Nessa segunda parte da obra, o autor parte da pulsão como elemento conceitual que funda a descontinuidade (matemática e mostrável) do hiato inconsciente como fundante de nova condição de inteligibilidade.

Numa formulação proposicional inédita – que ganha um grafismo igualmente original –, o autor formula o modo como o inconsciente, enquanto limite que explode a continuidade psicofísica, inaugura, entre duas aberturas, a decisiva presença do sujeito pulsional. *Este campo, aberto pela pulsão como limite disjuntivo, chama-se inconsciente, que não é nem psíquico nem somático, e menos ainda o fruto da interação dos dois* (p. 164). A psicanálise configura, assim, um campo inédito para a ciência, que precisou ser reformulada a partir dele.

Em um brinde após outro – *cheers!* –, viajamos no tempo da graduação de Luciano Elia com Popper guiado pelas mãos de

12

PREFÁCIO

Dr. Carlos, num saudosismo que não significa anuência subalternizada. Afirmando categoricamente que o princípio da falseabilidade não se aplica à psicanálise, Elia mostra como o saber inconsciente não é passível de refutação num diálogo autoral com o epistemólogo.

Assim também, mais adiante, irá discutir o estatuto do saber inconsciente como um saber leigo, portanto, não elitista nem material, mas efeito da fala endereçada sob transferência. Ela é endereçada a um operador que intervém como causa desejante, *à qual o sujeito responde com um saber vinculado ao campo do amor, da repetição, da fantasia fundamental, um saber marcado pelo engano e pela verdade ao mesmo tempo, e dela essencialmente disjunto, já que a verdade, no inconsciente, é de ordem heteróclita em relação ao saber, e se conecta com o impossível de saber – o real* (p. 189).

Em sua condição de objeto, portanto, não subjetivável, o sujeito volta ao campo da ciência como *função do inconsciente*, sem qualidades anímicas, psíquicas, motoras ou físicas. Sexualidade e linguagem, Freud e Lacan, respectivamente, reintroduzem de novo modo o sujeito expelido. E aqui a leitura do livro ganha ainda mais força de transmissão. Desdobrando a cada braço um percurso, os conceitos fundamentais da psicanálise ganham precisão cirúrgica de corte, desmontando a facilidade de interpretações descansadas e assentadas sobre as imprecisões que tentam aproximar a psicanálise da psicologia para desqualificarem-na.

A posição do sujeito, soberana na *responsabilidade* que lhe é correlata – e cujo desdobramento é rica e complexamente discutido (p. 239) – é recuperada em suas premissas. Fala e Sujeito, Corpo e Desejo-Prazer-Gozo, mostram uma causalidade pelo avesso. O ato, como efeito da linguagem introduzida no sujeito, não faz dele sua própria causa, senão o localiza como quem *porta o verme da causa que o fende* (p. 173) na tradução literal refeita com precisão por Luciano Elia do texto lacaniano.

Ao recuperar a verve psicanalítica como precedência da fala do sujeito sobre o psicanalista-pesquisador, o autor assenta o saber do psicanalista na popa da embarcação, no sentido de que ele faz parte do conceito do inconsciente desde um lugar não subjetivo, mas objetivável em seus efeitos. Esse lugar ganha uma alcunha: *pesquisante* (p. 223).

A CIÊNCIA DA PSICANÁLISE

Em outros termos, o saber está do lado do sujeito que fala, não do psicanalista que o escuta – inclusive a discussão sobre o termo escuta (pp. 241-243) é fina no livro! Portanto, o pesquisador se define pelas mesmas premissas do trabalho do psicanalista em decorrência da atenção dada às premissas freudianas: não entender o que ouve imediatamente, tratar cada caso como se fosse o primeiro, abster-se do *furor sanandi* e manter a atenção equiflutuante (p. 222).

Um verdadeiro espaço de interpretação do legado de Freud e de Lacan se consolida a cada elucidação de termos, expressões ou aforismos clássicos, avançando-se muito além do que seria um livro para acadêmicos, pesquisadores ou professores. A cada capítulo, como um empuxo ao inconsciente, o psicanalista-leitor é levado a interrogar sua práxis, voltar a seus fundamentos, reconsiderar facilidades e interpretações rasteiras e abrir os veios através dos quais o ato de fala do sujeito do inconsciente rasga todo senso comum, bom senso ou contrassenso.

Luciano Elia não titubeia. Atualiza um percurso que poderia ser dado como já percorrido e introduz elementos antes ausentes do cenário tradicional do debate. Após decantar os seis métodos que propõe como epistemes fundantes de condições de inteligibilidade do mundo, ele atualiza sua reflexão. Passeia da medicina baseada em evidências ao DSM V, das legislações neoliberais sobre a clínica dos autismos às discussões pós-kantianas que aproximam o inconsciente do átomo – verificável em seus efeitos, ainda que não visíveis empiricamente.

E não sobrevoa nenhum tema com o qual se (e nos) compromete. Seu rigor e exaustão operam de um modo estrategicamente analítico como um mergulho em extensão. Cada seção abre um consolidado que vai sendo desdobrado numa tomada de posição que não deixa o leitor ileso ou indiferente. Convida ao diálogo-desafio e ao posicionamento responsável, sacudindo corpos acomodados à repetição do mesmo, leia-se, ao gozo como obstáculo ao pensamento (inconsciente).

Trata-se de uma obra sofisticada que atravessa – muito mais (ou muito menos) que os impasses epistêmicos –, os impasses da psicanálise em Freud e Lacan, dando passos que os autores fundadores do campo não poderiam ter conhecido. Nosso agora e nossa geopolítica

PREFÁCIO

são retomadas através de formulações provocativas, como quando Luciano Elia se/nos pergunta se um autista ou psicótico seria diferente face às suas condições materiais de vida em relação a outros de melhores condições. *Ou devemos oferecer aos sujeitos pobres e ricos, as mesmas condições de escuta e tratamento, para que os diferentes modos como as suas condições de vida os afetaram possam revelar-se a partir do que eles puderam dizer sob transferência* (p. 266)?

Como o autor chega a questões tão radicalmente clínicas afirmando o estatuto científico da psicanálise? Tomando sua premissa nos seus desdobramentos hipotéticos, Luciano Elia segue rigorosamente o método freudiano discutido no capítulo cinco e, assim, *não pretende negar fator algum, mas introduzir um novo fator até então desconsiderado* (p. 210). Para isso, o método psicanalítico é um só, aquele utilizado no dispositivo da experiência psicanalítica; o inconsciente é sua mostração real e seu guia; o sujeito é o ato de fala pelo qual se responsabiliza; saber, verdade e real são suas descontinuidades lógicas, ponto de onde nasce sempre o novo; e o método não se reduz a procedimentos variados, mas dele podem ser deduzidos *princípios e diretrizes metodológicos* extraídos da prática.

Luciano Elia reúne esses cinco princípios que não podem *não* se valer do método freudiano (pp. 221-222). Eles são igualmente navegados em seus recantos e escondedouros, dos quais o psicanalista jamais poderia ceder. No último capítulo, em que se dedica a depurá-los ou baldeá-los, o leitor realmente é presenteado com uma elucidação crítica e contemporânea de afirmações que, pelo entusiasmo, podem se perder do rigor do método. Esse capítulo ganha, em cada vírgula, um acento novo que confronta e profana posições contemporâneas muitas vezes já sacralizadas em nome de distintos regimes de poder, como outrora a empiria funcionou como âncora do poder religioso.

Preparem-se: o passo é largo e o salto longo! O primeiro princípio, reafirmado, é o de que o método de pesquisa e o método de tratamento coincidem no campo psicanalítico, ainda que o momento de analisar não seja o mesmo de pesquisar. Essa decalagem disjunta o lugar do analista e o lugar do pesquisador. O sujeito é o vetor axial do campo, o que implica defini-lo com precisão, diferenciando-o da pessoa e localizando-o como efeito do significante em um corpo traumatizado pela linguagem, apagado por outro significante na cadeia associativa. Como *resposta do real às exigências da estrutura, que, no entanto, inclui esta resposta e implica que o sujeito assuma o que o causa* (p. 239), a estrutura se torna mais um princípio do método, tomado ao modo da imanência que envia o sujeito ao ponto de responsabilidade pelo que o causa e ele desconhece. Nesse hiato, se constrói o saber a partir de uma exigência em ato.

O mais importante princípio metodológico da psicanálise, para Luciano Elia, seria a transferência, que implica a dimensão do tempo, do amor e do desejo, a partir da escuta como modo de resposta, e não de registro, do analista. Nesse sentido, ela comporta um endereçamento e uma referência terceira que a situa, ocorra onde ocorrer a escuta do psicanalista. Por isso, o inconsciente rompe com barreiras que, muitas vezes, foi o próprio psicanalista quem construiu por proselitismo ou elitismo mesmo.

Um quarto elemento é a disjunção entre realidade e verdade, pois esta última diz respeito a ditos, e não a fatos. A realidade é composta pelo imaginário, fixada pelo simbólico e subvertida pelo objeto que a situa, fazendo dela uma estrutura moebiana. Também o contexto de descoberta e de verificação levam o autor a um diálogo com Grünbaum e a uma extensa crítica da medicina baseada em evidências, mostrando que a psicanálise dá mostras de seus efeitos, sem precisar tornar evidente seu objeto. *Na psicanálise, a verificação é interna ao método mesmo de tratamento e pesquisa* (p. 251).

Finalmente a dimensão política, como último princípio, se depreende da impossibilidade radicalizada de o inconsciente não se assentar em pressupostos empíricos de evidência. *O inconsciente não é sequer inteligente. Ele é "desarrazoado", não no sentido oposto ao de inteligente, o que seria situá-lo negativamente no eixo da inteligência, mas no sentido de a-intelectivo, tanto quanto é alheio à moralidade* (p. 264). Se o inconsciente é leigo, como praticar uma clínica de modo erudito? Um ato falho teria gradações de classe, raça ou gênero? O autor é provocante, pois *considerar as coisas deste modo equivale a tomar o indivíduo social, antropológico ou mesmo psicológico como se ele fosse o sujeito do inconsciente* (p. 265).

PREFÁCIO

O estilo de desmontar pelo avesso frases feitas traz à baila, neste último capítulo do livro, questões controversas de nosso tempo, como a incidência da interseccionalidade no inconsciente. Para Luciano Elia, ela é respondida pelo fato de que o sujeito do inconsciente atravessa esses atributos sensíveis. O inconsciente é *trans* – transferencial – e, portanto, nem somático, nem psíquico. Ele mobilizaria, assim, um outro estatuto do saber, sempre leigo porque do sujeito. O problema, para o autor, seria o do acesso à psicanálise.

Assim também, a distinção entre íntimo e privado desloca a disputa de narrativas de classes na prática clínica e de pesquisa. *A identificação do íntimo com o privado é um efeito ideológico e cultural de classe social. O íntimo não equivale ao privado, o que implica que podemos perfeitamente estabelecer um espaço de intimidade num campo não privado, no campo público, por exemplo* (p. 266). Luciano Elia não se desonera da discussão do pagamento e do custo de uma análise, situando-o fora do campo do dinheiro e do regime neoliberal, porque dentro do campo libidinal.

Com o mais absoluto princípio freudiano, o do *a posteriori* – *nachträglich* –, Luciano Elia encerra esse ato. Testemunho de uma vida dedicada à causa psicanalítica com vivacidade e argúcia, é impossível atravessar a obra sem sair com dores musculares, por um lado, mas, por outro, com a certeza de que, quanto mais avança o real, mais a psicanálise se firma no horizonte da ciência. Isso importa para a clínica? Ela simplesmente não existiria sem a analítica empreendida nesta obra. Não é preciso exatamente coragem para atravessá-la, basta a decisão desejante. Boa leitura!

Andréa Maris Campos Guerra
Psicanalista e Professora no Departamento e no Programa de Pós-graduação em Psicologia da Universidade Federal de Minas Gerais (UFMG), onde coordena o Núcleo @PSILACS (Psicanálise e Laço Social no Contemporâneo). Doutora em Teoria Psicanalítica (UFRJ) com Estudos Aprofundados na Université de Rennes 2 (França).

SUMÁRIO

Abertura.   23

Capítulo 1 – A morte da epistemologia crítica na contemporaneidade   39
  O cenário atual.   39
  Paradigmas epistêmicos em conflito na contemporaneidade   43
  Ciência e neoliberalismo   50

Capítulo 2 – Uma nova definição de metodologia as "seis metodologias".   57
  Os caminhos preliminares a esta proposição   57
  O Método Científico – "congênito" da ciência moderna. . . .   62
  Intermezzo – A inflexão hegeliana.   71
  O materialismo dialético – marxismo   76
  A psicanálise: uma invenção metodológica.   83
  A Fenomenologia.   91
  O Estruturalismo   96
  A arqueologia e a genealogia de Foucault.   102
  O Doutrinal de ciência em Lacan: A posição peculiar da psicanálise na ciência   108

Capítulo 3 – A ciência.   117
  Koyré e Galileu.   122

A CIÊNCIA DA PSICANÁLISE

Unicidade, universalidade e totalidade na ciência 130
O galileísmo ampliado 142

Capítulo 4 – A psicanálise. 155
A Pulsão 155
Funcionalismo X topologia do sujeito. 166
Inconsciente e ciência – uma articulação entre duas
perdas 176
Inconsciente, objeto e ciência 182
O fracasso da crítica popperiana à psicanálise 185
Um "clarão" de história pessoal. 185
A "refutação" da refutação popperiana na psicanálise . . . 186
A "ficção" científica: verdade, ficção, psicanálise e ciência . . 196
O inconsciente e o átomo – psicanálise e física quântica 198

Capítulo 5 – Eixos estruturais do método freudiano. 203
O realismo freudiano como crítica da abstração 205
Materialidade, positividade e concretude do ato psíquico. . . 209
O estatuto do achado no método psicanalítico. 213

Capítulo 6 – A metodologia de pesquisa em psicanálise 217
Razões da incompatibilidade com outros métodos de pes-
quisa. 219
Um novo nome para um novo lugar: o "pesquisante" 223
Na psicanálise, "pesquisa e tratamento coincidem" 226
O estatuto do saber na clínica e na pesquisa. 229
O sujeito como vetor axial do campo 232
Efeitos de estrutura na clínica e na pesquisa. 238
A transferência na pesquisa psicanalítica 240
Verdade e realidade na pesquisa e na práxis da psicanálise. . 246
A "imanência" da entrada no inconsciente. 249
Modos de verificação da teoria e de eficácia clínica 251
Discussão do estatuto da evidência na psicanálise e na
ciência 256
A desconstrução metodológica do elitismo em psicanálise . . 260

SUMÁRIO

Implicações sociais da questão do "custo" de uma análise .. 267

A pesquisa em psicanálise e a "ética do consentimento" 269

A "questão de pesquisa" é sempre "nachträglich" 271

REFERÊNCIAS 273

ABERTURA

Sabemos que o ato de dar um *nome* jamais é inócuo, mesmo quando feito de modo displicente. Ele atualiza a nossa condição de falante, mas em um ponto crucial desta condição, aquele em que, mais do que emitir nomes, invocando o Outro em nós como linguagem, *nominamos* algo ou alguém, ou seja, fazemos uso do Outro para marcar um *outro,* o que equivale aqui a um *objeto,* algo recortado, delimitado, situável na realidade. Este ato tem consequências, inelutavelmente.

Pois bem. O título por nós escolhido para dar *nome* a este livro – *A ciência da psicanálise* – contém uma afirmação: *a psicanálise é uma ciência.* Longe de pretender com isso resolver a questão do estatuto científico da psicanálise, pretensão que retiraria toda a força deste ato de nominação, esta afirmação pretende *abrir* a questão, mil vezes relançada desde que a psicanálise passou a fazer parte deste mundo, do estatuto científico da psicanálise, sua relação com a ciência, entendida como um modo bastante definido e datado de produção de conhecimento, sua posição em relação às ciências particularizadas. Mas abrimos esta questão, reinvocando mais um *instante de olhar* para ela, afirmativamente: não queremos começar pela pergunta: "A psicanálise é ou não é uma ciência?", pois pensamos que esta pergunta já está respondida pelas comunidades psicanalítica e científica, ainda que continue a gerar dúvidas, discussões e polêmicas. Seria, assim, caduco e ocioso começar por ela. Vamos, isso sim, desfraldar o *tempo para compreender* a *ciência da psicanálise* e verificar se

A CIÊNCIA DA PSICANÁLISE

chegaremos ou não ao *momento de concluir* este tempo. Ficamos, assim, quites com a lógica da temporalidade do inconsciente, conforme Lacan a transmitiu, como ele mesmo diz, "no dia seguinte de uma guerra, quando nada evidentemente parecia prometer amanhãs encantadores"[1].[2]

Não se trata, portanto, de reingressar na velha discussão sobre a cientificidade ou não da psicanálise, que convoca defesas e ataques e, mais do que isso, comporta uma dimensão de *demanda de reconhecimento,* por parte de quem defende a cientificidade da psicanálise, da psicanálise como ciência, o que engendra, como toda demanda, a recusa a lhe conferir esta condição, por parte de quem ataca a sua cientificidade, não a reconhecendo como ciência. Ao afirmar a psicanálise como ciência, colocamo-nos em posição de exterioridade a este debate.

Não existe nenhuma necessidade de que a psicanálise seja uma ciência. Esta condição lhe é inteiramente contingente, tomando estes termos segundo a releitura que deles faz Lacan (não sem uma passagem por Peirce) a partir de Aristóteles. Nada obriga ou exige a cientificidade da psicanálise, e não supomos que a sua dignidade epistêmica dependa desta condição.

A exigência, feita por muitos psicanalistas e pesquisadores, de que a psicanálise *seja uma ciência,* pode assumir as feições do que chamamos, na psicanálise de orientação lacaniana, de *demanda de reconhecimento,* e que se situa, como tal, em um plano distinto do que seria o *desejo,* que não é *de reconhecimento* – modo como Lacan formulou o desejo numa fase inicial de seu ensino, marcada por uma forte, e de resto bastante frutífera influência hegeliana. Ele logo verificou que, na psicanálise e não na filosofia de Hegel – que por sua vez representou um grande passo na problemática do desejo – é a

---

[1] Lacan, J. – *O Seminário, Livro XX, Mais, ainda (1972/73),* Rio de Janeiro, Jorge Zahar Editor, 1985, p. 67.

[2] [Nota do autor]: Nas citações de Freud e Lacan, usaremos como referência, sempre que possível, a edição brasileira, mas permitimo-nos o direito de ajustar os termos da tradução a partir dos respectivos originais, segundo nossos critérios, sempre que julgarmos que há problemas de tradução.

demanda e não o desejo que tem o reconhecimento como sua meta, e operou a famosa torção pela qual o suposto *desejo de reconhecimento* tornou-se *reconhecimento do desejo* que, como inconsciente, não tem, como a demanda, objeto articulável pela palavra: o desejo não admite nenhum complemento nominal (*desejo de reconhecimento*), ele pode unicamente *ser* o complemento nominal do reconhecimento. Abria-se o caminho para o objeto *a* e o desejo do psicanalista que, se não é puro e sim "o desejo de obter a diferença absoluta, aquela que intervém quando, confrontado com o significante primordial, o sujeito vem pela primeira vez em posição de assujeitar-se a ele"[3]. Se a psicanálise, contingente e não necessariamente, pode ser considerada *uma ciência*, esta condição é efeito do que designaremos como *um certo desejo*, um desejo científico, efeito de sua estrita vinculação e derivação em relação à ciência.

Sustentamos, neste livro, que a psicanálise *é* uma ciência, com particularidades metodológicas muito específicas não apenas em relação ao método científico, o método hipotético-dedutivo. como também a outros sistemas metodológicos que também derivam, cada um a seu modo, da ciência moderna, como procuraremos demonstrar.

Convém lembrar que o que chamamos de ciência, seja qual for o grau de rigor com o qual a conceituemos, é produto do mundo ocidental, nomeadamente europeu, de tradição greco-judaico-cristã, branca, eminentemente masculina (o que obviamente não impediu que muitas mulheres tenham sido eminentes cientistas), coloniza-dora, que recalca saberes milenares como os dos povos originários de continentes dominados pelos europeus, como a África e as Américas, além de afastar-se dos modos orientais de conhecimento que a Europa não conseguiu colonizar. A própria ciência é, assim, contingente e não necessária, como o é a condição científica da psicanálise. A contingência é, aliás, o modo lógico próprio da operação científica, que não pressupõe que o mundo *teria que ser* como ele é (não está "escrito nas estrelas" nem em nenhum livro de dogmas religiosos, o que caracterizaria um *necessário prévio*), mas que ele poderia ser

---

[3] Lacan, J. – *O Seminário, Livro XI (Os quatro conceitos fundamentais da psicanálise)*, 1964, Rio de Janeiro, Jorge Zahar Editor, 1985, p. 260.

infinitamente diverso do que é. Se ele é como é, cabe à ciência conferir a esta contingência o maior grau possível de inteligibilidade. Este, inclusive, é mais um ponto em que a psicanálise coincide com a ciência: as leis do inconsciente seguem a lógica da contingência, que para Lacan caracterizam o registro do simbólico, em sua diferença para com o imaginário, regido pelo necessário, e atravessado pelo impossível do real.

Mas é preciso assinalar que o eurocentrismo da Ciência não constitui para nós nem um problema nem o objeto privilegiado de crítica histórico-política. A psicanálise é, ela própria, fruto do mesmo tronco histórico-político-epistêmico da ciência, e portanto a própria psicanálise é marcada pelo eurocentrismo. Pensamos, entretanto, que alguns saberes, sobretudo aqueles que *são* (mais do têm ou implicam) uma práxis que lhes é imanente, no mesmo golpe em que se constituem como saber, como é o caso da psicanálise e do marxismo, tem a capacidade de ultrapassar o horizonte das condições histórico-políticas que no entanto os determinam, como o facho de luz de um filme que conseguisse "furar" a tela do cinema quando nela projetado. De origem eurocêntrica, branca, patriarcal, a psicanálise produz, por sua estrutura discursiva mesma, instrumentos críticos que interrogam e "furam" incessantemente esses determinantes culturais que contextualizaram seu surgimento.

Dissemos que essa condição histórico-política se impõe, seja qual o grau do rigor do conceito de ciência que utilizemos. Cabe, portanto, baixar nossas cartas e dizer algo sobre a concepção de ciência que nos norteia, e aqui o faremos de modo bem amplo e geral, considerando que dedicaremos um capítulo inteiro – o capítulo III – à ciência. Se a ciência é uma forma definida e datada de produção de conhecimento, seu surgimento, no século XVII, com Galileu Galilei, rompe com a *epistèmè* grega e marca o pensamento ocidental de modo profundo e irreversível, acarretando consequências de amplo e longo alcance, como um *corte maior*, que estabelece um antes e um depois bem distintos e em muitos pontos opostos. Teremos ocasião de nos deter nesta tese, que é a tese de Alexandre Koyré, e sustentamos a sua atualidade, bem como de suas consequências, em particular as que são dela extraídas por Lacan: a de que a ciência, no ato mesmo de sua fundação como moderna, produziu como seu correlato essencial um modo de constituição do sujeito, o sujeito moderno, e, ato contínuo, o *foracluiu* de suas operações. De nossa parte, nós a mantemos e pensamos que ela ainda não deu todos os seus frutos.

Um desses frutos é a nossa própria tese: não foi apenas o método científico propriamente dito, denominado *método hipotético-dedutivo*, criado por Galilei na fundação da física moderna e estendido para todas as formas de ciência natural que se sucederam – química, biologia e suas combinações e derivados – método que resultou do passo galileano de fundação da ciência moderna, mas uma diversidade de *sistemas metodológicos*, todos surgidos após este passo e em larga medida determinados por ele, o que não produz apenas uma sequência histórica desses sistemas, mas um efeito estrutural que pode ser comparado à belíssima metáfora do cristal estilhaçado, que se deve à inspiração do próprio Freud, segundo a qual: "Quando atiramos ao chão um cristal ele se estilhaça, mas não de qualquer jeito; ele se quebra em fragmentos segundo linhas de clivagem cujas delimitações, embora invisíveis, já estavam determinadas pela estrutura do cristal"[4].

De forma homóloga, a ciência moderna, que não tem a vocação parmenídea que identifica o ser ao que é uno e não-ser ao que é múltiplo, e que, assim, não adota a *unidade* como princípio, embora se enderece ao *universal*[5], fragmentou em sistemas metodológicos, cada um deles nominado, datado e estruturado de modo próprio, específico e distinto de cada um dos outros, mas que portam, todos, uma marca estrutural já presente no advento da ciência: o recurso à linguagem em sua dimensão material, a referência à lógica como prevalente sobre a apreensão sensível da realidade do mundo, a recusa da metafísica e de qualquer essencialidade humanística. Essa marca, nós a designamos como *galileísmo*.

---

[4] Freud, S. – *A dissecção da personalidade psíquica*, Conferência XXXI da série *Novas conferências introdutórias sobre psicanálise* (1933/32), in *Edição Standard Brasileira das Obras Psicológicas Completas de Sigmund Freud*, Rio de Janeiro, Imago Editora, 1976, p. 77.

[5] Cf. Aristóteles – *Metafísica*, São Paulo, Almedina, Selo 70 – Textos Filosóficos, 2021.

A CIÊNCIA DA PSICANÁLISE

Em nossa tese de doutorado, defendida há mais de 30 anos (abril de 1992), formulamos a *tese* de que o mundo ocidental conheceu a emergência de seis sistemas metodológicos entre o século XVII e o século XX, todos eles marcados pelo que designamos acima como *galileísmo*. No capítulo III apresentaremos as seis metodologias que identificamos no curso da história da ciência ocidental a partir de seu surgimento na aurora da Idade Moderna, com Galileu Galilei.

Consideramos a existência de uma diversidade de sistemas e métodos no interior de um campo maior que ultrapassa em muito as estritas fronteiras do método científico em sentido estrito, embora possa e deva ser chamado de científico em toda a sua extensão e diversidade de métodos e objetos, evitando assim que se designe pelo termo genérico de "ciência" o que na verdade não é uno nem homogêneo, e que se continue a falar da "relação com a ciência" de cada um desses sistemas metodológicos, como na formulação "relação da psicanálise com a ciência", expressão que afirma, de saída, a exterioridade de um dos termos em relação ao outro, o que situaria a ciência como um campo estrangeiro, no caso, à psicanálise, com o qual ela entreteria determinadas relações.

Nossa proposta, neste livro, distingue-se assim de uma postura de *indiferença* quanto ao estatuto científico da psicanálise como algo irrelevante. Nosso propósito é o sustentar o modo peculiar de inclusão da psicanálise no campo científico, fundamentando este modo peculiar em termos de *método*. Não se trata, assim, de verificar que relações – frutíferas ou infrutíferas – a psicanálise pode estabelecer com a ciência. Em recente publicação, Paulo Beer propõe-se a fazer exatamente isso: "Pois bem, já foi indicada, como nosso ponto central, a *relação atual da psicanálise com a ciência,* com atenção especial às *possibilidades de diálogo e interseção* entre os dois campos"[6]. Seu livro faz uma importante varredura de autores contemporâneos que se ocupam dessa relação entre psicanálise e ciência, e traz, de modo explícito na citação acima, a preocupação com a *atualidade* dessa relação. Considera, por exemplo, que "a ideia de que a ciência moderna

---

[6] Beer, P. – *Psicanálise e ciência – um debate necessário,* São Paulo, Blucher, 2017, p. 20.

rejeitaria o sujeito [...] não tem mais atualidade"[7]. Esta tese – a de que a ciência moderna, em sua fundação, constituiria um sujeito – o sujeito moderno, sujeito da ciência, portanto, e, no mesmo golpe, o rejeitaria – é de Lacan, fundamentado em Koyré quanto ao que se pode denominar uma *teoria do moderno*, para usar os termos de Jean-Claude Milner[8]. Pode-se concordar ou discordar desta tese, mas dizer que "ela não tem mais atualidade" parece-nos uma petição de princípio, ou uma tentativa de estabelecer uma correspondência entre posições discursivas e tendências de época, o que é bastante diferente de "encontrar em seu horizonte a subjetividade de sua época"[9], exigência que Lacan faz ao psicanalista, propondo que renuncie a esta tarefa aquele que não for capaz disso. O risco que a posição de considerar desatualizada a rejeição do sujeito pela ciência comporta é o de levar a concluir que uma eventual admissão "atualizada" do sujeito pela ciência legitimaria, por exemplo, um "diálogo profícuo" com as neurociências – de resto, ultra-atuais. Não sabemos se o autor que, na busca de diálogos profícuos entre a psicanálise e a ciência, declara desatualizada a rejeição do sujeito pela ciência, incorre neste risco, pois se seu livro expõe, de modo claro e preciso, a posição de muitos autores atuais, não deixa tão clara a sua própria posição acerca das questões que percorre.

Sustentamos, assim, que há dois níveis em que se pode tomar a categoria nominal de ciência – um *amplo* e outro *estrito*. No nível amplo, ciência designa um campo extenso, múltiplo e diverso, embora caracterizado pelo que chamaremos de um *traço unário,* que autoriza que falemos *de* ciência neste nível, e não de *campo diversificado de modos de conhecimento,* por exemplo. Este nível aproxima-se do que o próprio Freud denominou de *Weltanschauung científica,* embora não coincida inteiramente com ele. Este termo pode ser traduzido por *visão de mundo,* e foi usado pela primeira vez por Kant na sua

---

[7] Ibid. – p. 32.

[8] Milner, J.-C. – *A obra clara – Lacan, a ciência, a filosofia,* Rio de Janeiro, Jorge Zahar Editor, 1996, pp. 31 e segs.

[9] Lacan, J. – *Função e campo da fala e da linguagem na psicanálise,* in *Escritos,* Rio de Janeiro, Jorge Zahar Editor, 1998, p. 322.

A CIÊNCIA DA PSICANÁLISE

Crítica da faculdade do juízo[10] para designar o campo que medeia a relação entre o sujeito e mundo, incluindo diversos aspectos da apreensão do mundo pelo sujeito, incluindo aspectos intuitivos e "infra-lógicos", preliminares, ainda não elaborados racionalmente, e é nesse sentido que dissemos acima que o nível ampliado de ciência, tal como o propomos aqui, não coincide inteiramente com a *Weltanschauung* kantiana.

Freud considera que existe uma *Weltanschauung* científica, da qual a psicanálise *é parte*, não se constituindo, ela própria, como uma *Weltanschauung,* como propõe Jung[11]. É no sentido de inclusão de um campo de menor extensão em um campo mais extenso que situamos a relação de pertinência da psicanálise à ciência. O nível mais estrito de ciência designaria um dos subcampos deste campo maior que, homologamente à psicanálise, o integraria: o campo especificado pelo método científico, o método hipotético-dedutivo, concebido por Galileu como *modus operandi* da sua física e astronomia que então vinham ao mundo junto com um modo de produção de conhecimento que estamos distinguindo como ciência em sentido amplo, que admite subcampos, dentre os quais Freud propõe que figure a psicanálise.

Essas diversas formas de produção de conhecimento, acompanhadas ou não de respectivas modalidades de práxis, bastante interessantes, rigorosas em sua metodologia, eficazes em seus efeitos, não integram um bloco homogêneo a que se possa dar o nome de ciência, mas compartilham de um traço estrutural comum. Podemos conceituar "a ciência", escrita no singular, como um *campo* dotado de especificidades próprias, que entretanto comporta uma ampla diversidade de *sistemas metodológicos* que são subcampos do campo científico, obviamente menos amplos que o campo maior da ciência

---

[10] Cf. Kant, I. – *Crítica da faculdade do juízo,* Rio de Janeiro, Forense Universitária, 2008.

[11] Cf. Jung, C. G. – *Analytical psychology and "Weltanschuung",* (1928-1931), in *Collected works of C. G. Jung,* Princeton University (New Jersey, USA), 1970, editores Gerhard Adler e R. F. C. Hull, Vol. 8 (*Structure and dinamics of the psyche*).

porquanto o integram, heterogêneos entre si e, eles próprios, mais amplos do que os *corpos* que são as ciências particulares que compõem cada um deles: uma categoria de amplitude intermediária entre a ciência e as ciências particulares. Essa nossa tese constitui o objeto do capítulo II deste livro.

A afirmação da psicanálise como ciência, desde nosso título, tampouco é um instrumento político necessário a uma resposta – esta sim necessária – à depreciação que a psicanálise vem recebendo na atualidade, tanto por parte de uma vertente que, embora hegemônica na comunidade científica contemporânea por razões econômico-políticas, não apresenta qualquer credencial epistemológica suficiente para lhe assegurar o menor nível de cientificidade, quanto por parte de "autoridades estatais" que estão associadas, pelas mesmas razões econômico-políticas e portanto eminentemente ideológicas, a esta vertente pseudocientífica, da qual o Estado é cúmplice ou refém, pouco importa.

As razões que designamos como econômico-político-ideológicas decorrem da submissão da ciência ao capital e ao capitalismo. Sabemos que não existe neutralidade nem pureza no mundo humano, e como psicanalistas temos uma obrigação a mais de estar advertidos quanto a isso, em função do que chamamos de *gozo,* dimensão inelimável da experiência do sujeito falante. Consideremos, sem nos deter na discussão do importante conceito de ideologia, que a dimensão ideológica no campo da ciência e do conhecimento tem a mais íntima relação com o inexorável gozo que acompanha toda atividade humana, inclusive a científica. Não há ciência sem ideologia, tanto quanto não existe neutralidade ou pureza. "Sou no lugar de onde se vocifera que 'o universo é uma falha na pureza do Não-Ser"[12]. Por essa boa razão a ciência precisa estar permanente submetida a um exame crítico que, se não a purificará ou prevenirá os efeitos ideológicos que são inelimáveis, permitirá, no entanto, que a ciência interrogue incessantemente seus desvios e inflexões ideológicas,

---

[12] Lacan, J. – *Subversão do sujeito e dialética do desejo no inconsciente freudiano,* (1960), in *Escritos,* op. cit., p. 834.

A CIÊNCIA DA PSICANÁLISE

retomando, ainda que de modo inevitavelmente provisório, um rumo mais rigoroso em termos de seus princípios metodológicos.

Esta é a tarefa da epistemologia, particularmente da epistemologia crítica, que não por acaso vem sendo asfixiada no meio científico, acadêmico e universitário, nos últimos 40 anos. Assim, iniciamos nossa escrita, neste livro, pela constatação da *morte da epistemologia crítica na contemporaneidade* – título do capítulo I – no que consideramos uma convocação a que este campo, essencial à oxigenação do pensamento científico, seja reavivado. Em nossa análise, verificamos que era necessário eliminar a crítica epistemológica, que chegou ao seu apogeu no século XX, para assegurar o êxito do projeto de submissão da ciência ao capitalismo, sob a forma do mais rasteiro retorno ao positivismo, à chamada "ciência baseada em evidências", derivada da medicina, ao naturalismo solidário de um tecnicismo centrado em protocolos e não em princípios epistemológicos, com ênfase no comportamentalismo no campo *psi* (psicologia e psiquiatria). O caso das atuais neurociências merece uma ressalva: Quando circunscrevem seu domínio de atuação ao seu campo próprio – que podemos *grosso modo* designar como o conjunto de pesquisas sobre o funcionamento cerebral –, de valor indiscutivelmente inestimável para a vida humana e para o avanço do conhecimento, as neurociências seguem os princípios da ciência moderna, galileana, e o que Gaston Bachelard denomina de *racionalismo aplicado* e *materialismo técnico*, aspectos que abordaremos no capítulo dedicado à ciência, adiante. Entretanto, o que assistimos é a frequente associação das neurociências com a psicologia comportamental, com claros propósitos de controle e adestramento do comportamento humano, e são usadas como armas de ataque à psicanálise, ou então como prova "científica" de que Freud tinha razão por terem encontrado os fundamentos neuro-cerebrais do inconsciente, "corroboração" que é na verdade o mais contundente golpe de misericórdia na psicanálise, por lhe oferecer um apoio que pretende destruir suas bases epistemológicas, cavalo de Tróia sem qualquer glamour grego.

A defesa da cientificidade da psicanálise como arma contra esse ataque deveria ser precedida da mais impiedosa crítica aos argumentos que servem a este ataque. Não é o que faz um autor contemporâneo,

Guénaël Visentini, em seu livro *Pourquoi la psychanalyse est une Science?*[13]. O autor afirma, na Introdução de seu livro: "A psicanálise é uma ciência socio-politicamente mais frágil que as outras por um conjunto de razões, dentre as quais uma, pelo menos, é a dificuldade que tem os analistas de defender seu saber junto aos não-analistas. As reflexões e posições comuns são raras nessa batalha; a argumentação dos analistas é fragmentada"[14]. Com efeito, concordamos com o autor em que os analistas não se unem em argumentos em defesa da psicanálise e que a comunidade psicanalítica se apresenta fragmentada nessa "batalha". Mas sua *démarche,* no afã de responsabilizar os psicanalistas, não o leva a criticar as críticas que são feitas, quase todas sem qualquer rigor ou consistência, à psicanálise, e ele as arrola várias, o que, se desacompanhado desta crítica, acaba por reiterá-las, nem que seja pela sua enunciação *per se,* acrítica:

> Ora, nos últimos vinte anos, podemos constatá-lo na França como no resto do mundo, os ataques e críticas se intensificaram: a Emenda Accoyer em 2003 visando a regulamentar o estatuto de psicoterapeuta e a exigir para isso a avaliação quantitativa; relatórios recorrentes do INSERM[15] visando a depreciar a psicanálise; publicação do *Livro negro da psicanálise* em 2005; sucesso midiático em 2010 dos ataques a Freud e à psicanálise por Michel Onfray em *O crepúsculo de um ídolo*; Relatório da Alta Autoridade de Saúde em 2012, que classifica a psicanálise entre as "intervenções globais não consensuais", explicando que "a ausência de dados sobre sua eficácia e a divergência dos pareceres exarados não

---

[13] Visentini, G. – *Pourquoi la psychanalyse est une Science – Freud épistémologue,* Paris, P.U.F., 2015.

[14] Ibid., pp 7-8.

[15] Embora o autor, talvez por endereçar-se exclusiva ou preferencialmente ao público francês, não informe ao leitor o significado da sigla, consideramos importante saber de onde provém a crítica: INSERM é um órgão público francês cuja sigla é: *Institut National de la Santé et de la Recherche Médical*, em português: *Instituto Nacional da Saúde e da Pesquisa Médica*. No seu livro, ele relaciona em nota de rodapé os títulos de tais Relatórios que, por serem genéricos e não conterem referências à psicanálise, não nos pareceu relevante transcrever e traduzir aqui.

A CIÊNCIA DA PSICANÁLISE

permitem concluir pela pertinência de suas intervenções", e cuja consequência foi o voto do 3º plano Autismo, situando a terapêutica no eixo
das "intervenções comportamentais e educativas" [...] em oposição firme
e decidida às proposições clínicas da psicanálise.[16]

Ora, todos esses ataques são inconsistentes, carecem de rigor e
são falaciosos como as *petitiones principii,* que nada demonstram
porque sua conclusão já está contida em suas premissas. O objetivo
é, de saída, atacar a psicanálise, sem qualquer consideração séria
do ponto de vista metodológico ou conceitual. Guénaël Visentini
prossegue seu longo inventário de críticas e ataques à psicanálise, que
não reproduziremos na íntegra, e eles procedem das mais variadas
fontes, sobretudo das neurociências, nomeando seus autores. Parece-
nos particularmente problemático que o autor se refira a essas críticas
nesses termos: "Para concluir, para além das críticas que emanam
do campo clínico e as que emanam do campo científico..." Seria
pertinente dizer que as críticas contidas na citação acima *emanam
do campo clínico?* E as críticas procedentes das neurociências, por
sua vez, *emanariam do campo científico?* Não seriam todas, antes,
ideológico-políticas, demonstrando que a comunidade científica e
o poder público e estatal encontram-se dominados por um projeto
comum, epistemologicamente acrítico e tendencioso, refém do capital?
E na sequência, "para além" destas primeiras críticas, supostamente
"clínico-científicas": "...a psicanálise deve fazer face, e isso desde
seus primórdios, a rigorosas objeções vindas do campo das ciências
humanas e da filosofia"[17]. E faz uma lista interminável de "críticos"
de diversas áreas, entre os quais Wittgenstein, Foucault, Popper,
Butler, Stengers, Lévi-Strauss... Não vemos como agrupar posições
tão heterogêneas entre si entre os críticos da psicanálise. Parece que
o importante é dizer que somos criticados por todos os lados, sem
qualquer cuidado em diferenciar e qualificar ou não as críticas (as
das ciências humanas seriam *"rigorosas objeções",* mas que objeções
são essas e em que seriam rigorosas?), responsabilizando os analistas

---

[16] Ibid., p. 8.
[17] Ibid., p. 9.

por elas. Falta, decididamente, aos psicanalistas, um poder crítico mais robusto para fazer face a tudo isso, e encontramos esta mesma carência na argumentação deste autor.

O livro de Visentini, excetuando-se este problema "crítico" que encontramos na Introdução e que parece estar no mote de sua decisão de escrevê-lo, é bom, mas de pouca valia para nós, como interlocução, pois em linhas gerais ele procura demonstrar, na metapsicologia freudiana, o que ela tem de científica, em que se pode verificar nela o rigor do método científico. Proposta interessante, mas que não vai ao âmago do que seria a espinha dorsal, metodologicamente falando, da psicanálise, e da própria ciência, que justificaria o atributo de científica à metapsicologia freudiana. Ademais, deliberadamente o autor não se refere, a não ser pontualmente, a Lacan, que é, em nosso entendimento, fundamental para uma discussão mais fecunda entre psicanálise e ciência.

Voltemos à questão da epistemologia crítica, pois essa discussão nos enseja a demonstrar as razões de seu estrangulamento e quase desaparição completa, neste início de século, do cenário científico contemporâneo, dominado pela ideologia cientificista a partir do setor designável como "medicina do comportamento", que engloba a medicina baseada em evidências, o retorno do organicismo na psiquiatria, a psicologia comportamental e as neurociências quando a ela associadas. Não é anódino que tenha sido justamente no campo do comportamento que a ciência fez cópula com o capitalismo, como se exprime Lacan[18]: é o modo de viver das pessoas que é preciso intervir para garantir que a máquina do capital regurgite tudo que se produz na sociedade como mais-valia.

Não é, portanto, possível a existência da Ciência e do exercício rigoroso da práxis científica sem que uma Epistemologia Crítica acompanhe, *pari passu*, seus movimentos. Dissemos no início desta Abertura que toda atividade científica, aliás toda e qualquer atividade

---

[18] Lacan, J. – *O Seminário, Livro XVII (O avesso da psicanálise)* 1969-70, Rio de Janeiro, Jorge Zahar Editor, 1992, p. 103. Na passagem, Lacan se refere à última palavra do discurso do mestre no "discurso do capitalista com sua curiosa cópula com a ciência".

A CIÊNCIA DA PSICANÁLISE

do ser falante, em particular no plano do entendimento e da razão, em decorrência da linguagem que ele habita, é necessariamente marcada pela dimensão do que se chama de ideologia. Esta ideação subliminar, indireta, este tipo de pensamento que não olha de frente quando se produzem ideias diretamente teóricas sobre algum fragmento de real, qualquer que seja, é indefectível no ser falante. Passemos, pois, ao capítulo I, dedicado a um exame pormenorizado da Epistemologia Crítica, que vem sendo asfixiada no mundo contemporâneo.

A ciência – *tout court* – mereceu de nós dedicar-lhe um capítulo especial, no qual remontamos às suas origens em Galileu Galilei, seu *reinado* como forma única de produção de conhecimento, sempre acompanhada pela crítica filosófica – Descartes, Leibniz, os empiristas ingleses, em particular David Hume, até chegar ao apogeu em Kant, o grande interlocutor filosófico da física newtoniana, o sistematizador da filosofia da razão. Depois de Kant, a *reviravolta hegeliana* abriu caminho para o que Foucault, em sua arqueologia, chamou de mudança do solo epistemológico da *representação,* próprio à episteme clássica, para o da episteme da história. Com isso, o caminho estava aberto para o materialismo histórico-dialético, a constituição do marxismo como uma ciência ao mesmo tempo galileana-hegeliana, da *economia política.*

Mas, no campo epistemológico, foi Gaston Bachelard que recolheu os efeitos do galileísmo na racionalidade crítica da ciência contemporânea – referimo-nos ao século XX, ao entre guerras e ao pós-guerra. Toda a questão da duplicidade de inscrição da ciência entre natureza e cultura é discutida neste capítulo.

Seguindo a direção primordial da proposta deste nosso livro, que é também a nossa, os três capítulos que se sucedem são dedicados à psicanálise: apresentação da psicanálise de uma forma não trivial (capítulo IV), dos eixos estruturais do método freudiano (V) e da metodologia de pesquisa em psicanálise (VI).

Este livro é, enfim, uma espécie de depoimento a partir de um já longo percurso na prática, estudo, pesquisa e transmissão da psicanálise, que inclui uma dimensão essencial de *amor* a este campo, e um testemunho não menos amoroso em relação à ciência, não a qualquer versão de ciência que reclame a si, sem qualquer lastro nem rigor epistemológico e com todos os compromissos ideológicos, os títulos de uma cientificidade para ela inalcançável, mas à ciência verdadeira, pelo que entendemos: aquela que não abandona seu compromisso com a problemática da verdade em troca de ganhos de poder, capital e controle sobre as pessoas, fruto da venda – caro ou barato – na feira do mercado mundial.

CAPÍTULO 1

A MORTE DA EPISTEMOLOGIA CRÍTICANACONTEMPORANEIDADE

O cenário atual

Vivemos, neste início de século, um claro declínio da epistemologia, mais particularmente da epistemologia crítica, expressão que é quase um pleonasmo, posto que toda epistemologia é, por definição, um exame crítico da atividade científica. Mas o quase-pleonasmo é proposital, para acentuar esta espécie de estrangulamento, de asfixia, que a epistemologia vem sofrendo por parte da vertente hegemônica da ciência contemporânea, mencionada na Abertura deste livro, em decorrência da submissão da ciência ao capitalismo.

Esta vertente hegemônica não representa, é claro, a totalidade da comunidade científica, e destacamos que justamente no campo das ciências naturais é que se encontram os maiores e mais expressivos avanços da ciência, que se mantém vinculados a um exame crítico, em plena afinidade com uma epistemologia crítica. Citaremos nominalmente Ilya Prigogine, químico e filósofo da ciência russo, autor de *As leis do caos,* edição original em italiano, de 1993[19], e *O fim das certezas – tempo, caos e as leis da natureza,* que contou com a colaboração de Isabelle Stengers. Citamos então essa sua grande parceira, também química, belga, coautora, com Prigogine, de *A nova aliança:*

---

[19] Prigogine, I. (com a colaboração de Isabelle Stengers) – *O fim das certezas – tempo, caos e leis da natureza,* São Paulo, Editora UNESP, 1996.

a metamorfose da ciência, primeira edição em francês, de 1979[20], de *Quem tem medo da ciência? Ciências e poderes,* Seminário ministrado no *Colégio Internacional de Estudos Filosóficos Interdisciplinares* do Rio de Janeiro em outubro de 1989, e portanto uma obra cuja edição original é brasileira, traduzida diretamente a partir de sua emissão oral em francês.

No campo das ciências sociais, poucos são os autores com expressiva dimensão epistemológica em sua obra. Na França, citaremos Bruno Latour, sociólogo e "antropólogo da ciência", como era chamado, autor, entre muitos outros livros, de *"Nous n'avons jamais été modernes",* de 1991[21]. Mas Latour não é exatamente um epistemólogo, não se dedicou ao estudo crítico das ciências, mantendo-se, como bom antropólogo e sociólogo, na análise crítica da sociedade contemporânea, nela incluindo, é claro, as incidências das produções científicas, particularmente do campo das ciências sociais. Na Alemanha, citaremos Adolf Grünbaum, este mais claramente um filósofo da ciência, que emigrou em 1938 para os Estados Unidos para fugir do nazismo. Grünbaum foi um crítico da psicanálise, baseando-se nessa crítica em Karl Popper, a quem nos referiremos numerosas vezes neste livro. Esses dois autores merecem aqui destaque por terem tido produções importantes neste século, razão pela qual indicamos o ano de suas respectivas mortes: Latour em 2022 e Grünbaum em 2018. No Canadá, destaca-se Ian Hacking, que se ocupou, entre outros temas, da relação entre linguagem e filosofia[22]. Na América Latina, citaremos Mario Bunge, físico e filósofo argentino, autor do clássico *Teoria y realidad,* primeira edição de 1972[23], que viveu 100 anos, até 2020, Hilton Japiassu, filósofo da ciência brasileiro, maranhense,

---

[20] Stengers, I. – *Quem tem medo da ciência? Ciências e poderes,* São Paulo, Edições Siciliano, 1990.

[21] Latour, B. – *Jamais fomos modernos,* São Paulo, Editora 34, 2019.

[22] Hacking, I. – *Por que a linguagem interessa à filosofia,* São Paulo, Editora UNESP, 1999.

[23] Bunge, M. –*Teoria e realidade,* São Paulo, Editora Perspectiva, Coleção Debates/Filosofia da Ciência, 1974.

A MORTE DA EPISTEMOLOGIA CRÍTICA NA CONTEMPORANEIDADE

falecido em 2015, autor de *Psicanálise – Ciência ou contraciência*[24], de 1989 – obra que nos interessa particularmente por referir-se especificamente à psicanálise, e Carlos Henrique Escobar Fagundes, filósofo, dramaturgo e poeta brasileiro, paulista que vive no Rio de Janeiro desde 1962 e fundou a ECO (Escola de Comunicação da UFRJ), vivo (89 anos), autor de *Epistemologia das ciências hoje, Ciência da história e ideologia*[25], entre outras obras epistemológicas, teatro e poesia.

A grande maioria de epistemólogos críticos pertencem, assim, ao século XX e destacamos vinte deles, incluindo os oito que citamos acima, dos quais três estão vivos (Ilya Prigogine, Isabelle Stengers e Carlos Henrique Escobar) e cinco morreram recentemente (Bruno Latour, Adolf Grünbaum, Ian Hacking, Mario Bunge e Hilton Japiassu). Todos tiveram contribuições neste século XXI, embora tenham nascido e publicado a parte mais expressiva de sua obra no século passado. Os demais doze, que citaremos nominalmente por sua extrema importância na epistemologia contemporânea, morreram no século XX e não deixaram herdeiros. São eles, o decano dos epistemólogos contemporâneos, Gaston Bachelard, filósofo e químico francês (1884-1962), Ludwig Joseph Johann Wittgenstein, filósofo austríaco, autor do célebre *Tractatus logico-philosophicus*[26] (1889-1951), Alexandre Koyré, filósofo e historiador russo-francês, (1892-1964), Alexandre Kojève, filósofo político também de origem russa e radicado na França (1902-1968), Karl Popper, filósofo e sociólogo austro-britânico (1902-1994), Georges Canguilhem, filósofo e médico francês (1904-1995), Willard van Orman Quine, filósofo e lógico-matemático norte-americano (1908-2000), Louis Althusser, filósofo marxista (1918-1990), Thomas Khun, físico e filósofo norte-americano (1922-1996), Imre Lakatos, matemático e filósofo da ciência húngaro (1922-1974), Paul Feyerabend, filósofo da ciência austríaco (1924-1994) e Michel Foucault, filósofo político

---

[24] Japiassu, H. – *Psicanálise – ciência ou contraciência,* Rio de Janeiro, Imago Editora, 1998.

[25] Escobar, C. H. – *Ciência da história e ideologia,* Rio de Janeiro, Edições Graal, 1979.

[26] Wittgenstein, L. – *Tractatus logico-philosophicus,* 1921. São Paulo, Companhia Editora Nacional, 1968.

francês (1926-1984). O físico, matemático e filósofo da ciência francês Henri Poincaré 1854-1912), ao qual retornaremos no capítulo III, "A ciência" e o filósofo, linguista e matemático norte-americano Charles Sanders Pierce (1839-1914), além de terem nascido no século XIX, como Bachelard e Wittgenstein, morreram no início do século XX, e por isso não os incluímos no grupo dos 20 epistemólogos que destacamos acima, embora tenham grande importância na discussão epistemológica do século XX.

Todos estavam suficientemente advertidos da incontornável presença da ideologia na ciência e por isso propunham um esforço permanente de distinção crítica entre uma e outra, não porque acreditassem que a epistemologia pudesse livrar a ciência da ideologia, mas, pelo contrário, por terem a humilde clareza do impossível de uma tal tarefa, o que exigia que esse esforço fosse incessante, contínuo, permanente. Feyerabend representa, de algum modo, uma exceção a esta regra, com seu "anarquismo epistemológico", no qual deveriam ser admitidas as mais diversas formas de produção de conhecimento, sem preocupação com critérios metodológicos[27].

Do ponto de vista da psicanálise, essa dimensão ideológica é um efeito do que chamamos de gozo, como mencionamos na *Abertura*. Como estar fora dele? Como pensar sem que o gozo acompanhe o pensamento, se, como demonstra Lacan, o pensamento é, essencialmente, uma forma de gozo? De que e como goza o cientista ciência quando elabora e aplica suas teorias? Esta questão precisa que constituir o objeto do exercício crítico de uma epistemologia advertida.

Hoje a epistemologia crítica está *tecnicamente* morta, ausente do cenário e dos debates da comunidade científica, e queremos dizer que esse desaparecimento não é casual, mas faz parte de um projeto político-ideológico da tendência dominante na ciência contemporânea, que se torna, ela própria, vítima da asfixia intelectual que tem imposto, com a força de sua aliança com o capital, ao exercício crítico da epistemologia: epistemologicamente miserável, incapaz de atender aos mais elementares critérios de cientificidade, ela se impõe contudo, e de modo arrogante, como a única forma "comprovadamente válida"

---

[27] Feyerabend, P. – *Contra o método,* São Paulo, Editora UNESP, 2011.

de ciência "baseada em evidências", ao mundo: às sociedades civis, aos Estados nacionais mais diversos, suas universidades, às agências de fomento à pesquisa científica, às associações científicas, às editoras e aos periódicos que precisam de financiamento para realizarem suas publicações – ou buscam voluntariamente vender-se ao capital dos grandes laboratórios que dominam o mercado de fármacos, na área da saúde "e comportamento", que não se limita ao campo da clínica, pois sabemos sobejamente que a sociedade está, por completo, medicalizada, sem que sequer seja requerido o pretexto de uma falsa patologia, que uma drogaria é aberta a cada esquina e que a indústria farmacêutica é mais rentável do mundo, disputando este podium com a de armamentos.

O sucesso pragmático desta empreitada falaciosa é assegurado pela sua sustentação no capitalismo, daí Lacan ter apontado, já em 1969, a curiosa cópula da ciência com o capitalismo, como assinalamos acima. Pensamos que já é hora de desmascararmos o engodo e retomar o exercício crítico de uma epistemologia a ser ressuscitada.

Paradigmas epistêmicos em conflito na contemporaneidade

A comunidade científica apresenta, na contemporaneidade, uma configuração composta por algumas tendências conflituosas que podemos chamar de paradigmas, não exatamente no sentido em que Thomas Khun emprega esta categoria. Em Khun, um paradigma é o conjunto de condições epistêmicas, sociais, econômicas e culturais que prevalecem em determinado período histórico, definindo o que seria a *ciência normal* no período considerado, e que são abalados em determinado momento, chamados de *anomalias*, prenunciando justamente uma mudança de paradigma, através do que este autor denomina como uma *revolução científica*. Este foi o caso da Física Quântica, no início do século XX, que operou uma revolução no paradigma newtoniano que vigia até então na física. No cenário contemporâneo, identificamos a convivência conflitual de mais de um paradigma.

No campo das ciências naturais, temos por um lado o que podemos qualificar de polo mais avançado da física e da química: a teoria das instabilidades, do caos – entendido não como ausência de ordem

mas como introdução, no registro da ordem, de regiões de impre-
visibilidade, de quebra da universalidade e da estabilidade das leis
científicas, da ideia de evento, da consideração da temporalidade
– a famosa flecha do tempo – que pode tornar irreversível o que, na
física newtoniana, considerava-se como reversibilidade integral entre
passado, presente e futuro pela atemporalidade das leis universais,
indiferentes como tais ao espaço e ao tempo (categorias *a priori* da
sensibilidade mas não da razão, em Kant, o grande intérprete filosófico de Newton), além das energias dissipativas, que dão fundamento
ao chamado *buraco negro* do universo. Este polo avançado, como o
chamamos, é o desdobramento da revolução que se operou na física
com a descoberta do átomo, a mecânica quântica, a teoria da relatividade e a física atômica (Jean Perrin, Max Planck, Albert Einstein,
Niels Bohr, Werner Heisenberg, entre outros).

Por outro lado, assistimos aos avanços, não menos arrojados, da
biologia e da genética, a decifração do genoma, as descobertas das
neurociências concernentes ao funcionamento cerebral, os neurô-
nios-espelho, avanços que celebramos na medida em que trazem à
humanidade valiosas e alvissareiras promessas de conhecimento e
redução de sofrimento, considerando as bases neuro-cerebrais de
muitas doenças.

Entretanto – e é neste ponto que se inicia o conflito – verificamos uma espécie de extensão indevida, ideológica e falaciosa desses
conhecimentos, particularmente no campo das neurociências, extensão que visa a se apropriar de um território epistêmico que lhe é
inteiramente estranho, e que designaremos logo como o *campo do
sujeito*, campo por excelência próprio à psicanálise. Esta apropria-
ção indevida do campo do sujeito, nós a denominamos de *medicina
do comportamento*, essencialmente positivista e organicista em suas
bases conceituais, autoproclamada "baseada em evidências" e cuja
hegemonia e força deve-se à sua associação com o capitalismo, como
demonstrado na seção anterior. Sem rigor em seus métodos e críticas,
as pseudociências comportamentais regozijam-se de seus frequentes
e violentos ataques à psicanálise, por elas considerada uma mitologia
cientificamente insustentável e desprovida de qualquer evidência de
seus métodos e de sua eficácia.

A MORTE DA EPISTEMOLOGIA CRÍTICA NA CONTEMPORANEIDADE

Estas *ciências do comportamento*, associação das neurociências com a psicologia cognitivo comportamental, pretendem aplicar-se a todo e qualquer aspecto da vida humana e social, visando ativamente o controle de pessoas e grupos sociais e pilotando o processo de medicalização da sociedade, através das práticas da psiquiatria de orientação eminentemente biológica, igualmente hegemônica no mundo atual, afetando, no sentido do retrocesso, o campo da Saúde Mental em todo o mundo ocidental, campo que no Brasil constituiu--se correlativamente ao processo político da Reforma Psiquiátrica Brasileira a partir dos anos 70, atingindo um patamar sofisticado e complexo em termos epistemológicos, transdisciplinar e indiscutivelmente científico, tratado, entretanto, como se fosse uma *ideologia* pela falsa ciência atual.

Na verdade, parece que toda a comunidade científica contemporânea está indiferente a este processo de devastação epistemológica por parte da ideologia cientificista fruto do neoliberalismo dominante na economia mundial. Temos a impressão de uma certa anestesia, entorpecimento da crítica, pelo menos no campo epistemológico, em relação a isso. Há autores críticos, é claro, muitos deles de peso, mas eles ou não falam em nome da ciência rigorosa e verdadeira ou – sendo alguns do campo da psicanálise ou de uma filosofia bastante próxima dela – adotam uma postura mais "analítica" do que "crítica", no sentido de revelar, quase sempre com grande acuidade, os eixos discursivos que determinam e percorrem a comunidade científica e intelectual contemporâneas, mas sem produzir com suas análises efeitos mais contundentes de contra-dominação, muitas vezes confundidos com "militância" – prática que, com ou sem aspas, tornou-se uma espécie de signo de imaturidade ou impropriedade intelectual. Esse "discreto charme", que não deixa de ser burguês, tem, entre seus determinantes menos confessos e em larga medida inconscientes, os propósitos mesmos de dominação que seus charmosos adeptos criticam tão bem no plano intelectual e "analítico".

A diferença entre as ciências físicas atuais, ciosas do rigor metodológico que sempre marcou a Ciência desde o seu nascimento, como Física Moderna, no século XVII, e as ciências do comportamento que, ao contrário, não se caracterizam por nenhuma exigência de rigor, não tem nenhuma preocupação epistemológico-metodológica, não demonstram nenhum compromisso com a relação entre ciência e verdade e fazem todo tipo de pacto com os interesses mercadológicos, do capital e do poder, não se traduz, assim, em termos de conflito. Esses dois polos não co-habitam o mesmo campo social, acadêmico e institucional de saberes e práticas, podendo ignorar-se quase que completamente.

Raramente vemos um bom cientista do campo das ciências naturais avançadas pronunciarem-se criticamente sobre a inaceitável subordinação ideológica à ciência *bio(neuro)-psico-comportamental social,* hegemônica no *campo-psi* e na aplicação social em ampla escala, através do domínio sobre as políticas públicas de Estados neoliberais, refém do mercado e ao capital, representado pelos grandes laboratórios de (psico)fármacos, a mais poderosa e rentável indústria mundial. Como psicanalistas, atuantes na universidade, pesquisadores, atores do campo público de saúde mental, temos esse campo como o vizinho mais próximo, situação que físicos, químicos e biólogos e voltados para os fenômenos efetivamente biológicos (e não para uma suposta biologia do comportamento, que é, para nós, o campo do sujeito) não experimentam em sua práxis quotidiana, mas que, em contrapartida, incide do modo mais amplo que se possa imaginar no espaço social "leigo". Por isso, convocaremos Isabelle Stengers, química e filósofa da ciência belga, e sua importantíssima análise da relação entre ciência e poder – ou entre *ciência* e *poderes,* na forma plural que a autora prefere adotar – que traz importantes luzes à dimensão política de todo ato científico.

No primeiro de cinco encontros que Stengers realizou no Rio de Janeiro em 1989, e que resultaram na publicação do livro *Quem tem medo da ciência? Ciências e poderes,* intitulado "Do nascimento da Ciência Moderna", a autora inicia (é a primeira seção deste primeiro encontro, curiosamente intitulada "Não se apressar") apresentando uma interessante posição sobre o sentido que dá ao termo poder que não é sem relação com a nossa questão, posto que o ato de Galileu é um ato de poder, e repleto de consequências no mundo. Não há, pois, que se apressar.

Apontando a tendência em se associar poder e dominação como uma armadilha, Stengers afirma um sentido positivo de poder, que não equivale a um projeto de dominação do mundo, no caso, pela ciência, mas à dimensão do que a ciência *pode* e *faz com que se possa.* Neste ponto, faz uma crítica a um determinado modo de entendimento e exercício de poder que, por concernir a um campo muito próximo ao da psicanálise, embora dela não apenas radicalmente distinto como oposto, tem particular interesse para nossas discussões epistemológico-políticas. Citemos a autora:

> Gostaria de ter instrumentos que me permitissem compreender como, sob o nome de ciência, encontramos gente como os psicólogos behavioristas ou comportamentalistas, os "skinnerianos", por exemplo, que põem ratos ou pombos em caixas e só se interessam pelo número de golpes ou de pressões que o animal dará na alavanca – o que é realmente a encarnação do poder no sentido unilateral do termo: seja o que for o rato, sei que tornei sua atividade mensurável, quantificável; ele é submetido às condições que garantem que eu faço ciência, não me faz correr risco algum – e também como encontramos, sob esse mesmo nome de ciência, "eventos" que encantam aquele que se diz cientista. Nunca, creio, um rato numa caixa pôde causar admiração a um experimentador.[28]

Prossegue sua argumentação contrastando essa posição de falsa cientificidade, na qual o exercício de um poder unilateral equivale a uma forma de dominação que supostamente garante àquele que o exerce a condição de "cientista" – e seria um falso cientista – com a posição do físico francês Jean Perrin, no livro *Les Atomes,* publicado em 1913. O livro de Perrin é um marco na ciência porque, a partir dele, os átomos, que até então eram considerados como uma ficção, passam a existir cientificamente, através de experiências no campo eletromagnético com o rádio. "Perrin mostrou que os átomos existem porque *podemos* contá-los."[29] [...] "Poder aqui deve ser entendido no sentido de descoberta de um novo modo de acesso fidedigno à

---

[28] Stengers, I. – op. cit., p. 14.
[29] Ibid., p. 15.

A CIÊNCIA DA PSICANÁLISE

realidade. E esse poder, contrariamente ao do psicólogo behaviorista, é um poder que fala imediatamente de seu próprio risco". [...] "O poder de Perrin os [a seus colegas cientistas] encanta porque ele se colocou numa posição de grande vulnerabilidade. Cada experiência podia ter um resultado diferente. Ora, elas convergem, e é esta convergência que faz com que o átomo passe do estatuto de ficção ao de realidade"[30]

A posição de Perrin, aqui tão bem c apresentada e valorizada por Stengers, é a mesma posição de Galileu: poder ligado à contingência, segundo a qual o que existe poderia ser infinitamente diverso do que é, e portanto ao risco. Nenhum "poder" poderia garantir o resultado *a priori*. Só o que atua *a priori* é a aposta, a suposição, até mesmo a afirmação de uma lógica atribuída à realidade "natural", sem contudo saber como ela opera: se é possível chegar a algum resultado – se existe este *poder* – é porque se partiu desta aposta, mas não é o necessário e sim o contingente que incide nesta aposta, o que mantém a dimensão do risco.

O poder da Igreja na Inquisição medieval, tanto quanto o poder pretendido por toda posição fascista e de extrema-direita na atualidade (brasileira e mundial) é sempre o mesmo poder unilateral e sem risco de que nos fala Isabelle Stengers, o poder mais contrário possível ao poder que comporta a dimensão do risco, ou seja, o poder da ciência.

No capítulo III, dedicado à ciência, retomaremos a questão do modo pelo qual a descoberta e a verificação da existência do átomo, pioneiramente afirmada por Perrin, exigiu e ao mesmo tempo acarretou uma importante mudança de paradigma na Física moderna, conceitualmente newtoniana e epistemologicamente kantiana, na reviravolta que engendrou a Física quântica, a Mecânica Quântica, a Física Atômica, a Teoria da Relatividade, o estudo dos fenômenos ondulatórios, e introduziu em uma Física que vivia no céu da estabilidade racional as nuvens (literalmente, nuvens de elétrons!) do princípio da incerteza, a consideração dos eventos que tomaram o lugar dos fatos racionalmente inteligíveis e substituíram a reversibilidade que

---

[30] Ibid., p. 15.

uma temporalidade de equivalências entre presente, passado e futuro pela irreversibilidade que um acontecimento não previsível determina no curso das coisas. Para isso, conversaremos com o Físico atômico Werner Heisenberg, recorrendo, para isso, às conversações, tão agradáveis à leitura inclusive do leigo em física, porquanto Heisenberg dá à sua narrativa a dimensão da escrita literária, que ele próprio desenvolve, capítulo após capítulo, em seu livro *A parte e o todo,* e poderemos estabelecer um inesperado paralelo entre as respectivas descobertas do átomo e do inconsciente em relação às exigências kantianas da auspiciosa garantia dada pela Razão à realidade.

Retornando à questão do conflito, vemos portanto que este se trava entre as Ciências do Comportamento e a Psicanálise, que operam no mesmo campo, o campo *psi,* e por extensão o campo da saúde mental. As primeiras se colocam no lugar da norma científica, como se fossem idênticas, equivalentes ou coextensivas à cientificidade, e é desse lugar que atacam a Psicanálise como pouco ou nada científica, como *romance subjetivista* que deve dar lugar à "verdadeira ciência" – a comportamental.

Esta posição, em que pese a total impostura de fácil demonstração que a caracteriza, tanto mais escandalosa quanto menos parece causar o menor escândalo, passa por verdade para grande parte da população e é solenemente ignorada até pelos mais críticos e advertidos espíritos de nossa época, inclusive muitos psicanalistas que, no máximo, limitam-se a criticar o "cientificismo" dos seus acusadores, ou até mesmo a própria ciência, como se "A Ciência" fosse isso, sem se dar conta de que, em sua crítica, errada quanto ao alvo, um passo é saltado: aquele de verificar que, ao criticarem, na postura comportamentalista, a própria ciência, admitem implicitamente a equivalência entre elas, estratégia mistificadora e ideológica que constitui o engodo que seria preciso desmontar.

A posição que aqui sustentamos não é de crítica à ciência, mas ao que hoje, sem rigor algum, se faz passar por científico, e, a partir deste título auto-outorgado, pretende desqualificar toda e qualquer forma de saber que se lhe oponha como se fosse pré-, anti- ou simplesmente não-científica, ainda que esses saberes se filiem à mais rigorosa tradição científica e dela derivem, como é o caso da Psicanálise.

Ciência e neoliberalismo

Vivemos um momento histórico de franco retrocesso no campo da ciência. Na verdade, este retrocesso está, no momento atual, atingindo talvez o que seja o seu apogeu, posto que o processo histórico-político que levou a ele não se iniciou "ontem", nem mesmo neste novo milênio, mas ainda no século passado. O que queremos afirmar, no final deste capítulo em que procuramos demonstrar a asfixia da epistemologia crítica na contemporaneidade e portanto da derrocada do *espírito científico,* é que este fenômeno tem como seus fatores determinantes um processo do campo da economia política: a ascensão do neoliberalismo, cujas raízes remontam à década de 1930.

Não somos um estudioso da economia política, nem da história, nem um cientista social, e portanto nossas possibilidades de fazer uma análise mais rigorosa deste processo encontra seus limites sem exigir tão longa caminhada. E deliberadamente não discutiremos, por exemplo, as relações *internas* entre o liberalismo clássico e o neoliberalismo, ou a questão de saber se o capitalismo, levado a um grau avançado de "desenvolvimento", conduz, inexoravelmente ou não, ao neoliberalismo. Não desconhecemos que já em Adam Smith (1723-1790), o teórico inglês do capitalismo, encontramos a proposta da auto-regulação do mercado sem maior intervenção do Estado. Mas tampouco desconhecemos que o prefixo *neo-,* no batismo do neoliberalismo no final dos anos 30, não tinha a função semântica de designar *uma nova forma de liberalismo,* mas justamente de se opor ao *velho liberalismo (älteren Liberalismus,* na expressão de Ludwig von Mises, um dos seus ideólogos), de usar alguns conceitos do liberalismo mas em um contexto totalmente diferente daquele em que o liberalismo clássico vicejara. Há, portanto, mais ruptura que continuidade entre liberalismo e neoliberalismo, o que, se não absolve o primeiro, condena mais severamente o segundo, no qual: a) não é simplesmente uma expansão do livre mercado que está na base causal do processo, e portanto não se trata de um *paroxismo liberalista,* mas de uma posição deliberada do Estado em reduzir-se a si mesmo em favor do mercado, como mostra com clareza solar o grande pensador brasileiro Alysson

Mascaro[31]. A famigerada "liberdade", falaciosamente individual, é fruto de uma imposição reguladora, no estilo mão-de-ferro, das forças do mercado e dos grupos economicamente hegemônicos; b) esta imposição visa a reduzir direitos sociais, asfixiar a classe trabalhadora, chegando a produzir intencionalmente crises econômicas e sociais com a expressa finalidade de acumular a riqueza nas mãos do menor número possível de pessoas; c) combate-se com o máximo vigor o chamado *Estado de bem estar social,* o *Welfare State,* inspirado no economista socialista sueco Gunnar Myrdal[32], evocando-se a ideia, sem base alguma na ciência da Economia, mas com forte conteúdo ideológico-político, de que o Estado que controla o mercado e assegura direitos sociais aos trabalhadores conduz inevitavelmente ao colapso econômico e à "perda total da liberdade", utilizando o fantasma do nazismo como um efeito de uma política econômica de inspiração socialista.

Poderíamos ter incluído um item "d" na série acima, referente à aversão do neoliberalismo à ciência, à intelectualidade, a toda forma de pensamento crítico, às artes e até mesmo à tecnologia – com exceção da tecnologia de uma comunicação do gênero *lavagem cerebral.* Esta aversão é, incidentalmente, uma *prova científica* da total ausência de fundamento na economia científica no neoliberalismo, que se reduz, assim, a uma ideologia intelectualmente rasteira de dominação, exacerbação da pobreza visando a eliminação dos pobres.

O ponto que nos interessa aqui é este último – a aversão do neoliberalismo à ciência e a constatação de uma notável correlação histórica entre o período de estrangulamento da epistemologia e da ciência crítica e o processo de ascensão e implementação do neoliberalismo nos países ocidentais – década de 70 na Inglaterra (Margareth Tatcher) e Estados Unidos (Ronald Reagan), golpe contra o governo

---

[31] Mascaro, A. L. – *Estado e forma política,* São Paulo, Boitempo Editorial, 2013.

[32] Paradoxal e ironicamente, o Prêmio Nobel de Ciências Econômicas foi concedido, em 1974, a Myrdal e Friedrich von Hayek, um dos seus maiores adversários em economia, proponente do neoliberalismo.

A CIÊNCIA DA PSICANÁLISE

socialista de Salvador Allende no Chile em 1973 e implementação do neoliberalismo a partir da ditadura de Augusto Pinochet que se seguiu a este golpe, inteiramente apoiado pelos Estados Unidos e, no Brasil, no governo civil de Fernando Henrique Cardoso nos anos 90.

Neste ponto, reiteramos uma ressalva que fizemos no início deste capítulo. Quando nos referimos ao retrocesso no campo científico, não estamos desconhecendo os incalculáveis avanços que determinados setores da ciência tem alcançado, como a as comunicações e a tecnologia digital, incluindo a internet, a medicina, as neurociências, a microbiologia, genética (a decifração do genoma), além da física nuclear, da química e de setores da engenharia, como as tecnologias de transporte, por exemplo. Referimo-nos ao campo, socialmente bastante abrangente, do que se chama *comportamento humano,* tanto no plano psicológico, individual ou social, quanto no de uma sociologia e uma política de controle da população e de uma *microfísica,* uma *bioética,* uma *biopolítica*[33] e uma *necropolítica*[34]. Estes campos são muito próximos de nós, psicanalistas, que concebemos o sujeito não como uma entidade individual mas como uma estrutura coletiva desde uma perspectiva inconsciente e não grupal ou interpessoal e portanto fazemos nossas intervenções nos diferentes espaços sociais de modo homólogo à nossa concepção de sujeito.

A psicologia cognitivo-comportamental, hegemônica na sociedade atual e, de modo quase absoluto, aliada e adotada por toda política pública dos Estados neoliberais contemporâneos no campo da saúde – *pública?* ou *privatizada* por esses mesmos Estados? – da educação, da assistência, do enfrentamento das problemáticas psicossociais

---

[33] Conceito introduzido por Michel Foucault em sua *Genealogia,* que consideramos neste livro como um dos seis sistemas metodológicos, apresentados e discutidos no próximo capítulo. A *Biopolítica* estuda e expõe as formas como o poder se exerce sobre os corpos, os modos de viver, de desejar, de gozar e também de morrer.

[34] Mbembe, A. – *Necropolítica* – São Paulo, n-1 edições, 2018. A *Necropolítica* de Mbembe mantém a mais estreita relação com a biopolítica de Foucault, estendendo-a para as decisões do poder quanto a decidir que parcela da população deve permanecer vivo (e ter sua vida controlada) e qual deve morrer.

como uso abusivo de drogas, cometimento de crime e, no caso dos países com acentuada desigualdade social, como o Brasil, população em situação de rua, favelada e periférica.

Assim, o que assistimos é a patologização dos problemas sociais, a consequente psiquiatrização por uma via organicista, neurologizante, positivista e comportamental das situações de sofrimento psíquico, medicalização dessas situações, da infância e de toda a sociedade e, no campo dos conflitos sociais, uma correlata criminalização e consequente judicialização de todos os atos, sem qualquer consideração científica por suas causas determinantes que são, na imensa maioria dos casos, causas psicossociais, não orgânicas, cerebrais ou redutíveis a tendências criminosas. Trata-se, assim, da criminalização e do encarceramento da pobreza, no "melhor" estilo neoliberal, tal como o caracterizamos.

Faremos, para concluir esta discussão, um exame do que se passa no campo da psiquiatria e da psicologia nas políticas públicas de saúde mental, não apenas no Brasil mas em quase todos os países ocidentais, como forma de fundamentar nossa afirmação da depreciação metodológica e epistemológica neste campo que, no nível das práticas clínicas e de pesquisa, nós, como psicanalistas, compartilhamos com esses outros atores.

O paradigma que rege as tendências atuais em Psiquiatria é definido pelas sucessivas edições do *Manual Estatístico e Diagnóstico das Doenças Mentais*, cuja última edição, a que está em vigor, portanto, é a sua quinta (DSM-V), de 2012-13, publicada no Brasil em 2014[35]. Remetemos o leitor a um artigo nosso no qual fazemos uma crítica ampla e detalhada a todo o projeto do DSM desde a sua criação em 1952 até o DSM-V[36].

---

[35] *Manual Diagnóstico e Estatístico de Transtornos Mentais – V Edição (DSM-V – Diagnostic and Statistical Manual of Mental Disorders, da American Psychiatric Association)*, Porto Alegre, Artmed, 2014.

[36] Cf. Elia, L. – *Psicanálise e ciência: o DSM e a recusa da cientificidade,* in *Revista da Associação Psicanalítica de Curitiba, n° 32 – Psicanálise e suas interfaces,* Curitiba, Juruá Editora, 2016, pp. 43-54.

A CIÊNCIA DA PSICANÁLISE

O que se evidencia na história das edições do DSM é correlato do que se evidencia na história recente da economia política: entre 1968 e 1980, anos que separam as edições do DSM-II e do DSM-III, a psiquiatria recusou, num só golpe, a clínica psiquiátrica de inspiração fenomenológica e a psicanálise, e adotou o falacioso "a-teoricismo" descritivo, mas na verdade bastante comprometido com uma perspectiva comportamental e biológica, não explicitada, entretanto, como suas bases teóricas ocultas. É no mesmo período que o neoliberalismo se instala no *mid-atlantic do norte*[37], Inglaterra e Estados Unidos. Há um modo de "cientificidade" que convém ao neoliberalismo, que atende aos seus interesses, que lhe serve ideologicamente.

Por isso acusam movimentos que contrariam essa tendência, como a Reforma Psiquiátrica Brasileira, por exemplo, e a Psiquiatria Democrática italiana que a inspirou, orientada pelo pensamento revolucionário de Franco Basaglia, de *ideologia, prática não-científica*. Do ponto de vista da crítica epistemológica, contudo, é exatamente o contrário: Basaglia é um pensador marxista, que construiu um robusto corpo de saber e práxis do qual extraiu uma proposta política de saúde mental segundo a qual o *louco* ocupa lugar homólogo – não idêntico – ao *operário* segregado e excluído dos benefícios e privilégios da elite econômica. E sua proposta não é, como pretendem seus detratores, uma política sem clínica. Atento ao sofrimento inerente à condição de explorado, Basaglia e seu parceiro de ideias e lutas, Franco Rotelli[38], formulam que o sofrimento, por ser psíquico, é

---

[37] Esta é uma referência ao que, no artigo supracitado, ficou conhecido como *Mid-Atlantics,* associação de psiquiatras norte-americanos e anglo-europeus que estavam insatisfeitos com a influência da psicanálise na psiquiatria da época (anos 70), que segundo eles, desprezava o diagnóstico e a nosologia (o que não é inteiramente injusto, pois a psicanálise norte-americana nunca primou pelo rigor teórico-clínico), e decidiram fazer uma "contrarrevolução" na psiquiatria dos países do Atlântico norte. Disso resultou o DSM-III, de 1980, que passou a ter 295 páginas, contra as 38 da edição anterior, de 1968 (DSM-II).

[38] Franco Rotelli foi, ao lado de Franco Basaglia, um dos mais expressivos pensadores e militantes da Psiquiatria Democrática Italiana, que inspirou a Reforma Psiquiátrica Brasileira na radicalidade da luta antimanicomial, o fim dos manicômios e não sua "reforma humanitária". Faleceu recentemente, em 16 de

imanentemente *corporal, é existência-sofrimento em relação ao corpo social,* e deve ser tratado em liberdade, fora dos muros do manicômio. Note-se uma sutileza estrondosa: do lado do sujeito, ele evita usar o termo corpo, optando pela expressão conjugada *existência-sofrimento,* só empregando a categoria de *corpo* quando articulada ao *social.* Não deixa brecha para que, em sua formulação, algum biologismo forasteiro se imiscua.

O movimento brasileiro, a Reforma Psiquiátrica Brasileira, embora tenha feito concessões ao discurso psiquiátrico dominante (a começar pelo próprio termo *Reforma,* prosseguindo no uso da terminologia *transtornalista* do DSM, não reestruturando a formação universitária médico-psiquiátrica, que ainda goza de privilégios financeiros expressos em disparidades de remuneração e exclusividade de direitos hierárquicos na responsabilidade legal por documentos clínicos oficiais, por exemplo), sustenta-se em um corpo interdisciplinar de saberes de alto grau de rigor científico, o que a coloca à altura da complexidade do campo sobre o qual sua práxis opera: psiquiatria, psicologia, psicanálise, saúde coletiva, saúde pública, ciências sociais e políticas, antropologia, direito, filosofia). Ideologia? De que lado ela está? De um corpo assim constituído, não sem conflitos e tensões, pela articulação por tantos saberes, todos de vocação crítica, ou do lado de uma falsa ciência que serve incansavelmente aos interesses do mercado, do controle da sociedade por discursos e agentes do poder, na "curiosa cópula [do discurso capitalista] com a ciência"?

---

março deste ano de 2023. É dele a frase que citamos.

CAPÍTULO 2

UMA NOVA DEFINIÇÃO DE METODOLOGIA
AS "SEIS METODOLOGIAS"

Os caminhos preliminares a esta proposição

Para conferir a devida caução à *proposta metodológica* que será apresentada nas próximas linhas, é preciso expor, a título preliminar, o contexto em que esta proposta foi elaborada, pois ela porta suas marcas.

O contexto é nosso ingresso na primeira turma do Curso de Doutorado em Psicologia Clínica da Pontifícia Universidade Católica do Rio de Janeiro, no ano de 1985, ano da criação do curso. O tema do nosso mestrado, concluído um ano antes, foi eminentemente teórico-filosófico (dissertação intitulada *O inconsciente filosófico da psicanálise*). O do doutorado conjugou teoria e clínica de modo radical: *Para além do sexual: a psicose na psicanálise*. E é neste ponto que emerge a questão que constitui o principal mote da proposta metodológica da tese que então elaboramos, e que apresentamos no presente capítulo.

Deparar com a questão de uma clínica estritamente psicanalítica das psicoses nos impôs, sem que por isso fosse exatamente algo esperado, um enfrentamento qualificável, ele próprio, de *metodológico*. Este efeito não é sem relação com uma constatação que se pode fazer na experiência psicanalítica: as psicoses têm a curiosa vocação de interrogar as entranhas epistêmicas dos saberes que com ela se intrometem. Isso ocorreu primeiramente com o próprio Freud, que

A CIÊNCIA DA PSICANÁLISE

foi levado a fazer uma grande reviravolta na teoria psicanalítica como decorrência de seu encontro com a psicose de Schreber: precisou introduzir – *na* psicanálise – o capítulo inteiro da teoria do narcisismo, destinada a produzir incalculáveis inflexões na própria clínica psicanalítica com neuróticos[39]. Fazemos a suposição de que o encontro de Karl Jaspers com a esquizofrenia produziu, nele, um grande impacto, levando-o inclusive a formular a sua famosa dualidade entre *ciências da natureza* e *ciências da cultura* que, se não é originária de sua lavra, teve dele decisiva contribuição: afinal, uma psicose, como fenômeno e como estrutura, transborda qualquer modo de pensá-la e de tratá-la que se restrinja à natureza ou à cultura. Se o sujeito está cindido (*esquize* quer dizer exatamente isso), ele cinde o saber e a práxis que dele pretenderem ocupar-se, obrigando-os a considerarem os aspectos naturais e os culturais da experiência subjetiva da psicose. Éric Laurent escreveu um importante artigo intitulado: "O que as psicoses ensinam à clínica das neuroses"[40], mostrando os efeitos clínicos que as psicoses produzem para além de seu campo próprio e, *last but not least,* nós próprios, ao adentrarmos nossa pesquisa de doutorado sobre as psicoses (das quais nos ocupávamos intensamente no plano clínico já há bastante tempo naquele momento[41]) fomos obrigado a fazer

---

[39] Em muitas traduções do artigo de Freud sobre o narcisismo, escrito três anos depois de sua análise do caso do Presidente Schreber e em total decorrência dela, vemos o título ser adulterado: em vez de *Introdução **do** narcisismo,* que é a tradução correta do título que Freud deu ao seu artigo: *Zur einführung des narzissmus,* lê-se *Introdução **ao** narcisismo.* Ora, o artigo é para introduzir *o* narcisismo *na* psicanálise, por força da psicose com que Freud se deparara, e não para introduzir o leitor *ao* narcisismo: não é um *artigo introdutório,* mas de introdução de uma bombástica reviravolta no arraial.

[40] Laurent, É. – *O que as psicoses ensinam à clínica das neuroses,* in *Revista Curinga n° 14,* Escola Brasileira de Psicanálise – Seção Minas Gerais, Belo Horizonte, 2000, pp. 176 e segs.

[41] Iniciamos nossa relação clínica com a psicose ainda na graduação em psicologia, realizada na PUC-Rio entre 1974 e 1978, como estagiário na *Villa Pinheiros, Clínica de orientação psicanalítica,* clínica particular (não havia serviços públicos de saúde mental fora os hospícios públicos naquela época), considerada de vanguarda, onde permanecemos de agosto de 1975 até seu fechamento em

UMA NOVA DEFINIÇÃO DE METODOLOGIA

preceder qualquer entrada na questão propriamente dita da psicose e seu tratamento de um longo trabalho sobre o próprio *modus operandi* da psicanálise: não apenas sobre *como faríamos nossa pesquisa,* o que via de regra constituiu a seção dita *metodologia* de todo projeto de pesquisa e norteia sua execução, mas uma discussão tão ampla quanto profunda do que seja *operar em psicanálise,* na elaboração teórica, no afazer clínico e na empreitada da pesquisa.

Eis a questão fundamental que nos impactou de saída: *Como é possível que, num campo cuja estrutura metodológica é tal que todo saber se produz a partir da experiência concreta da clínica – que assim não é o lugar da aplicação do saber mas de sua produção – e que tem na fala e nos atos de um sujeito do inconsciente seu manancial,* **possamos encontrar enunciados teóricos importantes sobre a psicose dos quais não se possam depreender coordenadas de seu tratamento?** A tese precisou "ganhar" uma primeira seção, não prevista, exclusivamente dedicada às questões metodológicas[42].

Nesta espécie de *excursão preliminar,* fomos levado a fazer uma primeira constatação, e que já está presente, como premissa, na questão acima formulada: existem coordenadas metodológicas próprias à psicanálise, que são princípios, eixos, enfim, vetores que estruturam o campo psicanalítico, seus modos de operar, sua relação peculiar entre produção e aplicação de saber, entre teoria e prática, entre descoberta e verificação, entre sujeito e objeto, que não são os mesmos de outros campos de saber e práxis, que igualmente apresentam rigor, consistência metodológica também própria, nada havendo, assim, que não os recomendasse como métodos científicos, não sendo contudo, nenhum deles, redutível a qualquer outro, e tampouco coincidindo com o método clássico da ciência natural, que conhecíamos bem, o método hipotético-dedutivo galileano.

1976. Dávamos semanalmente plantões noturnos sem enfermeiros ou médicos presentes, que poderiam ser acionados por telefone em caso de urgências que fugissem ao nosso controle.

[42] Cf. Elia, L. – *Pela elaboração dos princípios de uma metodologia psicanalítica: Os postulados da "Analítica",* Parte I da Tese de Doutorado intitulada *Para além da sexualidade: a psicose na psicanálise,* Programa de Pós-graduação em Psicologia Clínica da PUC-Rio, defendida em 3 de abril de 1992. Inédito.

A CIÊNCIA DA PSICANÁLISE

Isso nos levou a conceber um novo sentido para o termo *metodologia,* que aqui não significa o conjunto de princípios e procedimentos que norteiam tecnicamente uma atividade levada a cabo em um determinado campo de saber – como, por exemplo, na pergunta: *Qual a metodologia utilizada nesta pesquisa?* – mas designa uma categoria substantiva, nominativa e discreta (no sentido matemático, isto é, que distingue elementos por ela subsumidos), e portanto que admite a forma plural: existem distintas metodologias no universo do saber. As *metodologias* são mais amplas do que cada uma das *ciências particulares* que compõem alguma delas, por exibirem as mesmas coordenadas operacionais que as demais ciências subsumidas por esta metodologia. São entretanto menos amplas do que categorias como "A Ciência", "A Filosofia", ou mesmo "as ciências naturais", "as ciências humanas", etc.

Este sentido se aproxima, com as devidas distinções, do que Michel Foucault concebe como *episteme*[43]: a episteme da representação ou clássica e a episteme da história ou moderna, para tomar dois exemplos proeminentes, respectivamente articuladas ao pensamento de Kant e seu diálogo, como filosofia da razão, à Física newtoniana, e ao pensamento de Hegel, que já não mais se articula com a ciência clássica mas com a dialética moderna, que fornecerá as bases metodológicas para novas emergências epistêmicas, entre elas o materialismo histórico de Marx e a própria psicanálise. As devidas distinções acima indicadas são: (a) *episteme* em Foucault designa antes as condições históricas (políticas, econômicas, sociais, culturais, etc.) que tornam possível a emergência de uma determinada forma de saber, e por isso ele as chama de *solo epistemológico,* enquanto que *metodologia,* para nós, embora também comporte a dimensão da história, como veremos adiante, visa precipuamente a lógica interna, a arquitetura de um determinado sistema metodológico; (b) para Foucault, o solo epistemológico é o espaço de emergência de saberes, cujo estatuto científico é indiferente à sua arqueologia, enquanto que o estatuto de cientificidade é constitutivo das metodologias que isolamos na história ocidental.

---

[43] Foucault, M. – *A arqueologia do saber,* Rio de Janeiro, Forense Universitária, 1973.

É preciso esclarecer o que entendemos por este *estatuto cien-tífico* de cada uma das metodologias de que trataremos aqui. Ele decorre de uma marca que cada uma delas apresenta em sua linhagem genealógica à fundação da ciência moderna, marca que designa-mos de *caráter galileano*, e que de modo algum deve ser *confundido* com o método científico da ciência natural (a física, por exemplo, forma que a ciência tomou em seu momento inaugural), e, ao mesmo tempo, não deve ser *oposto* à ciência, como se a palavra "ciência" designasse uma forma exterior – superior, inferior ou indiferente, como é o caso dos saberes para Foucault – ao que se faz em cada um desses modos de produção de conhecimento surgidos na história das ciências ocidentais.

Derivadas da ciência ou nela inspiradas, respeitosas quanto ao que a ciência estabelece como um modo de *relação com o saber*[44] que não pode ser qualquer um, cada uma dessas metodologias vai criar seus modos próprios de produção, verificação e aplicação do saber, as rela-ções que sujeito e objeto de conhecimento estabelecem em cada um de seus campos específicos, as formas que em cada um assume a rela-ção teoria-prática, entre outros fatores. Podemos então dizer que as metodologias aqui consideradas são de *ordem científica*, por seguirem as coordenadas da cientificidade, embora não coincidam com o que podemos designar como método científico, que constitui, na verdade, apenas uma dessas metodologias, a primeira delas a surgir na história. Excluem-se, assim, os métodos baseados na magia, no misticismo, na religião, e as incidências do que se formula como *ideologia,* por incidirem inelutavelmente em todos os modos de pensar e conhecer humanos, serão tratados em cada um desses campos, como aliás o é

---

[44] No seu escrito *A ciência e a verdade* (in Lacan, J. – *Escritos,* op. cit., p. 872), Lacan faz um importante assinalamento sobre os arquétipos junguianos, mostrando que eles visam a "restabelecer um sujeito dotado de profundezas [...], o que significa um sujeito composto por uma relação com o saber, relação dita arquetípica, que não foi reduzida àquela que lhe permite a ciência moderna à exclusão de qualquer outra, [...] relação pontual e evanescente". Fica assim evidenciado que, se Jung não respeitou este cânone científico, Freud sim o fez, o que situa Freud no universo científico.

no próprio campo da ciência, de modo a distinguir sistematicamente os efeitos ideológicos dos efeitos de saber produzidos.

Assim, definimos um campo, um universo epistemológico amplo, que designamos sob o nome de ciência, no interior do qual existem vários subcampos, os sistemas metodológicos ou metodologias, como os chamamos, o que faz com que o campo amplo da ciência apresente antes uma diversidade que uma unidade metodológica, porquanto cada um desses sistemas tem princípios e modos próprios de funcionamento me termos de *método*. O que autoriza sua inserção no campo maior chamado de ciência, e que permite que afirmemos o valor científico de cada um deles, é o caráter galileano de sua estrutura discursiva.

A elaboração dessas questões nos levou à verificação de que, ao longo da história do pensamento científico ocidental, podemos reconhecer pelo menos seis modos de produção de conhecimento, que nominamos assim de metodologias.

A seguir apresentamos essas metodologias na ordem cronológica de sua emergência na história da ciência ocidental moderna, interpolando entre cada uma delas algumas observações que julgamos importantes sobre este percurso lógico e cronológico, que nada tem de linear, com o intuito de trazer elementos que tornem inteligível sua lógica, mais do que apresentar sua simples cronologia:

O Método Científico – "congênito" da ciência moderna

O método científico, tal como concebido por Galileu Galilei, também denominado *Método Hipotético-dedutivo,* constitui a primeira das seis metodologias ocidentais. Epistemólogos como Gaston Bachelard, o decano dos epistemólogos, Mario Bunge, o argentino centenário, morto em 2020 e o austro-britânico Karl Popper são importantes baluartes de sustentação racionalista crítica e aplicada do método científico, e de suas ferrenhas críticas ao empirismo, ao positivismo e ao método empírico-indutivo, que não atingem o mínimo patamar exigível de cientificidade. Esta formação metodológica compreende algumas ciências, entendendo-se este termo no

UMA NOVA DEFINIÇÃO DE METODOLOGIA

mesmo sentido substantivo, nominativo e discreto que usamos para a metodologia: não "a" ciência, no singular, como um campo, mas as ciências particulares no plural, que se definem pela delimitação de um objeto, um recorte do real, dito impropriamente empírico, posto que esta empiricidade, que aparentemente apenas designaria o objeto real ou factual, contamina o próprio método como se o conhecimento sobre esse objeto emanasse da mera observação de sua condição de objeto. No escopo do método científico figuram as ciências chamadas naturais, isto é, cujo objeto, recorte do real, são fenômenos do mundo físico, material: Física, Química, Biologia e ciências derivadas. As chamadas "ciências humanas", cujo surgimento data do século XIX, não tem com a formulação do método hipotético-dedutivo nenhuma conexão histórica, como a Física, ciência factual coextensiva à própria Ciência Moderna como tal, com Galileu Galilei, no século XVII. Toda vez que as ciências humanas tentam adotar o método hipotético-dedutivo como eixo de suas operações, elas fracassam, e não por acaso resvalam para a posição metodológica empírico-indutiva, não científica. Isso tem uma razão lógica: a universalidade exigida pela formulação das *hipóteses* de que decorrem, por *dedução,* os postulados derivados e os enunciados particulares aplica-se com dificuldade aos fenômenos humanos e sociais, cuja complexidade se mostra refratária à universalização e apresenta uma espécie de empuxo ao particular, quando não ao radicalmente singular.

O primeiro sistema metodológico a integrar o campo científico não poderia deixar de ser o próprio método criado no mesmo momento de fundação da ciência como ciência e como moderna, que funda no mesmo ato, a física moderna. Trata-se do **método hipotético-dedutivo**, criado por Galileu e que é o método científico específico da física e a todas as ciências naturais – química, biologia, suas combinações e seus derivados – que se produziram a partir deste momento fundacional (século XVII) e que vigorará, único nos céus da ciência, até o pleno desenvolvimento da filosofia kantiana.

Afirmar que o método científico é o método hipotético-dedutivo exige colocar em pauta a discussão, que é de primeira hora no advento da ciência, entre *dedução* e *indução,* dicotomia que se recobre por uma outra, que lhe é respectivamente correlata, entre *racionalismo* e *empirismo,* dessa relação biunívoca resultando dois métodos opostos: *hipotético-dedutivo*, prevalência da razão e da lógica dedutiva sobre a observação, que é regida pela razão, e *empírico-indutivo*, prevalência da observação, aqui tomada como independente de toda racionalidade prévia e norteadora do ato de *observar.*

O primeiro filósofo a afirmar que o método científico deve ser indutivo e baseado na observação empírica, afastando-se das deduções e demonstrações lógicas que lhe são "nocivas e danosas" foi Francis Bacon (1561-1626)[45]. A obra de Bacon consiste mais em uma crítica do aristotelismo e da escolástica medieval, e em um desprezo pela lógica como pura especulação do que em uma proposta científica concreta: paradoxalmente, as discussões baconianas não se referem a praticamente nenhum objeto ou recorte da natureza sobre o qual ele tenha produzido algum conhecimento científico, limitando-se quase sempre à polêmica metodológica sem referente empírico algum. Nesse sentido, sua obra é o oposto da de Galileu, de quem é contemporâneo e com quem comungava da crítica à reverência à autoridade escolástica, mas afirmava que a linguagem matemática como aquela na qual o grande livro da natureza estava escrito e que, por isso, construiu a física moderna.

O sucessor de Bacon na vertente empírico-indutiva, que não consideramos como o método científico propriamente dito por não ter sido aquele que efetivamente produziu um corpo de conhecimentos científicos norteados pela razão e pela lógica matemática mas articulado, dedutiva e secundariamente, à experimentação empírica, foi o médico e filósofo John Locke (1632-1704). Locke escreveu *Ensaio sobre o entendimento humano,* no qual ele estabelece os fundamentos do método empírico-indutivo.

---

[45] Bacon, F. – *Da proficiência e o avanço do conhecimento divino e humano* (*The advancement of learning*), 1605, São Paulo, Madras Editora, 2006. A obra filosófica mais importante de Bacon é o *Novum organum sive Indicia de interpratatione naturae* (*Novo método ou manifestações da interpretação da natureza*), publicado em 1620, quinze anos após a publicação do texto aqui citado, traduzido em português.

UMA NOVA DEFINIÇÃO DE METODOLOGIA

O século XVII conheceu ou mais importantes nomes da fundação e do desenvolvimento da ciência moderna. Galileu nasceu em 1564, mas suas mais importantes obras datam da aurora do século seguinte. Leibniz nasceu em meados do século XVII, em 1646, 4 anos depois da morte de Galileu (1642), e foi contemporâneo de Newton, nascido em 1643, 3 anos antes dele. Para muitos historiadores, Galileu não teria formulado uma teoria dinâmica da causalidade, pois não teve acesso à mecânica newtoniana e ao conceito de força. Na leitura que faz disso, Isabelle Stengers afirma que isso é falso, que existe uma concepção dinâmica de causa em Galileu, e que foi Leibniz que soube ler e demonstrar isso:

> Leibniz foi, portanto, o primeiro a compreender a singularidade da física de Galileu, e é sem dúvida aquele que, até hoje, a compreendeu com mais clareza do que Koyré, Duhem, Heidegger ou Husserl. Vou tentar lhes contar não a dinâmica leibniziana, mas algumas consequências tiradas por Leibniz do fato de os termos postos em cena pelo operador galileano remeterem a um tema muito antigo e tradicional da filosofia, a causalidade e o determinismo.[46]

Na obra *Novos ensaios sobre o entendimento humano pelo autor da harmonia pré-estabelecida*[47], composta por quatro livros cuja escrita iniciou-se em 1701, primeiro e segundo livros, (*As noções inatas* e *As ideias*) e estendeu-se até 1765, quando Leibniz concluiu o terceiro e o quarto livros (*As palavras* e *O conhecimento*), e cujo título é uma provocação a Locke, que escrevera, como mencionamos, o *Ensaio sobre o entendimento humano,* Leibniz contesta duramente o empirismo de John Locke que, no plano político, é um dos precursores do liberalismo. Leibniz também critica esta posição, que ele designa como o *querer-querer*, a distorção da liberdade que consiste em interpretá-la como um direito individual arbitrário, sem consideração alguma com os interesses coletivos, questão muito atual nesses tempos neoliberais em que vivemos.

---

[46] Stengers, I. – op. cit., P. 50.

[47] Leibniz, G. W. – *Nouveaux essais sur l'entendement humain par l'auteur de l'hamonie pré-etablie,* Paris, Garnier-Flammarion, 1966.

A CIÊNCIA DA PSICANÁLISE

No próximo capítulo, dedicado à ciência, apresentamos uma síntese do método hipotético-dedutivo que marca sua fundação e seu modo de operar. Para concluir esta seção, de apresentação do método científico neste *desfile* não linear em que são apresentadas as seis metodologias, objeto de nosso elenco de distintos modos de se produzir conhecimento, comportando também modalidades de intervenção clínica, social, cultural ou política, trazemos Gaston Bachelard e seu *racionalismo crítico*, que representa em nossa leitura uma das mais consistentes sistematizações da cientificidade no século XX, com a densidade histórica de *secularizar* os princípios galileanos, contextualizando-os no espírito de sua época.

Assim, é em Bachelard (1884-1962) que encontramos, em nossa época, a melhor formulação do método hipotético-dedutivo como o método científico por excelência. Em *O racionalismo aplicado*, publicado em 1949, ele defende a articulação da razão e da experiência, numa direção bastante próxima da posição kantiana. O termo *aplicado,* como atributo de *racionalismo,* já indica, desde o título, a articulação dialética, íntima e radical entre os planos da razão matemática, teórica, um "campo de pensamento", como se exprime o autor, e o plano da experimentação, "ganhando o máximo de vigor na conjunção de ambos". Esta conjunção é por ele designada como "uma mentalidade *abstrato-concreta,* como notável síntese"[48], formulação que atesta o mais firme espírito dialético:

> No curso deste trabalho, insistentemente tentaremos caracterizar essa mentalidade em sua dupla atividade de abstração e concretização. Isso, procurando que jamais se rompa o traço de união imposto pela linguagem, na falta de conhecermos princípios mais unitários para *compreender a reciprocidade das dialéticas* que vão, interminavelmente, do espírito às coisas e das coisas ao espírito. O contato *experiência* e *matemática* revela-se numa solidariedade que se propaga.[49]

---

[48] Essas três citações de Bachelard, que fizemos encadeadamente, encontram-se no início do Capítulo I de *O racionalismo aplicado,* intitulado *A filosofia dialogada,* Rio de Janeiro, Zahar Editores, 1977, p. 7.

[49] Ibid. pp. 7-8.

E esta "solidariedade" é tal que um fato ou fenômeno novo poderá ser trazido tanto pelo lado da experiência quanto sua possibilidade pode ser anunciada pela atividade teórica. Esse aspecto é particularmente interessante no caso da psicanálise, em que a experiência psicanalítica, comumente chamada de "prática clínica" da psicanálise, não cessa de trazer "fatos ou fenômenos novos" e os impõe ao trabalho teórico, que deve, assim, modificar-se para assimilá-los. Freud não cessou de fazer isso em toda a sua aventura psicanalítica, e podemos citar o exemplo da *transferência* – talvez o mais poderoso dispositivo da operação psicanalítica, campo de forças mais do que "instrumento técnico" – como uma imposição do real da clínica, e nunca uma construção iniciada no plano da teoria. A transferência pode ser considerada como o vetor que organiza toda a experiência psicanalítica e a operação do psicanalista. Por outro lado, são também inúmeros os exemplos em que o mesmo Freud impôs à sua práxis importantes modificações derivadas da introdução de novos conceitos, como ocorreu com o *narcisismo* (o escrito em que ele o faz é por ele intitulado *Para introduzir* **o** *narcisismo,* de 1914, e não *Para introduzir* (o leitor) **ao** *narcisismo*, transformando o *objeto direto* que se trata de introduzir na psicanálise em *objeto indireto* – aquilo a que se pretenderia introduzir alguém, como muitas vezes é traduzido). A pulsão de morte é outro exemplo eminente de um "fato novo" procedente da teoria. Entretanto, mesmo que proceda "da teoria", esses "conceitos" jamais procedem da *especulação teórica*. Na verdade, procedem do encontro bachelardiano entre os campos do pensamento e da experiência.

Retornando ao nosso decano da epistemologia moderna, ele faz uma interessante articulação entre o *passado histórico de uma ciência* (hoje os movimentos políticos chamariam de seu "acúmulo") cuja densidade constitui a tessitura de seu campo de racionalidade, sua "fecundidade recorrente", fundamento da "lembrança racional" que faz com que o cientista sempre interrogue, diante da irrupção de um fato novo, os motivos pelos quais essa irrupção não foi prevista pela teoria, e o caráter incessantemente atualizado do *presente da técnica*, ao qual o cientista, no momento da experimentação, deve estar conectado. Conclui Bachelard: "O duplo ideal de cultura que

A CIÊNCIA DA PSICANÁLISE

se deve afirmar em todos os temas do pensamento científico é, pois, o modernismo da realidade técnica e a tradição racionalista de toda teoria matemática".[50]

A cooperação filosófica dos dois aspectos da ciência física – aspecto racional e aspecto técnico – pode resumir-se nessa dupla questão: – Em que condições se pode *dar a razão* de um fenômeno *rigoroso*? A palavra *rigoroso* é, aliás, essencial, porque é pelo rigor que a *razão* envereda. – Em que condições se podem trazer provas *reais* da validade de uma organização matemática da experiência física?[51]

Bachelard refere-se continuamente à física em sua argumentação, posto que é esta a ciência constituída e reconhecida universalmente, o que não é sem relação com o fato de que a própria ciência, como modo de pensar e de produzir conhecimento, nasceu no ato mesmo de fundação de uma ciência particular, a física. Esta coextensividade temporal e lógica, esta simultaneidade e homonímia estruturais entre um campo (o método científico, que faz a ciência como tal existir) e uma corpo delimitado e recortado deste campo (uma ciência do particular, a física) nada tem de anódina no modo como se constituiu histórica e discursivamente, o universo científico. É tarefa nossa a discussão das condições epistemológicas de estabelecer a arquitetura de uma metodologia própria à psicanálise, surgida no final do século XIX, e de verificar as relações desta metodologia com a da ciência moderna, cognata da física moderna, emergente no início do século XVII. Ele conclui esta discussão com a assertiva de que o cientista tem necessidade de uma dupla certeza:

1ª – A certeza de que o real está em conexão direta com a racionalidade, merecendo, por isso mesmo, o nome de *real científico*.
2ª – A certeza de que os argumentos racionais referentes à experiência constituem já momentos dessa experiência.[52]

---

[50] Ibid., p. 9.
[51] Ibid., p. 9.
[52] Ibid., p. 10.

Tudo isso o conduz a formular o *racionalismo aplicado* (título de sua obra) e o *materialismo instruído*. O racionalismo científico será aquele "que exibe provas de fecundidade até na organização do pensamento técnico"[53]. Bachelard propõe então o seu famoso esquema em sete linhas, das quais a central escreve o Racionalismo Aplicado, conjugado, como convém, ao Materialismo Técnico.

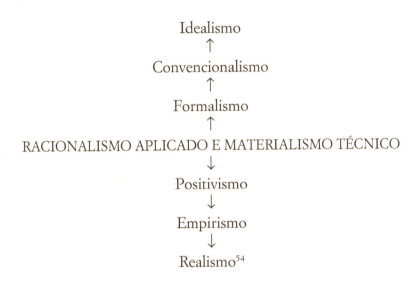

As três linhas que se traçam em sequência ascendente representam as posições metodológicas que vão na direção do idealismo, situado no topo do esquema e as três que se delineiam em sequência descendente representam as posições metodológicas que vão na direção do realismo, situado na base do esquema. Essas seis linhas, três acima e três abaixo da posição metodológica que convém à ciência, a saber, o racionalismo aplicado conjugado ao materialismo técnico, constituem desvios metodológicos em relação ao método científico.

Não podemos, contudo, deixar de fazer uma referência, ainda que pontual, posto que estamos neste momento tão somente apresentando o método científico inaugural da ciência moderna, à revolução que mecânica quântica, a física atômica (particularmente a "descoberta"

---

[53] Ibid., p. 10.
[54] Ibid., p. 11.

do átomo, a relatividade einsteiniana representaram na história das ciências naturais no início do século XX. Cientistas como Perrin, Planck, Mach, Bohr, Heisenberg e o próprio Einstein produziram uma inflexão irreversível na física moderna, alterando seu paradigma, e atingindo o que constituía o âmago do seu método: a universalidade das leis científicas, sua imunidade ao tempo, suas certezas e estabilidades.

Na episteme moderna, as leis universais da ciência clássica não comportavam uma perspectiva temporal. A lei científica, universal, é também atemporal, o que implica o que se convencionou chamar de *reversibilidade* entre as diferentes modulações da temporalidade – presente, passado e futuro: para um *fato* seja considerado científico, sua ocorrência deve ser indiferente a qualquer um desses *tempos*. O que vai demarcar a revolução quântica na física moderna é justamente a introdução do tempo, do que se chama a *flecha do tempo,* a consideração da ocorrência de *eventos* e não apenas *fatos previsíveis* que introduzem, com eles, a *irreversibilidade* temporal, ou seja, um evento pode determinar uma mudança irreversível no curso dos acontecimentos físicos, gerando incertezas, instabilidades, incidências da desordem no seio de um campo fundamentalmente ordenado, e que se chama *caos,* que portanto não significa ausência da ordem mas inclusão, na ordem, do eventos fora-da-ordem. Ilya Prigogine, químico e pensador russo, é um dos maiores representantes atuais desta vertente ultra-avançada da ciência moderna. Voltaremos a nos referir aos autores contemporâneos da *teoria do caos* e do *fim das certezas* – Prigogine e sua parceira Stengers – no capítulo sobre *A Ciência*, mas por ora retornemos a Hegel, pois antes da reviravolta na ciências físicas causada pela consideração da flecha do tempo, foi com este filósofo que o mundo científico conheceu a entrada em cena da história.

Se esta reviravolta produzida no interior do campo da própria ciência natural tem a mais íntima relação com a introdução da questão do tempo, isso não se deve a uma *historicização dialética* da ciência, como efeito do que chamaremos a seguir a *inflexão hegeliana.* A *flecha do tempo,* antes ignorada pela ciência clássica newtoniana, não é exatamente a *história.* É possível que se possam estabelecer

UMA NOVA DEFINIÇÃO DE METODOLOGIA

relações entre esses dois processos, mas isso está longe de ter sido feito, e, ainda que essas relações existam, não constituem o essencial entre os fatores que determinaram o advento da mecânica quântica e da física atômica. Tais fatores parecem-nos mais relacionados ao próprio movimento interno da ciência natural que, não sem determinantes históricos, levaram a ciência a deparar-se com a temporalidade de seus eventos de efeitos irreversíveis, a desestabilização da verdade eterna, universal e atemporal de suas leis, e curvar-se ante à imposição de admitir a existência do que não pode ser inteiramente *visível*, objetivável, palpável em sua positividade empírica, como é o caso do átomo, e que no entanto produz efeitos não apenas indiscutíveis na realidade empírica, tanto benéficos quanto devastadores, e até literalmente *bombásticos*, sem trocadilhos. Teremos ocasião de traçar um paralelo entre a descoberta do átomo e a do inconsciente, por Freud, no capítulo sobre a psicanálise.

Intermezzo – A inflexão hegeliana

Na sequência do passo momentoso que foi a fundação da ciência moderna, a filosofia se moveu bastante, de Descartes, contemporâneo de Galileu e seu intérprete filosófico, Leibniz e Kant, sem desconsiderar a reação dos empiristas ingleses – Locke, Berkeley e Hume – ao racionalismo próprio à ciência moderna. Todos esses filósofos, por mais que suas ideias sejam diferentes e até divergentes, estão situados no que Foucault chama de *solo epistemológico*, ou *episteme da representação*, que fornece as condições de possibilidade para que determinado pensamento se produza.

Se a fundação da ciência moderna, por Galileu, no século XVII, representou o rechaço de toda apreensão sensível do mundo e a afirmação da linguagem matemática como aquela em que é escrito o grande livro da Natureza, condição para torná-la inteligível pelo conhecimento científico, é fácil depreender que tudo o que deriva do registro sensorial – as sensações – que são experimentadas por um corpo humano dotado de pensamento e que pode portanto julgar, ainda que no mais completo equívoco, que tudo o que este pensamento

A CIÊNCIA DA PSICANÁLISE

pode conhecer deriva do que ele pode sentir e perceber, mas também os seus sentimentos, emoções, sua compreensão dos significados de todas as coisas compõem um conjunto de elementos que, sob o nome de *subjetividade,* devem ser afastados do conhecimento científico, que tem como seu ponto de partida a razão e a lógica matemática, e inclui a realidade objetiva e empírica, não como seu ponto de partida mas de chegada, de verificação dos enunciados teóricos, das hipóteses deduzidas dos axiomas primários, que pressupõem, de saída, um real inteligível.

Antes de apresentar o sistema metodológico que emergiu, na série histórica, em segundo lugar, após o método científico das ciências naturais, interpolamos uma seção intermediária, no sentido próprio do termo, para estabelecer as *mediações* necessárias a um prosseguimento mais rigoroso de nossa proposta metodológica da emergência de sistemas metodológicos diversificados mas todos conservando a marca fundacional da ciência moderna. Importante observar o quanto a periodização que marca essas emergências não é linear nem obedece a intervalos regulares. Durante cerca de 200 anos, a ciência moderna não conheceu nenhum método novo além do método aqui apresentado em primeiro lugar, de modo sucinto porquanto, pela importância que o método científico tem na proposta deste livro, que escreve a psicanálise no campo da ciência mas não nos limites do seu método primeiro e fundacional, por assim dizer, a ele dedicaremos um capítulo inteiro, o próximo (*A Ciência*). A que se deve essa longa condição do método científico como *filho único* da mãe *campo científico*?

Para responder a esta pergunta, é preciso considerar uma inflexão decisiva no curso da filosofia que, até Kant, vinha acompanhando, seja para sustentar, seja para criticar, a ciência moderna, natural até então. Este ponto de inflexão leva o nome de Hegel, e seu pensamento mudou o rumo da história – sem trocadilhos, pois que Hegel inaugura o que Foucault conceitua como *episteme da história* (também chamada de episteme moderna, e que vai até nossos dias)*,* que substituiu a *episteme da representação* (também chamada de episteme clássica, que vigorava desde o surgimento da ciência moderna até Hegel).

Não temos nem competência filosófica nem espaço, no âmbito desta obra, para apresentar de modo mais profundo o que estamos denominando inflexão hegeliana. A complexidade do pensamento de Hegel exigiria muito mais para dar conta, minimamente, do significado do seu impacto na história das ciências ocidentais. Traçaremos, portanto, algumas coordenadas que permitam situar algumas consequências de seu pensamento no que diz respeito ao nosso tema: o surgimento, a partir dele, de novos sistemas metodológicos que extrapolam o escopo das ciências naturais, únicas a habitar a episteme moderna desde Galileu até Kant.

Para Hegel, todo o progresso científico, de Galileu a Kant, constitui o que ele denomina o *entendimento* (*Verstand*), modo de explorar e conhecer o mundo (sobretudo, mas não exclusivamente, o mundo natural) que se caracteriza por uma expansão do campo do conhecimento que o torna cada vez mais amplo. A ideia de *progresso* da ciência inscreve-se perfeitamente, para Hegel, no modo *entendimento*. É necessário, neste ponto, considerar que Hegel concebe o conhecimento, tomado em seu conjunto, como um processo que se desdobra e se revela no tempo (dimensão histórica), não exatamente um tempo evolutivo – posto que a lógica interna a este processo estaria determinada de saída, ainda que também ela própria só se revele no processo dialético, de sua produção temporal e histórica.

Hegel dá o nome de *Geist* (*espírito*) a este processo do conhecimento, do que decorre o título de uma de suas principais obras – a *Fenomenologia do espírito*[55], em que ele expõe os momentos do espírito até a sua plena realização no conceito e no que ele denomina *saber absoluto*. O princípio fundamental da dialética hegeliana é a negatividade – e não a contradição, como muitas vezes se afirma – que significa que a ação exercida pelo espírito sobre a realidade é uma ação *negatriz,* que *nega* o que se "dá" ao agir, por isso chamado de "dado", sem o que não haveria transformação. Neste princípio reside todo o anti-positivismo de Hegel, o caráter eminentemente simbólico (no sentido de antinatural) de seu pensamento, articulado assim com a linguagem.

---

[55] Hegel, G. W. F. – *La phénoménologie de l'esprit,* Vol. I, Paris, Aubier, Editions Montaigne, 1941, tradução do original alemão por Jean Hyppolite.

Isso leva à atribuição feita a Hegel de *idealista,* sua inserção no que se conhece como o *idealismo alemão.* Queremos problematizar esta atribuição, que chega a ser uma moeda corrente mesmo em círculos menos eruditos da filosofia, de que Hegel seria um *idealista.* Afirma-se isso com a mesma desenvoltura com que se afirma que Freud seria um *mecanicista,* chegando-se por vezes até a leviandade epistemológica de dizer que ele seria *positivista.* Examinemos, contudo, alguns aspectos fundamentais do pensamento de Hegel. Na dialética hegeliana, a substância, o ser e a essência não se opõem ao conceito mas, pelo contrário, realizam-se plenamente nele. O que não é natural nem por isso será abstrato, se entendermos por este termo a extração artificial de elementos de um real concreto para fins de generalização. Em Hegel, portanto, o concreto distingue-se radicalmente do que tem natureza física ou natural: há o concreto histórico, social, cultural. E ele não hesita em usar o termo *sujeito* como categoria igualmente concreta, dotado de uma modo da substância, que se realiza no conceito através do processo dialético, regido pela negatividade e movido pela tríade da tese (facticidade primária), antítese e síntese, que reúne, não sem descontinuidades e rupturas, os momentos da tese e da antítese e se coloca como nova tese a reiniciar o processo. Tais coordenadas não exprimem exatamente uma posição idealista, se tomarmos este termo como equivalente de abstracionista, afastado do real concreto. Daí a máxima hegeliana de que todo real é racional e todo racional é real.

Se se pudesse demonstrar o suposto idealismo de Hegel, ter-se--ia que concluir que sua dialética seria também humanista – como acontece com Sartre, por exemplo, para quem o existencialismo é um humanismo[56] – e teríamos um grande problema: como sustentar como galileana uma ciência – o marxismo, como aqui propomos – derivada de uma filosofia idealista?

Na filosofia hegeliana, o *tempo* tem um lugar de extrema importância conceitual. Se Kant, em sua *Estética transcendental,* definiu como as duas categorias *a priori* da sensibilidade o *espaço* e o *tempo,*

---

[56] Sartre, J.-P. – *O existencialismo é um humanismo* (1946), Petrópolis, Editora Vozes, 2014. O livro original, de 1946, é a transcrição de uma conferência dada por Sartre em 1945 em Paris.

estabelecendo com isso que *todo e qualquer objeto percebido já o é, de saída, percebido espácio-temporalmente,* e reservou para a sua *Analítica transcendental* as suas doze categorias *a priori* da razão, tudo isso demonstrando que espaço e tempo não tinham para ele um estatuto determinante em termos de racionalidade, Hegel, pelo contrário, estabelecerá entre espaço e tempo uma relação dialética que, como tal, terá no princípio da negatividade sua incidência fundamental, definindo o tempo como negatividade do espaço, como lugar essencial em que o próprio conceito (*Begriff*) encontrará as condições de sua realização. O tempo é a realização do próprio conceito, e a condição de realização do sujeito no conceito, já que não há sujeito na realidade objetiva como um dado *a priori,* somente como efeito de um processo dialético que tem seu motor no princípio da negatividade.

A noção hegeliana de *sujeito* articula-se assim com o que Hegel designa como *desejo antropógeno* na produção da consciência de si (*Selbstbewusstsein*), através da luta de morte e de puro prestígio – que ilustra a dialética do senhor e do escravo. O desejo antropógeno é o desejo de reconhecimento, e é assim denominado porque tem como efeito a produção de um sujeito humano e sua ruptura com a condição animal, já que, no reino animal, é a vida e não o reconhecimento que ocupa o lugar de topo na escala de valores.

Hegel situa, portanto, o desejo como fundamentalmente humano, distinguindo-o do que denomina de desejo natural (que podemos nivelar com o que correntemente denominamos de necessidade), no qual um movimento ativo (o desejo) atua sobre um objeto natural (o alimento, outro ser vivo, por exemplo) e o consome. Na dialética antropógena, um desejo trava relação com outro desejo (duas *faltas* interagem) sem que o segundo desejo possa funcionar como objeto natural para o primeiro, e deste impasse surge a ideia de luta pelo reconhecimento, que é o pelo que se anseia (*begierden*, verbo usado por Hegel, e não *wunschen,* como usará Freud) e tem a função de mediar a luta.

Hegel, portanto, é quem traz as condições de pensabilidade do desejo – categoria banida da filosofia desde Aristóteles, para quem o desejo era algo *bestial* (coisa de animal). No século XVII, momento da aurora da ciência moderna, fora Spinoza que, rompendo com o banimento do desejo das plagas filosóficas decretado por Aristóteles, sustentou como absurda a oposição entre razão e afeto, definindo inclusive a razão como um afeto. Spinoza também se opôs com a máxima veemência à distinção cartesiana mente/corpo, e mantinha em relação às paixões humanas uma posição radicalmente nova, de admissão e compreensão, não implicando nem apologia nem identificação imediata. Afirmava a alegria como uma paixão benéfica que, quando associada a um objeto externo, leva ao amor e a tristeza, pelo contrário, como nociva e, quando associada a um objeto externo, torna-se ódio[57]. Por considerar Deus imanente à natureza, desfazendo a transcendência dogmática da entidade divina, sofreu o *chérem,* o equivalente judaico da excomunhão. A família de Espinosa, de origem portuguesa, já havia emigrado para a Holanda para fugir da inquisição lusitana, razão pela qual Espinosa nasceu em Amsterdã e assinava *Baruch Spinoza,* enquanto o nome que recebeu de seus pais portugueses era Benedito. Posteriormente, passou a assinar seu nome português na forma latina *Benedictus Espinosa.* Hegel é um herdeiro deste momentoso passo espinoseano, e reconhece esta herança na seguinte frase enfática: "Ou você é um espinoseano ou não é, de todo, um filósofo"[58]

O materialismo dialético – marxismo

Esta breve incursão no pensamento de Hegel teve como objetivo pavimentar a via de acesso ao que consideramos o segundo sistema metodológico científico a surgir após 200 anos de ciência moderna: o que surge do lado científico (e não filosófico), como uma metodologia, é o **materialismo dialético ou histórico**, o marxismo. Passa a haver

---

[57] Spinoza, B. – *Ética,* Belo Horizonte, Autêntica Editora, 2013 (edição bilíngue latim/português).

[58] Cf. Duquette, D. A. – *Hegel history of philosophy – new interpretations,* capítulo 8: *Hegel between Spinoza and Derrida,* de autoria de Merold Westphal, State New York University Press, 2003, p. 144. Transcrevemos a frase de Hegel *apud* Westphal no original: *You are either a spinozist or not a philosopher at all.*

uma *ciência da história*[59], e não mais apenas a *história da ciência*. E esta ciência é marxista, o que equivale a afirmar que o marxismo é uma ciência própria. Coloca-se a questão de saber se o marxismo porta as marcas do galileísmo, que estabelecemos como critério de pertinência ao amplo universo ou *campo* da ciência, que se distingue simultaneamente do *corpo* de cada ciência particular quanto da *metodologia* na qual um determinado conjunto de corpos conceituais e experimentais que constituem cada ciência particular se inscreve.

Há contudo autores que objetam esta articulação entre o hegelianismo e a cientificidade, afastando, no mesmo golpe, Hegel de Marx. Carlos Henrique Escobar, filósofo e marxista brasileiro que incluímos em nossa lista de epistemológos notáveis do século XX, e que permanece atuando em 2023, afirma:

> Em princípio, e conforme dizíamos, a proximidade mais significativa de Marx a Hegel pareceria situar-se na **ausência de Sujeito e Origem** na filosofia deste último. Porém é sabido que Hegel restitui teleologicamente o Sujeito e a Origem. Marx é, por aí, um pensador radical. Sua filosofia, **e muito menos sua ciência (ciência da história),** não tem qualquer coisa ver com a tradição filosófica do Sujeito e da Origem. Particularmente com o humanismo teórico do Sujeito humano no centro, típico – mesmo se diversificado – de todas as filosofias pré-marxistas conforme o espírito burguês do sujeito de direito. Marx rompe com tudo isso para produzir uma ciência, para escrever *O capital.* Não se trata mais da metáfora humanista do homem por onde se escondem as relações de produção, mas destas relações com e dos *suportes* que as sustentam como classes sociais. Marx não parte do "homem" como aqueles filósofos burgueses – alguns pretensamente marxistas – mas chega a ele concretamente. Chega ao efeito ideológico de sujeito, estudando as relações econômicas, o Estado e os aparelhos ideológicos de Estado. (grifos em negrito nossos, por relação dos trechos grifados com nosso vetor temático, e grifo em itálico do autor).[60]

---

[59] Título de um dos capítulos do livro.
[60] Escobar, C. H. – op. cit., p. 21.

A CIÊNCIA DA PSICANÁLISE

Não poderíamos estar mais de acordo com este autor em várias das passagens acima citadas, particularmente na crítica ao humanismo burguês e na afirmação da lógica concreta da dialética marxista. Entretanto, constatamos a dificuldade que é falar de sujeito para quem se coloca (afortunadamente) em uma posição anti-humanista – o que, no caso, é também anti-burguesa. Problematizaríamos a afirmação de Escobar de que Hegel "restitui teleologicamente o Sujeito e a Origem", e perguntaríamos por que escrever esses dois termos com iniciais maiúsculas e como uma espécie de binômio, formulação na qual identificamos o efeito, por que não dizer ideológico, de associar sujeito a ser humano (a expressão "Sujeito humano" é textual na citação e à questão da origem, que evoca uma posição essencialista). Hegel efetivamente reintroduz a categoria de sujeito no debate filosófico, o que o inscreve na linhagem de Espinosa, e é, a nosso ver, efeito de sua inflexão no campo do conhecimento, nele introduzindo a dimensão do reconhecimento, como vimos acima, e quer-nos parecer que esta referência ao sujeito é fundamental para o curso que as ciências tomaram após Hegel. Mas introduzir o sujeito na história não significa reerguer o ser humano e o humanismo na cena, e sim abrir caminho para uma apreensão concreta do sujeito, no plano da história e, depois, no plano do inconsciente. Sem esse passo hegeliano não nos parece possível o passo freudiano que criou a Outra cena, subvertendo o sujeito, despojando-o de qualquer essencialidade, qualidade e humanidade. Mas talvez só depois do advento da psicanálise esta outra posição do sujeito entre no campo de visibilidade aos olhos da epistemologia crítica. E só depois disso o próprio marxismo, que implica, obviamente, um sujeito histórico também desumanizado, possa verificar sua dívida epistemológica para com Hegel. E também só depois disso a ciência tenha se deparado com aquilo que ela não tem condições discursivas de incluir em seu campo: retomando a pergunta de Lacan no Anuário de 1965 da Escola Prática de Altos Estudos: *Que ciência inclui a psicanálise?*[61]

---

[61] Esta famosa frase-pergunta de Lacan está no *Résumé rédigé pour l'Annuaire de l'École Pratique des Hautes Études 1965,* de Paris, publicado na última página da edição francesa de *Le Séminaire, Livre XI (Les quatre concepts fondamentaux*

UMA NOVA DEFINIÇÃO DE METODOLOGIA

A dialética hegeliana não é, portanto, sem relação com a ciência, mas cabe a pergunta: como seria uma ciência forjada com o ferro quente da dialética histórica? Uma ciência ao mesmo tempo *galileana* e *dialética* não deixa de constituir um problema epistemológico, considerando-se que a reviravolta hegeliana, em cuja esteira o marxismo encontra as condições de sua emergência, coloca problemas para o paradigma da representação, da lei universal e da lógica matemática. Este problema precisa ser considerado, e a resposta à pergunta sobre o galileísmo do marxismo, sua inclusão no campo ampliado da ciência como uma ciência não natural, pode manter-se fiel ao princípio da *desqualificação sistemática e humanística* do sujeito histórico do marxismo, seu despojamento de qualidades humanas. Em outras palavras, seria o marxismo compatível com um humanismo, ou mesmo uma forma de humanismo? Embora muitos autores marxistas sejam considerados humanistas, como Walter Benjamin, Jean-Paul Sartre, György Lukáks, Antonio Gramsci, Franz Fanon, entre outros, não estamos seguros de que eles próprios estariam de acordo com este atributo. Há também a ideia, a nosso ver frágil, de que Marx teria sido humanista em sua juventude, nos famosos *Manuscritos parisienses* (ou *econômico*-filosóficos)[62] de 1844, mas que, a partir do momento em que passou a dedicar-se à economia política e à análise minuciosa do capitalismo, teria rompido com o humanismo em prol da construção de uma ciência marxista.

Podemos considerar a associação da dialética com o galileísmo como uma *anomalia,* no sentido que Thomas Kuhn dá a este termo: a *anomalia* consistiria em uma *crise* que abala o que este autor chama de *ciência normal* e anuncia uma revolução científica e convoca uma mudança de paradigma[63]. Pois bem, o marxismo resulta de uma

---

de la psychanalyse), Paris, Editions du Seuil, 1973, no verso da última página, não numerada, que contém a *Table.* Dado que na tradução brasileira, que utilizamos neste livro (como, de resto, fazemos com os demais seminários de Lacan traduzidos em nossa língua), este Resumo não foi incluído, tivemos que dar, desta citação, a referência do original francês.

[62] Marx, K. – *Manuscrits de 1844,* Paris, GF-Frammarion, 1996.

[63] Khun, T. – *O caminho desde a estrutura, Ensaios filosóficos, 1970-1993,* São Paulo, Editora UNESP, 2017.

A CIÊNCIA DA PSICANÁLISE

revolução científica, produzida pelo pensamento filosófico de Hegel, que entretanto se constrói sobre bases estruturais robustas, destitui o sujeito histórico de qualidades humanas, sensíveis, psicológicas, operador e operário da força de trabalho que assume o estatuto de mercadoria, como tal vendida no mercado capitalista, instaurando, *primo,* a propriedade privada dos meios de produção, *secundo,* a *mais valia* como elemento estrutural e não circunstancial, num modo de produção em que os meios de produção são propriedade de alguns, de exploração da força de trabalho comprada pelo capital, *tertio,* a *luta de classes* assim constituída como motor da história. Nesta modalidade de sujeito moderno – o operário[64] – não há qualidades humanas, mas operadores da história.

Foi indiscutivelmente Louis Althusser, o epistemólogo, marxista e estruturalista, que recusava essa divisão entre o Marx jovem e o maduro, que assegurou a sua inserção metodológica como ciência galileana. Mas para isso supôs necessário afastar o marxismo do que ele considerava o idealismo burguês de Hegel, posição que consideramos, no mínimo, discutível. Althusser leu Hegel como idealista e resolveu a questão do galileísmo científico de Marx afastando-o de Hegel. Mas há outras formas de ler e interpretar Hegel, que não reconhecem nele um pensador idealista, e destacamos um movimento que vem se desenvolvendo na Inglaterra, e com justeza denominado de *Nova Dialética*[65], liderado por Cristopher Arthur mas que conta com a colaboração, entre outros pesquisadores, de Tony Smith, filósofo marxista norte-americano. A Nova Dialética apresenta um Marx muito mais próximo de Hegel do que suporia a posição de Althusser.

Que se considere Hegel como um idealista, como fez Marx, Engels e a maioria dos autores do campo marxista, ou não, o fato é que os mais rigorosos dentre esses autores reconhecem na dialética

---

[64] Elia, L. – *O operário e a histérica – dois sujeitos modernos,* in *História, Ciências, Saúde Manguinhos,* Rio de Janeiro, Fundação Oswaldo Cruz, Casa de Oswaldo Cruz, 2007, vol. 14, nº 3, julho-setembro 2007, pp. 823-840.

[65] Arthur, C. J. – *A nova dialética e O Capital de Marx,* São Paulo, Edipro, 2016.

hegeliana a condição discursiva de possibilidade da emergência do marxismo. Lembremos a afirmação do próprio Lenin segundo a qual, "para se ter um conhecimento correto de Marx, era preciso fazer um investimento filosófico prévio que incluísse o estudo da *Ciência da lógica* hegeliana"[66]. E o próprio Lênin fez esse investimento, em plena I Guerra Mundial, entre 1914 e 1915, do que resultaram seus *Cadernos filosóficos*[67].

O primeiro princípio do método marxista (materialismo histórico--dialético) pode ser enunciado como o princípio da imanência, introduzido no pensamento filosófico por Espinosa, ao qual nos referimos na seção *Intermezzo – a inflexão hegeliana,* acima. Segundo este princípio, a causa *imanente* é aquela que é inseparável de seus efeitos, ao contrário da causa *transitiva.* Uma causa que ficasse *de fora* dos efeitos que produz não seria imanente, como ocorre com toda causa concebida no plano religioso: se Deus é a causa de todas as coisas e é transcendente às criaturas, não há imanência, ou seja, o princípio causador e seus efeitos.

Um outro princípio é a definição de *práxis como instrumenta-lização da realidade material*[68]. Não há nenhuma realidade que não seja material, e a práxis é a ação humana que incide sobre ela, transformando-a. Assim, há que se distinguir uma práxis do que se denomina, na psicologia comportamental contemporânea, por exemplo, de *atividades de vida diária,* expressão cuja pretensão conceitual conduz, impotentemente, a cifrar-se como uma sigla (AVD), e que dá suposto fundamento a práticas (e não práxis) terapêuticas com crianças autistas e psicóticas, no que se denomina desenvolvimento de competências cognitivas na realização dessas tarefas: escovar dentes, amarrar sapatos, usar talheres para comer, etc.

---

[66] Cf. Martins, M. V. – *Marx, Espinosa e Darwin – pensadores da imanência,* São Paulo, Usina Editorial, 2021.

[67] Lenin, V. I. – *Cadernos filosóficos – Hegel,* São Paulo, Boitempo Editorial, 2018.

[68] Cf. Sartre, J.P. – *Critique de la raison dialectique (précédé de Questions de méthode), Théorie des ensembles pratiques,* Paris, Éditions Gallimard, Bibliothèque des idées, 1960.

A materialidade da realidade humana e a preocupação em rechaçar toda forma e todo risco de idealismo e abstração leva o método materialista histórico a valorizar a categoria de natureza, não cindida entre natureza física e social, mas unificada na dimensão material. Assim, Engels escreverá o livro *Dialética da natureza*[69], no qual o termo natureza não designa exclusivamente o campo de fenômenos físicos, químicos e biológicos, mas o conjunto de todos os fenômenos humanos. Curiosamente, neste livro, são feitas várias referências aos fenômenos físicos, químicos e biológicos (movimento, energia, força), no que consideramos um desnecessário e excessivo esforço de destituição para conjurar o fantasma do idealismo de uma filosofia da razão e do espírito imateriais. Quando Marx afirma que o homem é um ser natural, sem chegar a tais excessos, entendemos que sua preocupação é a mesma: faz parte da condição natural do homem o estabelecimento de relações sociais que envolvem conflitos, lutas e superações dialéticas.

Os conceitos de valor – de uso e de troca – e de mais-valor são indissociáveis da dimensão metodológica, pois a análise visceral que Marx faz do modo de produção capitalista revela a sua mola mais íntima: desde que a força de trabalho assume a condição de mercadoria vendável, engrenagem mais radical do capitalismo, o mais-valor se instaura de modo inexorável, estrutural, ineliminável, sejam quais forem as sínteses que resultem dos conflitos e contradições entre aquele que compra (o detentor dos meios de produção e da propriedade privada) e aquele que vende (o trabalhador) sua força de trabalho, e sejam quais forem os êxitos obtidos pelos trabalhadores nesses conflitos. A *luta de classes* passa a ser um operador estrutural *da história*, não um fenômeno circunstancial *na história,* que seria designável como *classes em luta,* por exemplo, de caráter facultativo, que poderia ou não ocorrer. Toda análise crítica da estrutura social deverá passar por esses operadores conceituais, e isso é que lhes dá sua dimensão metodológica. Outras formas de opressão e segregação – racismo, machismo/misoginia, heterocentrismo/homofobia e transfobia – hoje, feliz e finalmente, na ordem do dia, precisam estar articuladas

---

[69] Engels, F. – *Dialética da natureza,* Rio de Janeiro, Editora Leitura, 1939.

à dimensão estrutural do método materialista-dialético, à perspectiva marxista, não porque *classe* seja "mais importante" do que *etnia* ou *gênero,* mas porque, do ponto de vista metodológico, é preciso localizar, no plano lógico-estrutural, os operadores determinantes de todas as formas de segregação, e isso foi feito, do ponto de vista científico, pelo marxismo. É isto que caracteriza, a nosso ver, a perspectiva dita de *interseccionalidade* no debate contemporâneo sobre segregação.

Lacan afirmou que foi Marx que inventou o sintoma – aquele mesmo com que o psicanalista tem que lidar em sua práxis. Esta afirmação tem seu fundamento na categoria marxista de mais-valor, sobre a qual Lacan irá plasmar a sua – a de mais-de-gozar. O mais valor é a causa, sempre imanente, do sintoma social do capitalismo, tanto quanto o mais-de-gozar ocupará, na estrutura do sujeito, o lugar de causa de seu sintoma, com a diferença fundamental de que a máquina capitalista (não o sujeito que detém a propriedade do capital) sempre reabsorverá o que se perde na "remuneração" da força de trabalho (o mais-valor), enquanto, no campo do inconsciente, o mais-de-gozar sempre implica perda sem saldo de ganho[70]. Sem mais aprofundar aqui esta questão, indicaremos apenas que essa pode ser uma interessante arma psicanalítica na desmontagem das formações capitalistas de cada dia.

A psicanálise: uma invenção metodológica

Na apresentação da *metodologia científica* voltada para um real não natural, uma *anti-physis,* cuja emergência teve lugar como a terceira após a fundação da ciência moderna no século XVII, ou seja, a *metodologia psicanalítica,* a questão do sujeito, seu rechaço originário pela ciência e sua reinserção no campo científico, mas justamente através de *uma outra metodologia* e com estatuto radicalmente diferente de um sujeito *protopático,* será evidentemente retomada em detalhe.

Se o ato fundamental que presidiu à fundação da ciência moderna consistiu no rechaço de toda apreensão sensorial do mundo

---

[70] Cf. Lippi, S. e Landman, P. – *Marx, Lacan: l'acte révolutionnaire et l'acte analytique,* Toulouse, Éditions Érès, 2013, pp. 17-21.

A CIÊNCIA DA PSICANÁLISE

(empirismo) – prevalência da razão e da lógica sobre a sensibilidade e a compreensão do "sentido imediato do mundo" – e, no mesmo golpe, mas em outro registro, na insubordinação ao saber estabelecido pela Igreja e pelas autoridades escolástica – rebeldia política ao conservadorismo das concepções do mundo geo-egocêntrico – não é difícil entender que qualquer referência ao *sujeito* devesse ser igualmente rechaçada. Este é um dos sentidos em que se pode entender a *foraclusão do sujeito pela ciência moderna.*

A questão, portanto, é: há – sim ou não? – alguma possibilidade *não subjetivista* (empirista, sensorialista, operando pela via da compreensão e da significação, e, em suma, humanista) de se conceber o sujeito? Sujeito poderá ser o nome de algum existente passível de ser despojado das qualidades humanas (sensoriais, anímicas, intelectuais, morais, e *tutte quante*?), ou em outras palavras ainda: o sujeito pode ser tratado galileanamente, por um viés científico em sua estrutura, fora dos conteúdos conceituais das ciências naturais, portanto, pergunta cujo avesso é: a ciência galileana pode ter como referente algo diferente do que Jean-Claude Milner chamará de *phusei,* a *physis?* Haverá uma ciência galileana da *thesei,* para continuar com os termos deste autor, que retomaremos no próximo capítulo, ao abordarmos o que ele chama de *galileísmo ampliado* ou *estendido* (*étendu*). Lacan afirma que a psicanálise é uma *antiphysis,* e é sobre esta condição que a pergunta incide.

Pois bem, a nossa resposta é que, depois da foraclusão do sujeito pressuposto pela ciência de seu campo operatório, foi o ato de Freud, ao tomar o corpo histérico como o primeiro recorte empírico da arquitetura conceitual que ele começava a construir, ato pelo qual ele retirou este corpo do espaço epistêmico da neurologia na qual havia sido formado, que deu ao sujeito um tratamento não humanístico, vale dizer não subjetivista, pelo que entendemos um tratamento que o despoja da longa série de qualidades anteriormente listadas e permite que, enfim, o sujeito possa ocupar um lugar na ciência galileana. Para isso, Freud precisou localizar esse sujeito em uma *Outra cena* que não a cena da consciência, psicológica ou filosófica, consciência do mundo ou de si (autoconsciência). E só a partir desta outra cena, designada como o inconsciente, é que o sujeito pôde ter

UMA NOVA DEFINIÇÃO DE METODOLOGIA

um tratamento não humanístico, isto é, orientado segundo o eixo da cientificidade.

O empirismo como fonte de conhecimento é rechaçado e, com ele, tudo que diz respeito ao sujeito percipiente (o *percipiens entis*), pois foi estabelecida a equivalência entre o conhecimento sensível e a subjetividade. David Hume, o grande empirista inglês, que levou mais longe e do modo mais radical a posição empirista, chegou a esta conclusão: "Não estamos ameaçados pelo erro, mas, o que é muito pior, estamos imersos no delírio"[71]. Esta frase é uma resposta à lógica racional que se ocupava de distinguir entre verdadeiro e falso, acerto e erro. Hume substituiu o *erro* – relação falsa entre razão e realidade – pelo *delírio*: pensamos a partir do que percebemos sensorialmente, e segundo nossas paixões, que sobrepujam sempre a razão e a colocam a seu serviço. E, portanto, o que pensamos é sempre, de algum modo, delirante.

Mas a proposta da ciência não é definitivamente humeana, e pretende estabelecer leis universais, que devem ser verificadas. O sujeito do conhecimento, ou sujeito da ciência, aquele que é forjado na mesma oficina em que a ciência, foi jogado fora, como o bebê, junto com a água do seu banho epistêmico, que nesta metáfora representa a apreensão empírica e sensorial, por parte deste sujeito, da realidade como fonte enganosa do conhecimento. Pareceria, assim, não haver um sujeito da ciência. Este passo freudiano, entretanto, não caiu do céu, nem lhe chegou como encomenda vinda das terras da ciência natural, terra natal de Freud.

No que denominamos *Intermezzo – a inflexão hegeliana,* necessário a tudo que aconteceu depois no cenário científico, pudemos acompanhar o quanto a razão científica chegou a seu ponto mais elaborado com a filosofia kantiana e como a inflexão crítica produzida por Hegel em relação ao pensamento de Kant teve consequências definitivas na produção das novas formas metodológicas que não tardaram a se produzir a partir da dialética hegeliana. Do ponto de mirada de Hegel, todo o desenvolvimento científico e filosófico produzido de

---

[71] Hume, D. – *Investigação sobre o entendimento humano* (*Enquiry concerning human understanding,* Londres, 1748), São Paulo, Edições 70 – Textos Filosóficos, 2014.

A CIÊNCIA DA PSICANÁLISE

Galileu até Kant poderia ser reunido sob o nome de *entendimento* (*Verständ*), inclusive a filosofia da *razão*, de Kant, visto que Hegel dará a esta categoria – a razão (*Vernunft*) – um sentido bastante diverso do sentido kantiano. O materialismo histórico ou dialético, método da economia política que é próprio do *marxismo,* foi o primeiro sistema metodológico produzido a partir desta inflexão hegeliana, e a psicanálise, como segunda metodologia a advir neste processo, traz as marcas da reviravolta dialética engendrada por Hegel no campo filosófico e científico: a psicanálise não teria sido possível sem a virada hegeliana na filosofia, embora Freud, formado nos mais rigorosos cânones da ciência do século XIX e cioso de assegurar à sua descoberta a mais indiscutível cientificidade, a tenha afastado, proposital e estrategicamente, de toda e qualquer forma filosófica. Não tiramos sua razão: as resistências à psicanálise e ao inconsciente são de tal envergadura que qualquer referência à filosofia, não como mera alusão mas como reconhecimento de procedência epistemológica seria fatal para que a comunidade científica decretasse que a psicanálise era definitivamente "mais uma filosofia sobre as regiões mais obscuras da mente humana". Mesmo com todo o seu cuidado nesse sentido, testemunhamos o frequente recurso ideológico a este tipo de atribuição, sem qualquer base e rigor epistemológico.

Mas o fato é que o pensamento hegeliano constituiu-se como um dos pilares da emergência da psicanálise, o que só será claramente assumido por Lacan. Na primeira fase de seu ensino, que ele próprio qualificou de *retorno a Freud* – pois que os pós-freudianos vinham naufragando a psicanálise no mais pantanoso terreno psico-médico, reduzindo-a ao campo com o qual ela justamente rompera em seu nascimento – Lacan revela um claro hegelianismo. Entre 1933 e 1939, Alexandre Kojève sustentou em Paris um curso sobre o pensamento de Hegel, e Lacan o seguiu, no que foi a primeira década de seu percurso na psicanálise.

Uma dimensão fundamental da dialética de Hegel, e que terá importância decisiva para a psicanálise, é a questão do reconhecimento. Se *Verstand* – que significa *entendimento* e se distingue da compreensão justamente pelo caráter mais racional do que semântico – é termo pelo qual Hegel designa todo o processo de produção do

UMA NOVA DEFINIÇÃO DE METODOLOGIA

conhecimento desde a fundação da ciência moderna até seu apogeu em Kant, ele designará o reconhecimento pelo termo de *Anerkennung.* A dialética do senhor e do escravo, desenvolvida no capítulo IV – a Consciência de si – da *Fenomenologia do Espírito,* constitui o ponto alto da teoria do reconhecimento na dialética hegeliana, no qual duas *posições subjetivo-políticas*, não duas *pessoas humanas* – a do senhor e a do escravo – travam uma *luta de morte de puro prestígio,* expressão que alude a um só tempo à dimensão anti-vitalista (a luta implica o risco da morte, o valor mais alto no plano de uma ética do sujeito humano não é vida e portanto não se trata de uma *luta pela vida*) e ao anti-utilitarismo (é uma luta de *puro prestígio,* não há nenhum outro valor, útil ou material, por exemplo, em jogo neste conflito). O reconhecimento é o que resulta disso, já que o risco de morte não implica sua consecução, o que não engendraria a dialética mas a abortaria: um dos dois polos, que só então, e por isso, se torna o escravo (só depois, pois os termos não precedem a relação na lógica dialética) abre mão de seu desejo para não morrer e reconhece o desejo daquele que então, por não ter cedido do seu, se torna o senhor. O prosseguimento da dialética produzirá muitos desdobramentos, entre os quais a transformação da história operada do lado do escravo, aquele que começou operando e não "recebendo" o reconhecimento, posição do senhor, que não é capaz de produzir história. O materialismo histórico-dialético será profundamente marcado por este processo, situando no operário o sujeito moderno que terá as condições de mudar o curso da história da dominação.

Mas a psicanálise, com a subversão deste sujeito e sua transmutação em sujeito histérico[72], e a correlata transposição da cena da luta da consciência de si (*Selbstbewusstsein*) para o inconsciente (*der anderer Schauplatz*), lugar do Outro distinto do semelhante (outra pessoa) e situado como campo discursivo, permitirá que o sujeito subvertido do inconsciente, pelo que Freud veio a designar por transferência (*Ubertragung*), opere o reconhecimento pelo qual ele terá condições de transformar sua história, e sobretudo mudar sua posição de sujeito,

---

[72] Cf, a esse respeito: Elia, L. – *O operário e a histérica, dois sujeitos modernos,* op. cit.

até o ponto de sua destituição no final da análise. A transferência não é a alienação, nem no sentido de Marx nem no sentido de Lacan, em cujo ensino ela está associada à operação de *separação* (entre sujeito o Outro) e não à de *alienação* que a precede na dialética (lacaniana) da constituição do sujeito, e nisso reside sua mais radical diferença em relação à *sugestão*.

Para Hegel, o saber não é a ser "conquistado" pela atividade exploratória da ciência que o produziria, pois ele de algum modo "já está" constituído no real. Esta concepção, que facilmente se confunde com a ideia de "origem" – daí talvez a crítica de Escobar que mencionamos na seção sobre o materialismo dialético – deve ser dela distinguida pelo conceito de *imanência*, que se opõe à razão transcendental de Kant. Mesmo sem aprofundar, por inoportuno, o conceito de imanência neste ponto, importa-nos assinalar este conceito é muito caro à psicanálise, que toma o que há, tal como se apresenta, sem juízos racionais ou morais, posição que compartilha com alguns filósofos da imanência, como Espinosa e Hegel, além do próprio Marx, que não consideramos um filósofo mas o criador de um sistema metodológico científico, como já bastante afirmado em nossa proposta.

Lacan, ao se referir, no que talvez seja seu escrito mais intimamente relacionado com a experiência da análise, aos três modos de pagamento com que o próprio psicanalista tem que arcar na experiência propõe que o psicanalista deve: pagar com palavras, transmutando-as em interpretação, nível que ele situa como *tática,* pagar com sua pessoa, emprestando-a à transferência, nível da *estratégia,* pagar com seu *ser* e, evocando a referência freudiana, feita na *Traumdeutung,* ao *cerne do nosso ser* (*Kern unseres Wesens*) traduz esse pagamento com a exigência de abdicação do analista ao seu *juízo mais íntimo*. Este é o nível da *política,* que exprime, a nosso ver de um modo belo e forte, o que seria a imanência na psicanálise: "Vamos mais longe. O analista é ainda menos livre naquilo que domina estratégia e tática: a saber sua política Lacan, na qual ele faria melhor situando-se em sua falta de ser do que em seu ser".[73]

---

[73] Lacan, J. – *A direção do tratamento e os princípios do seu poder, in Escritos,* op. cit., p. 596.

UMA NOVA DEFINIÇÃO DE METODOLOGIA

Um outro aspecto da imanência, este mais claramente relacionado com o saber, encontramos no Seminário XX: "O estatuto do saber implica como tal que já haja, saber, e no Outro, e que ele é a ser tomado (*à prendre*)". Na língua francesa existe um importante jogo de palavras que não se produz em português. O saber *à prendre* não é *à apprendre* – o que dá em português: o saber a ser tomado, pego, do Outro, não é a ser aprendido, no sentido de uma aquisição cognitiva ou intelectiva, a menos que se subverta o sentido do aprender: "C'est pourquoi il est fait d'*apprendre* (É por isso que ele se faz por *aprender*).

> O sujeito resulta do fato de que ele deve ser aprendido [*appris*], este saber, e até mesmo posto a preço [*mis à pris*], isto é, é seu custo que o avalia, não como troca, mas como uso [referência clara ao valor de troca e de uso, de Marx]. O saber vale justo o quanto ele custa, *muito* [*beau-coût*, expressão homofônica com o advérbio *beaucoup,* que significa *muito* e é legível como *belo-custo*], por força de que é preciso colocar sua própria pele em jogo, por ser difícil, difícil em quê? Menos de adquiri-lo do que dele gozar. Aí, no gozar, a conquista desse saber se renova a cada vez que ele é exercido, o poder que ele dá permanecendo sempre voltado para seu gozo. É estranho que isso nunca tenha sido destacado, que o sentido do saber está todo nisso, que a dificuldade de seu exercício é isso mesmo que acentua a de sua aquisição. [...] Pois a fundação de um saber está em que a o gozo de seu exercício é o mesmo de sua aquisição[74].

Mais do que adentrar neste ponto sobre a questão do gozo em Lacan – que é sua e não está presente em Hegel – o que queremos destacar é a ideia, esta presente em Hegel, de que o saber está no Outro – que na psicanálise é o lugar do inconsciente – e deve ser apreendido, tomado, ponto por ponto, pelo sujeito, o que ele faz na experiência analítica.

O tema objeto deste livro é a metodologia da psicanálise. Toda a segunda metade do livro, do Capítulo IV em diante, será dedicada

---

[74] Idem – *O Seminário, Livro XX (Mais, ainda),* 1972-73, op. cit., p. 130. Os termos e comentários entre colchetes são deste autor.

89

A CIÊNCIA DA PSICANÁLISE

à psicanálise, seus princípios e seu método. O que cabe aqui, portanto, é situar o advento da psicanálise não apenas como uma ciência nova, sobre a qual sempre persistiram debates, muito frequentemente obsessivos, indecidíveis, sobre a cientificidade ou não da psicanálise, mas como uma nova formação metodológica, um novo *modus operandi* no campo do saber e da práxis, com consequências irreversíveis para a humanidade.

Na psicanálise, não apenas teoria e práxis não se dissociam, como se tornou corriqueiro dizer, como também a teoria é produzida a partir da práxis, o que é uma imposição, entre outras, do próprio inconsciente. Não existe aplicação da teoria à prática, mas práxis teorizada, o que não significa uma práxis "espontânea" ou intuitiva, mas estruturada segundo coordenadas preliminares que a antecedem sem contudo lhe fornecer um corpo conceitual consistente que lhe seria "aplicável". O psicanalista é um operador da experiência, ele a dirige sem dirigir o sujeito, e esta operação depende que ele não esteja em posição de sujeito, mas de objeto, em sua função. Esta posição, entretanto, não se a pode atingir senão através de um *percurso de sujeito*, e este percurso é a própria experiência da análise, única via da formação do psicanalista, à qual, evidentemente, se articulam outras dimensões – estudo, pesquisa, análise da prática clínica (o que se chama, um tanto impropriamente, de supervisão clínica) – atividades de transmissão, enlaces de trabalho entre psicanalistas, etc.

A metodologia psicanalítica tem, como se verá no capítulo a ela dedicado, peculiaridades radicais: não se pode fazer pesquisa em psicanálise, nem avaliar efeitos, resultados e a chamada "eficácia" do que quer que sejam as incidências de uma pesquisa ou de uma experiência em psicanálise através de um método não-psicanalítico, ou seja, que não seja norteado pelos mesmos princípios que estruturam a experiência psicanalítica, sua relação com o saber e com a problemática da verdade. Não há o método clínico e o método de pesquisa, só existe um método psicanalítico: o que rege o exercício de sua práxis é o mesmo que estrutura seu discurso, o modo de sua produção de saber e de se fazer pesquisa em psicanálise.

A Fenomenologia

Em nossa proposta, formulada como uma *tese* em 1992, de configurar a diversidade do campo científico em seis sistemas metodológicos, a fenomenologia, fundada por Edmund Husserl como uma *ciência exata*, ainda que inteiramente voltada para os fenômenos humanos, aparece, na ordem histórica, como a quarta *metodologia* a surgir no cenário dos saberes de inspiração científica. Tal como a psicanálise, que surge três décadas antes, a fenomenologia apresenta uma forma metodológica própria, específica, mais ampla do que uma ciência particular. Maurice Merleau-Ponty, um de seus expoentes, dirá, no prefácio à sua magnífica *Fenomenologia da percepção*: "A fenomenologia só é acessível ao método fenomenológico"[75]. Esta máxima, de simplicidade e precisão notáveis, poderia ser aplicada a cada um dos seis campos científicos aqui apresentados: cada um deles, por constituir-se como uma metodologia, só é acessível por meio dela.

A obra inaugural de Husserl sobre a fenomenologia, no sentido de introduzir as bases do que será desenvolvido na sequência imediata, são os dois volumes de suas *Logische Untersuchhungen*[76], respectivamente de 1900 e 1901.

Vê-se claramente, desde os títulos, a preocupação de Husserl com o rigor e a pureza da lógica, associados à fenomenologia. Dez anos depois, ele escreve *Philosophie als strenge Wissenchaft*[77], em que reage ao modo como sua proposta dos anos 1900 e 1901 foram tomadas pela comunidade científica e filosófica, a saber, como se a fenomenologia fosse um "estágio preliminar da psicologia empírica, como um conjunto de descrições 'imanentes' incidindo sobre

---

[75] Merleau-Ponty, M. – *Phénoménologie de la perception*, Paris, Editions Gallimard, Bibliothèque des idées, 1945, *Avant-propos.*

[76] Husserl, E. – *Investigações lógicas, volume I – Prolegômenos para uma lógica pura*, 1900 e *Investigações lógicas, volume II – Investigações para uma fenomenologia e teoria do conhecimento*, 1901.

[77] Idem – *La philosophie comme science rigoureuse* (1911), Paris, PUF, Collection Epiméthée, 1989.

o 'vivido' psíquico e, segundo o sentido que se dá a esta imanência, estritamente limitadas à *experiência* interior"[78]. Husserl contestara esta interpretação já em 1911, mostrando que a *"a fenomenologia pura* à qual queremos aceder graças a esta obra – esta mesma que fez sua primeira aparição nas *Investigações lógicas* e cuja riqueza e profundidade fui progressivamente descobrindo ao longo dos trabalhos que realizei na última década, *não é uma psicologia"*[79]. Acrescenta que são razões de princípio que interditam que a fenomenologia seja anexada à psicologia, sejam quais forem o papel metodológico e os fundamentos que a primeira possa fornecer à segunda, e compara a relação entre elas com a que existiria entre a geometria e uma ciência natural. "O fato de que a fenomenologia se ocupe da 'consciência', nela compreendendo todos os modos do 'vivido', os atos e os correlatos desses atos, não muda nada nisso"[80].

Husserl faz um importante contraponto da fenomenologia, por ele proposta como uma nova forma de ciência, que ele propõe como exata, com a psicologia, que, em função da vizinhança e do parentesco de problemas que cada uma toma em conta, afigura-se como aquela com que mais facilmente se pode confundir a fenomenologia, justamente o que Husserl quer evitar. Ele então, estabelece:

> *A psicologia* é uma ciência derivada da experiência. Isso implica duas coisas, no sentido usual da palavra experiência: 1° É uma ciência que incide sobre *fatos* (Tatsachen), de "matters of fact" no sentido de Hume; 2° É uma ciência que toca *realidades naturais* (Realitäten). Os "fenômenos" de que ela trata enquanto "fenomenologia psicológica", são eventos reais (realen) que, a este título, e quando têm uma existência (Dasein) efetiva, inserem-se assim como os sujeitos reais aos quais eles pertencem no único mundo espaciotemporal concebido como "omnitudo realitatis". [...] Ao contrário, a *fenomenologia pura ou transcendental*

---

[78] Idem – *Idées directrices pour une phénoménologie et une philosophie phénoménologique pures, I – Introduction générale à la phénoménologia pure* (1913), Paris, Éditions Gallimard, Collection TEL, 1950, p. 4.

[79] Ibid., p. 5.

[80] Ibid., p. 5.

UMA NOVA DEFINIÇÃO DE METODOLOGIA

não se erigirá como ciência incidindo sobre fatos mas sobre essências (como ciência *"eidética"*); uma tal ciência visa a estabelecer unicamente "conhecimentos de essência" e *de modo algum de "fatos".* A redução correspondente que conduz do fenômeno psicológico à "essência" pura ou – se nos posicionarmos no ponto de vista do pensamento que comporta o julgamento – da generalidade de fato ou generalidade "empírica" à "generalidade de essência" é a *redução eidética.* (grifos em itálico do autor) [81].

Essas críticas de Husserl à absorção de sua proposta de uma fenomenologia como uma filosofia logicamente pura e rigorosa à psicologia é importante porque estabelece uma distinção, ela própria metodológica em sua essência, entre a consciência concebida como campo de experiência e de conhecimento e como um fato psicológico, limitado, como tal, à experiência individual ou grupal, mas nunca *impessoal,* transversal à pessoa individual, como procede toda filosofia e toda ciência. Além disso, as advertências de Husserl quanto à psicologização da fenomenologia fala a favor da nossa proposta de não reduzir a fenomenologia a uma ciência do particular, seja ela qual for, neste caso.

Efetivamente, a fenomenologia constituiu-se na história subsequente, no século XX, como uma modalidade metodológica que se aplicou a diversos campos de saber: a psicologia, a psiquiatria (na qual teve importância decisiva), a etnologia e as ciências sociais. A obra de Karl Jaspers[82], na área da psiquiatria, é um expressivo exemplo de valiosa aplicação da fenomenologia: histórias clínicas inestimáveis, repletas de narrativas de experiência da loucura, de sujeitos que sofrem mais do que deveriam, mas também de seus recursos e invenções, na perspectiva de uma apreensão relacional na qual o psicoterapeuta se inclui como um participante da experiência sem contudo confundir-se com o sujeito que ele escuta.

A fenomenologia opõe-se com a maior ênfase a toda apreensão da experiência mediatizada pela teoria, pela razão conceitual, aspecto no

---

[81] Ibid., p. 6.

[82] Jaspers, K. – *Psicopatologia geral,* Rio de Janeiro, Livraria Atheneu, 1973.

qual ela *pareceria* afastar-se de uma perspectiva científica. Entretanto, uma conclusão como esta seria precipitada e equivocada, por desconsiderar os fundamentos desta postura, eminentemente metodológica. O princípio aqui é o de que a tarefa mais rigorosa e exata da ciência, na perspectiva fenomenológica, é a apreensão não de fatos empíricos, não de condutas, mas da essência da experiência, o que só pode ser efetuado por uma consciência não prevenida pela trama conceitual, mas norteada pelo que Husserl designa como *intuição eidética*. No lugar do uso da razão conceitual, a experiência deve ser apreendida em sua dimensão *imediata,* não mediatizada pela razão, o que faz retorno à dimensão da percepção. O termo percepção, contudo, não deve ser aqui entendido como uma síntese de sensações, não se trata, nela, de uma apreensão sensorial da realidade empírica: a fenomenologia não propõe o retorno ao empirismo, posto que há uma essência a ser apreendida pela consciência aperceptiva.

O processo de apreensão da essência do fenômeno pela consciência aperceptiva é designado por Husserl como *noético-noemático,* expressão composta por dois termos cuja coesão em binômico mostra, já em sua morfologia, a indissociabilidade entre os dois movimentos: a *noesis,* movimento de apreensão pela consciência, e o *noema,* como objeto a ser apreendido em sua essência (*eidos*). Daí a intuição eidética, de que falamos acima, que se opera pela redução eidética, também chamada fenomenológica ou *épaché.*

Para isso, o método husserliano propõe a *redução fenomenológica*[83]*,* que retoma o termo grego de επθχη (*épaché),* usado desde os pré-socráticos (estoicos, principalmente, mas também os céticos) como suspensão de toda crença no mundo. Para Husserl, não se trata de ceticismo, mas de depuração do fenômeno de todo julgamento de realidade, de toda a atitude *natural* sobre o mundo. Em suas palavras:

> Nossa ambição é precisamente descobrir um novo domínio científico, cujo acesso nos seja adquirido *pelo método mesmo de colocação entre parênteses,* mas uma vez que esta seja submetida a uma limitação

---

[83] Husserl, E. – *Idées directrices pour une phénoménologie,* op. cit., p. 6.

UMA NOVA DEFINIÇÃO DE METODOLOGIA

determinada. Caracterizemos em poucas palavras esta limitação. *O que colocamos fora do jogo é a tese geral que se escora na essência da atitude natural;* colocamos entre parênteses absolutamente tudo que ela abraça na ordem ôntica: *por conseguinte, todo este mundo natural* que está constantemente "aí para nós", *"presente"*, e não cessa de permanecer aí a título de "realidade", para a consciência, no momento mesmo em que nos apraz colocá-lo entre parênteses. Quando procedo assim, como tenho plena liberdade de fazer, não *nego,* portanto, este "mundo", como se eu fosso um sofista; *não coloco sua existência em dúvida,* como se fosse um cético; mas opero a εποχη *fenomenológica, que me interdita absolutamente todo julgamento incidindo sobre a existência espaciotemporal. Por conseguinte, todas as ciências que se reportam a este mundo natural –* seja qual for, aos meus olhos, sua solidez, seja qual for a admiração que eu lhe dirija, por menos inclinado que eu esteja em lhe opor a menor objeção – *eu as coloco fora do circuito,* não faço *absolutamente nenhum uso de sua validade, não faço minha nenhuma evidência que delas decorra, ainda que tenham uma perfeita evidência; não acolho nenhuma delas, nenhuma me fornece o menor fundamento –* por todo o tempo, notemo-lo bem, que uma tal proposição seja entendida no sentido que ela tem nessas ciências, isto é, como uma verdade incidindo *sobre a realidade* deste mundo. *Não tenho o direito de admiti-las senão após tê-las afetado por esses parênteses,* dito de outro modo, unicamente na consciência que a modifica colocando o julgamento fora do circuito; por conseguinte, não posso recebê-la *como se ela ainda fosse uma proposição inserida na ciência, uma proposição que reivindique uma validade que eu reconheço e utilizo.*[84] (os grifos são todos do autor).

Mantivemos a citação de Husserl em sua forma mais extensa por não ser trivial encontrar na literatura deste campo uma descrição tão rigorosa do método da εποχη *fenomenológica* como nas próprias palavras de seu criador.

Husserl foi um leitor fervoroso de Hegel, e seu principal discípulo foi Heidegger, o pai do existencialismo, laços que estabelecem uma

---

[84] Ibid., pp. 102-103.

cadeia de transmissão e conexão entre a filosofia de Hegel, a que demos especial destaque como uma inflexão prenhe de consequências nas emergências epistêmico-metodológicas dos séculos XIX e XX, e a fenomenologia, e desta com o existencialismo.

O Estruturalismo

O galileísmo ampliado tomou grande impulso na França em meados do século XX através do que se tornou conhecido como *estruturalismo*. Ora, o estruturalismo é o quinto sistema metodológico que apresentamos, o que significa que o alçamos à condição de uma metodologia científica que se define precisamente – e este é um de seus princípios constitutivos – por não ser aplicável à natureza. O estruturalismo pode ser também considerado como a emancipação metodológica das chamadas "ciências humanas", que, quando assumiram os princípios metodológicos do estruturalismo, romperam com todo e qualquer humanismo, tornando-se *qualitativamente* formais. O humanismo pode ser considerado o principal obstáculo epistemológico a que esses saberes se constituam como ciências a rigor. Como afirmará Lacan: "Uma coisa é certa: se o sujeito está bem aí, no nó da diferença, qualquer referência humanista aí torna-se supérflua, pois é com ela que ele corta rente"[85].

Cada uma das ciências que se constituem no campo do estruturalismo passa a poder (lembremo-nos da referência de Isabelle Stengers ao sentido positivo de *poder* na ciência) afirmar-se com todo o rigor com seu método próprio, o método estruturalista, sem o recurso, infrutífero e patético, ao mimetismo metodológico das ciências naturais, o que as condena a nunca atingir o patamar hipotético-dedutivo – que está relacionado de modo dependente com a "natureza" do

---

[85] Lacan, J. – *A ciência e a verdade*, (1965), in *Escritos*, op. cit., p. 871. Seguindo a orientação indicada na nota de rodapé nº 2, alteramos a tradução em português desta citação de Lacan, substituindo a tradução da expressão francesa do final da citação – "coupe court" ("corta de imediato") por "corta rente", que em português exprime o mesmo sentido incisivo, como um corte, de "coupe court".

seu objeto, que só pode ser um objeto natural – mantendo-se nos impasses dos métodos empírico-indutivos (psicologia experimental, psiquiatria organicista, sociologia positivista, ciência "baseada em evidências", etc.).

Examinemos alguns exemplos de ciências humanas que se constituíram – ou se reconstituíram – na metodologia estruturalista: Linguística moderna (Jacobson, na esteira da fundação da linguística moderna por Saussure), Antropologia Estrutural (Lévi-Strauss e as leis elementares do parentesco), Psicanálise (Lacan, na esteira da psicanálise freudiana e o conceito de significante), Marxismo (Althusser, com sua análise estrutural dos aparelhos de Estado), e não nos esqueçamos de Foucault em sua primeira fase, a de *As palavras e as coisas,* que dá ao campo da linguagem todo o seu poder de transformação metodológica do campo das ciências "humanas".

As ciências mencionadas acima exibem o caráter galileano e sobretudo fazem uso formal – e não quantitativo – da matemática, em que a letra e a literalização respondem pela exigência de formalização do campo: matema, morfema, mitema são alguns exemplos, respectivamente encontrados na Psicanálise, na Linguística e na Antropologia estruturais.

Um dos principais marcos bibliográficos do estruturalismo é uma coletânea de textos que reúne seus principais ícones, organizada e publicada em Portugal, e portanto com edição do original em português – ainda que quase todos os textos tenham sido originalmente escritos em francês: *Estruturalismo – Antologia de textos teóricos,* organizada pelo intelectual lusitano Eduardo Prado Coelho[86]. A coletânea conta com um longo e precioso escrito introdutório do organizador[87], e textos de Jean Pouillon, Jacques Derrida, Jacques Lacan, Roland Barthes, Louis Althusser, Jean-Paul Sartre, Claude

---

[86] Coelho, E. P. (org.) – *Estruturalismo – Antologia de textos teóricos,* Lisboa, Livraria Martins Fontes e Portugália Editora, Coleção Direcções, 1967.

[87] Idem – *Introdução a um pensamento cruel: estruturas, estruturalidade e estruturalismos,* in op. cit., pp I-LXXV – preâmbulo à coletânea numerada em algarismos romanos, destacado, pela própria forma da numeração de suas páginas, do conjunto de artigos que compõem a coletânea.

Lévy-Strauss, Alain Badiou e Michel Foucault. Na década de 60, um intelectual que não estivesse, de um modo ou de outro, em conexão com o estruturalismo não seria um verdadeiro intelectual.

O primeiro item do texto de Prado Coelho, que abre a coletânea, traz 7 "definições" – mais comentários que o definem do que definições formais – do estruturalismo, únicos fragmentos mantidos em francês no livro, que traduziremos livremente a seguir: (1) *"O estruturalismo não é um método novo, ele é a consciência desperta e inquieta do saber moderno"* (Foucault); (2) *"Até agora, Marx e Freud fizeram mais pela noção de estrutura do que os trabalhos fatoriais"* (Merleau-Ponty); (3) *"Trata-se, de saída, de uma aventura do olhar, de uma conversão na maneira de questionar diante de todo e qualquer objeto"* (Derrida); (4) *"O estruturalismo é um conjunto de pesquisas ou de projetos de pesquisas que se colocam voluntariamente sob o modelo linguístico"* (Barthes); (5) *"É o pensamento estrutural que defende hoje as bandeiras do materialismo"* (Lévi-Strauss); (6) *"O estruturalismo durará o que duram as rosas, os simbolismos e os Parnassos: uma temporada literária, o que não quer dizer que esta não será fecunda. A estrutura, ela, não está prestes a passar, porque ela se inscreve no real, ou antes nos dá uma chance de dar um sentido a esta palavra real, para além do realismo que, socialista ou não, não é nunca nada além de um efeito de discurso"* (Lacan); (7) *"Parece-me que a pesquisa teórica, nas obras de língua francesa, está em vias de sofrer uma mutação completa. Penso que esta mutação é decisiva. Fala-se de anti-humanismo, de estruturalismo. Fabrica-se a partir dessas palavras, das quais teríamos dificuldade de dar uma definição, uma doutrina, ou pior, uma moda. Trata-se bem de outra coisa, que resulta de um lento amadurecimento que passa pela reavaliação das pesquisas epistemológicas de Bachelard, de Koyré e de Canguilhem, que vai de Freud a Jacques Lacan, de Mauss a Claude Lévi-Strauss, que não é estranha ao que J.-P. Sartre e Merleau-Ponty omitiram porém indicaram"* (Châtelet).

Foucault afirma que o estruturalismo não é um método novo. Na perspectiva metodológica que adotamos aqui, ele o é. Mas entendemos o que ele exprime, na sua perspectiva: *a consciência desperta e inquieta do saber moderno* comporta um modo novo de colocar os problemas. Merleau-Ponty reconhece em Marx e Freud precursores

UMA NOVA DEFINIÇÃO DE METODOLOGIA

do estruturalismo. Lévi-Strauss vê no estruturalismo a defesa do materialismo naquele momento histórico. Lacan distingue estruturalismo e estrutura, ligando esta ao real que a faz *durar* mais do que as rosas: *s'trucdure* (*esse troço dura,* que soa em francês com *structure*[88]). E Châtelet, o grande historiador da filosofia, articula o estruturalismo aos grandes epistemólogos (Bachelard, Koyré e Canguilhem), mas também aos criadores de ciências e metodologias novas.

Apresentamos a seguir os principais vetores metodológicos do estruturalismo, muitos deles extraídos dos artigos desta coletânea – publicação *sui generis* por reunir tantos e tão célebres autores, marcando o momento de apogeu do movimento (a publicação é de 1967) e ao mesmo tempo não ter sido editada na cidade de Paris, capital mundial do movimento – todos os autores são franceses, com exceção do organizador, citado acima, que fez questão de editar e publicar o livro em seu país, Portugal.

(1) *O estruturalismo é radicalmente materialista – os elementos da estrutura são* necessária e simultaneamente materiais e simbólicos, ou seja, de um materialismo não-fisicalista, o que levou Lacan a cunhar o termo *motérialisme* (materialismo da palavra);

(2) O estruturalismo constitui-se como uma *anti-physis,* um método que não recorre a nenhum elemento natural em suas explicações, nem é voltado para o mundo natural como seu objeto. Nas palavras de Jean-Claude Milner, *phusei.* Unindo-se os vetores (1) e (2), temos que o estruturalismo é um materialismo *do significante,* não-fisicalista.

(3) O estruturalismo recusa toda forma de pensamento místico (magia, xamanismo), religioso ou mesmo baseado na intuição, na criatividade artística ou no espontaneísmo, o que equivale a dizer que, no pensamento estruturalista, não há lugar para o inefável (insondável, caótico ou não articulável por nexos lógicos, inteligíveis), ou para o que só é acessível a meios ritualísticos, de invocação ou inspiração anímica, como um *transe.*

---

[88] Miller, J.-A. – *S'truc dure,* in *Pas tant, n° 8/9,* 1985.

A CIÊNCIA DA PSICANÁLISE

Na dualidade entre compreender e explicar, consagrada na filosofia pela oposição formulada em alemão entre *vertehen* e *erklären* (respectivamente *compreender* e *explicar*), o estruturalismo toma o partido do *explicar,* mas de um explicar que não se funda na inteligibilidade do mundo natural, como a Física de Galileu, e sim na formalização significante da linguagem: uma *erklären* pela via do que há de material e formal na linguagem, sua sintaxe, e não na semântica da hermenêutica, da compreensão e da significação.

(4) O estruturalismo é um método que se opõe à ideia de centro ou centralidade, sustentando, portanto, o descentramento da estrutura, sempre na perspectiva de uma estrutura sem centro nem hierarquia, e portanto sem atribuir valor ou qualidade a qualquer elemento da estrutura. Sobre este ponto, o artigo de Jacques Derrida *A estrutura, o signo e o jogo no discurso das ciências humanas*[89] é particularmente esclarecedor.

(5) O estruturalismo é um anti-humanismo, pois se funda na recusa de qualquer ideal ou significado essencial ao "homem". Entretanto, é sempre no campo das chamadas *ciências humanas* que ele opera, como pudemos testemunhar no título do artigo de Derrida que acabamos de citar no item (3). O famoso capítulo de *As palavras e as coisas*[90], de Michel Foucault, intitulado *As ciências humanas,* que também é publicado (apenas este capítulo, como um artigo) na mesma coletânea em que se encontra o de Derrida, é bastante eloquente a este respeito, já desde seu título. Mas que não nos enganemos: a referência sistemática dos escritos estruturalistas às ciências humanas nada tem a ver com qualquer humanismo, mas com a afirmação de uma perspectiva rigorosamente científica, que é aqui coextensiva a estrutural, fora do âmbito das ciências naturais. O autor que também integrou o movimento estruturalista dos

---

[89] Derrida, J. – *A estrutura, o signo e o jogo no discurso das ciências humanas* (1967), in *Estruturalismo, Antologia de textos teóricos,* op. cit., pp. 101 e segs.

[90] Foucault, M. – *Les mots et les choses,* Paris, Editions Gallimard, Bibliothèque des idées, 1966.

anos 60 e que é voz dissonante quanto ao anti-humanismo do estruturalismo é Jean-Paul Sartre, em entrevista publicada no número 30 da revista *L'Arc,* a ele dedicada, e que é reproduzido na coletânea à qual seguidamente temos nos referido, o que reafirma a sua importância.

(6) O estruturalismo faz corte com toda perspectiva historicista ou genética, no sentido da busca de origens e continuidades entre dois pontos de um processo: a estrutura é avessa à ideia mesma de desenvolvimento. Novamente aqui cabe assinalar os protestos de Sartre na entrevista supracitada, cujo primeiro tópico é justamente *A recusa da história.*

Escolhemos um trecho de uma entrevista sobre o estruturalismo concedida por Michel Foucault à Revista *Quinzaine littéraire,* nº 5, conduzida por Madeleine Chapsal, escritora e jornalista, hoje com 97 anos, para concluir esta seção. A entrevista integra a coletânea à qual fizemos algumas referências nesta seção, e ilustra bem o clima do momento em que foi feita (15 de maio de 1966): por um lado, a paixão que animava toda uma geração de intelectuais – Foucault tinha 38 anos, referência etária aliás que abre a entrevista – e que entretanto era recebida por alguns, como a própria entrevistadora, como um "pensamento frio" em oposição ao que seria o "caloroso" humanismo. Além de evidenciar o que denominaremos de *abstracionismo burguês* que a entrevistadora, inadvertida, veiculou sem nada saber do que a esperava como resposta à sua "ingênua" provocação, o dizer de Foucault deixa clara a relação do estruturalismo com a cientificidade, o que se liga com perfeição ao que discutimos aqui. Por isso, talvez não haja maneira melhor de concluir a presente seção, sobre o estruturalismo, do que com as palavras do próprio Foucault:

M – *"Esta nova de pensamento se apresenta como fria e bastante abstrata".*

F – *"Abstrata? Responderei então: o humanismo é que é abstrato! Todos esses gritos do coração, todas essas reivindicações da pessoa humana, da existência, são abstratas, quer dizer, separadas do mundo científico e técnico, que, este sim, é o nosso mundo real. O que me irrita no humanismo é que ele é doravante esse guarda-vento atrás do qual se refugia o pensamento mais reacionário, onde se formam alianças monstruosas e impensáveis: pretender-se aliar Sartre e Teillard, por exemplo. Em nome de quê? Do homem! Quem ousaria dizer mal do homem?! Ora, o esforço que é feito atualmente por nossa geração não é o de reivindicar o homem* contra *o saber e contra a técnica, mas sim precisamente o de mostrar que o nosso pensamento, a nossa vida, a nossa maneira de ser, até a nossa maneira de ser mais quotidiana, fazem parte da mesma organização sistemática e, portanto, dependem das* mesmas *categorias que regem o mundo real científico e técnico. É o "coração humano" que é abstrato, e é a nossa pesquisa que quer ligar o homem à sua ciência, às suas próprias descobertas, ao seu próprio mundo, que é concreta. E eu lhe responderei que não se deve confundir a* **tepidez mole dos compromissos, com a frieza que caracteriza as verdadeiras paixões.** *Os escritores que mais a nós, "frios" sistemáticos, são Sade e Nietzsche que, com efeito, diziam "mal do homem". Não eram eles também os escritores mais apaixonados?* (grifo nosso)[91]

A arqueologia e a genealogia de Foucault

No conjunto de seis metodologias ou sistemas metodológicos, que reunimos nesta proposta metodológica, há um traço os atravessa, tal como os propusemos: o caráter galileano, como marca fundacional da ciência moderna, a recusa da apreensão sensorial do mundo natural, a lógica como pressuposta na própria natureza como condição de possibilidade de torná-la inteligível, não sensível. Estaríamos justificados em incluir, como sexta metodologia, a mais recente, a arqueologia – depois genealogia – de Foucault? Será que podemos sustentar, com suficiente rigor, que: (a) Foucault criou uma *metodologia*, mais do que um campo particular de saber, articulado em um conjunto de enunciados e propostas de intervenção social e política? e (b) em caso afirmativo, em que o traço *galileano* seria reconhecível em seu método?

Quanto à primeira pergunta, responderíamos que sim, Foucault constituiu um método, um modo de formular questões e de encaminhar

___
[91] Idem – Trecho de entrevista concedida à jornalista e escritora Madeleine Chapsal, para *La Quinzaine Littéraire,* n° 5, em 15 de maio de 1966.

UMA NOVA DEFINIÇÃO DE METODOLOGIA

ações a partir delas, e pensamos mesmo que ele o fez *mais claramente* do que criou uma "ciência particular". Não por acaso ele designa seu campo como uma *arqueologia do saber* na década de 60 e, na de 70, ele introduz o novo designativo de *genealogia.* São designações de método, muito mais do que de setor de conhecimento. A segunda pergunta é bem mais espinhosa, pois dificilmente se pode sustentar que seu(s) método(s) sejam *científicos,* no sentido amplo de portarem o fio galileano na trama de seu tecido discursivo.

A maior dificuldade em sustentar isso, contudo, deve-se muito mais ao caráter eminentemente *crítico* e, mais exatamente, ao caráter eminentemente *político* do discurso de Foucault, do que ao *modo* como ele opera este discurso, em termos de sua lógica e de sua gramática. Se nos anos 60 Foucault estava preocupado em estabelecer diferentes *tipos* e *camadas* de *solos epistemológicos* cujas condições permitiam o florescimento respectivo de determinados saberes e não de outros, exatamente como as condições de um solo que geológica ou agronomicamente permite o florescimento de determinadas vegetações e não de outras, além de analisar a relação interna entre as diversas camadas e solos epistemológicos na produção entrecruzada dos saberes, na década seguinte, mais do que as condições do *saber,* Foucault vai cada vez mais voltar-se para a questão do *poder* e suas hierarquias, e afirmando a *insurreição dos 'saberes sujeitados',* expressão à qual ele dá dois sentidos, um dos quais destacamos: "saberes que estavam desqualificados como saberes não conceituais, como saberes insuficientemente elaborados: saberes ingênuos, saberes hierarquicamente inferiores, saberes abaixo do nível de conhecimento ou da cientificidade requeridos"[92]. E vai definir *genealogia* como

o acoplamento dos conhecimentos eruditos e das memórias locais, acoplamento que permite a constituição de um saber histórico das lutas e a

---

[92] Foucault, M. – *Em defesa da sociedade,* São Paulo, Martins Fontes, 2010, p. 8. Trata-se de um curso ministrado no Collège de France no ano de 1976. Considerando que o título do original é significativamente diferente deste com que se o traduziu – *Il faut defendre la société, (É preciso defender a sociedade)* – damos aqui a referência do original: *Dits et écrits* (1954-1988), Paris, Éditions Gallimard, Bibliothèque des Sciences Humaines, 1994, Vol. III (1976-1979), p. 124.

utilização deste saber nas táticas atuais. Será essa, portanto, a definição provisória dessas genealogias [...]. Nessa atividade, que se pode, pois, dizer genealógica, vocês veem que, na verdade, não se trata de forma alguma de opor à unidade abstrata da teoria a multiplicidade concreta dos fatos; não se trata de forma alguma de desqualificar o especulativo para lhe opor, na forma de um cientificismo qualquer, o rigor dos conhecimentos bem estabelecidos. Portanto, não é um empirismo que perpassa o projeto genealógico; não é tampouco um positivismo, no sentido comum do termo, que o segue. Trata-se, na verdade, de fazer que intervenham saberes locais, descontínuos, desqualificados, não legitimados, contra a instância teórica unitária que pretenderia filtrá-los, hierarquizá-los, ordená-los em nome de um conhecimento verdadeiro, em nome dos direitos de uma ciência que seria possuída por alguns. As genealogias não são, portanto, retornos positivistas a uma forma de ciência mais atenta ou mais exata. As genealogias são, muito exatamente, anticiências.[93]

Consideramos este trecho bastante claro quanto ao projeto político da genealogia. Vemos, nele, a mais contundente crítica à ciência – aliás identificada, literalmente, com uma proposta positivista, como se "o rigor dos conhecimentos bem estabelecidos" estivesse do lado da ciência positivista – e não justamente da ciência galileana. Sabemos que o autor de *As palavras e as coisas* não ignora a distância abismal que separa a episteme da ciência clássica – que, em sua arqueologia, ele situa desde Galileu até Kant – da pseudociência positivista. Sua deliberada desconsideração desta distinção, na exposição da proposta da genealogia, mostra bem quão pouco ele está interessado no *valor* e no *rigor* da ciência clássica, diante do projeto maior que é o projeto político da genealogia, a cujos olhos tanto faz que a ciência inspire-se em Galileu ou em Comte, se ela tem a ambição de filtrar, ordenar, hierarquizar os "saberes sujeitados" e sepultar, seja sob a lápide de uma formalização erudita que os faz jazerem sob si, seja no rechaço, para longe da própria sepultura, os saberes desqualificados, cuja insurreição importa, acima de tudo, ao projeto genealógico. Podemos ir além da constatação da indiferença de Foucault quanto ao caráter galileano

---

[93] Ibid., pp. 9-10.

UMA NOVA DEFINIÇÃO DE METODOLOGIA

ou positivista da ciência e fazer a hipótese de que não é anódino que ele tenha associado o projeto de dominação da ciência ao positivismo. O modelo de ciência que na contemporaneidade detém a hegemonia e exerce o domínio sobre todos os demais saberes, inclusive aquele que epistemologicamente seria mais rigorosamente científico, é o modelo neo-positivista. Foi isso que pretendemos demonstrar no primeiro capítulo, sobre a *Morte da epistemologia crítica na contemporaneidade.* Não estamos com isso pretendendo dizer que Foucault preservaria a ciência rigorosa de seu combate político-genealógico. De modo algum. E, até mesmo pelo contrário, uma ciência efetivamente rigorosa talvez, à luz de sua proposta, seria ainda mais nefasta e deletéria em seus efeitos de dominação. Temos toda a clareza de que a distinção metodológico-epistemológica entre ciência *verdadeira* e *falsa* interessa a nós, não a Foucault e à sua genealogia. O que quisemos em nossa hipótese foi responder à pergunta: por que, sabendo melhor do que ninguém que a ciência rigorosa não é positivista, ele associa ciência rigorosa e positivismo, como coextensivos, na sua crítica política à ciência? De todo modo, fica bem claro, na sequência da sua escrita, que seu interesse não é combater *a ciência* mas o projeto político centralizador da ciência na sociedade:

Não que elas [as genealogias] reivindiquem o direito lírico à ignorância e ao não saber, não que se tratasse da recusa de saber ou do pôr em jogo, de pôr em destaque os prestígios de uma experiência imediata [alusão à fenomenologia], ainda não captada pelo saber. Não é disso que se trata. Trata-se da insurreição dos saberes. Não tanto contra os conteúdos, os métodos ou os conceitos de uma ciência, mas de uma insurreição sobretudo e acima de tudo contra os efeitos centralizadores de poder que são vinculados à instituição e ao funcionamento de um discurso científico organizado no interior de uma sociedade como a nossa.[94]

Foucault não está preocupado nem em valorizar nem em desvalorizar a ciência, muito menos em pregar a ignorância, mas em combater sua hegemonia entre os saberes por ela desqualificados e seu domínio

---

[94] Ibid., p. 10.

político na sociedade, sobre o que ele também denomina "saber das pessoas". A questão então que pode ser formulada neste ponto é: seria possível, à luz da posição de Foucault, aderir à proposta genealógica de uma "insurreição de saberes desqualificados" contra o poder centralizador da ciência, que ele qualifica de positivista, e ao mesmo tempo aderir à proposta de resgate de uma epistemologia crítica que fosse, assim, também política? Em termos mais sintéticos, uma epistemologia crítica seria articulável com as genealogias, no plural, tal como Foucault no-las propõe?

Neste momento, Foucault é bastante ácido em sua crítica à psicanálise – que ele chama de "rede teórico-comercial" – e ao marxismo – que ele chama de "aparelho político com todas as suas aferências". Mas, novamente, seu texto nos leva a importantes inflexões de sentido, advertindo-nos a não concluir, em curto-circuito, que ele esteja criticando efetivamente *a psicanálise* e *o marxismo* enquanto tais, ou as formas que essas duas práxis-teorias assumiram como projetos políticos de controle e dominação. Depois de fazer uma prosopopeia na qual empresta voz crítica às genealogias dirigindo-se ao marxismo e à psicanálise: "Mas a esta pergunta: "é ou não é ciência?" (aplicada a um e a outro desses campos), as genealogias responderiam: '*Pois bem, precisamente o que criticamos em vocês é fazer do marxismo ou da psicanálise [...] uma ciência. E se temos uma objeção a fazer ao marxismo é que ele poderia efetivamente ser uma ciência*'. Pareceria então que a crítica genealógica é dirigida à ciência. Mas não. Segue-se:

> Antes mesmo de saber em que medida uma coisa como o marxismo ou a psicanálise é análoga uma prática científica em seu desenrolar quotidiano, em suas regras de construção, nos conceitos utilizados, antes mesmo de se fazer essa pergunta da analogia formal ou estrutural de um discurso marxista ou psicanalítico com um discurso científico, não é necessário primeiro levantar a questão, se interrogar sobre a ambição de poder que a pretensão de ser uma ciência traz consigo? A questão, as questões que é preciso formular não serão estas: 'quais tipos de saber vocês querem desqualificar no momento em que vocês dizem ser este saber uma ciência? Qual sujeito falante, qual sujeito discorrente, qual sujeito da experiência e de saber vocês querem minimizar quando dizer:

UMA NOVA DEFINIÇÃO DE METODOLOGIA

'eu, que faço esse discurso, faço um discurso científico e sou cientista'?
Qual vanguarda teórico-política vocês querem entronizar, para destacá-la
de todas as formas maciças, circulantes e descontínuas de saber?'[95]

Para concluir, declaramos, como psicanalista e como adepto de
uma epistemologia crítica capaz de restabelecer o rigor da ciência hoje
inteiramente submetida ao poder do capital, nosso total acordo com
a proposta política da genealogia. Sabemos que sua proposta vai além
do atrelamento do poder ao capital – "para fazer uma análise não
econômica do poder, de que, atualmente dispomos?" perguntará ele –
e aderimos à crítica e ao combate a todas as formas de dominação que
o saber assume, talvez predominantemente quando atinge o patamar
da cientificidade rigorosa, seja pelo seu assujeitamento ao capitalismo,
seja pelos modelos hierárquicos que a cultura ocidental e eurocêntrica,
branca e masculina, impôs ao mundo desde a Idade Média, tendo na
ciência clássica um de seus mais poderosos instrumentos.

E sustentamos que a arqueologia sempre fora, desde os anos 60,
uma metodologia científica no sentido de sua estrutura epistemológica, mas que Foucault ressignificará, como método, a partir da nova
proposta de uma genealogia, designação que ele extrai de Nietzsche[96]:
"A arqueologia seria o método próprio da análise das discursividades
locais, e a genealogia a tática que faz intervir, a partir dessas discursividades locais assim descritas, os saberes desassujeitados que daí se
desprendem"[97].

---

[95] Ibid., pp. 10-11.

[96] Idem – *Nietzsche, la généalogie, l'histoire, hommage à Jean Hyppolite,* in
Dits et écrits 1954-1988, op. cit., Vol. II (1970-1975), pp. 136 e segs. Como se
sabe, Nietzsche é autor de *Genealogia da moral,* obra de 1887 que constitui um
complemento a *Além do bem e do mal – prelúdio a uma filosofia do futuro,* do ano
anterior, 1886, do qual extrai, por assim dizer, consequências prático-políticas.
E Foucault retoma esta categoria nietzscheana em um sentido bastante próximo
– a genealogia é a contrapartida, *a tática que faz intervir,* da análise discursive
da arquologia. Se as análises teóricas podem ser pessimistas, a prática guarda
sempre o otimismo da possibilidade concreta de transformação, como dirá Franco
Basaglia na sua *Psiquiatria Democrática.*

[97] Idem – *Em defesa da sociedade,* op. cit., p. 11.

A psicanálise, o marxismo, a epistemologia podem ser concebidos e praticados de modo a operar, permanentemente, uma disjunção crítica em relação às formas de poder que esses campos, evidentemente, carreiam.

O Doutrinal de ciência em Lacan: A posição peculiar da psicanálise na ciência

O Doutrinal de Ciência, elaborado por Lacan, segundo Milner[98], não é portanto uma *epistemologia* porque não se situa em posição de exterioridade em relação às ciências mas constitui, antes, um lugar discursivo que só é possível no interior do discurso psicanalítico, a partir do qual permite uma análise do surgimento da ciência moderna em suas relações com a categoria de sujeito, por isso, sujeito *moderno*, no sentido de que esta categoria não poderia ter surgido antes da reviravolta que inaugura *o moderno* como tal: Idade Moderna, Ciência moderna, sujeito moderno. O Doutrinal de ciência parte, assim, do que Milner designa como *a teoria do moderno*.

Poderíamos assim dizer que o *Doutrinal* se impôs a Lacan por força de seu ensino, especialmente de suas elaborações sobre as categorias de *sujeito, estrutura* e *discurso*. De tais categorias, não podemos dizer que admitam os atributos binários e muitas vezes opostos de "teóricas" e/ou "clínicas", posto que o discurso psicanalítico recorta um campo da experiência no qual o saber é elemento estruturante e não um modo de apreensão exterior à experiência que se exerceria sobre ela. Assim, se são elaborações psicanalíticas, elas não serão nem teóricas nem clínicas. Por isso, um escrito com o título *A ciência e a verdade*, que sugere que seu autor tratará de um tema demasiado teórico, ou até "metateórico", filosófico ou epistemológico (pela vocação epistemológica que as palavras *ciência* e *verdade* carreiam), é capaz de surpreender, logo na primeira linha, o leitor atento, ao começar a escrita perguntando: "O estatuto do *sujeito* na psicanálise,

---

[98] Milner, J.-C. – Op.cit.

UMA NOVA DEFINIÇÃO DE METODOLOGIA

diremos que no ano passado nós o fundamos?"[99], para, na sequencia imediata do seu dizer: "Chegamos a estabelecer uma estrutura que dá conta do estado de fenda, de *Spaltung*, em que o psicanalista o situa em sua práxis"[100]. Não há intervalo nem trechos interpolados entre essas duas citações, que são, assim, sequenciais e imediatas, separadas apenas pelo ponto de interrogação que conclui a primeira frase. Nós as separamos aqui com a clara intenção de dizer que, ao iniciar o texto por uma pergunta essencialmente teórica ("teremos fundado o estatuto do sujeito em psicanálise?), Lacan prossegue com uma resposta da práxis ("estabelecemos uma estrutura que dá conta do estado de fenda em que o psicanalista encontra o sujeito na práxis"). Esta manobra textual faz cintilar um brilho metodológico.

Em que sentido as elaborações lacanianas sobre essas categorias ter-lhe-iam imposto o Doutrinal? Foi por colocar-se questões sobre as conexões psicanálise-ciência-filosofia que Lacan foi levado a desenvolver o Doutrinal? Não, o que verificamos é que essa exigência lhe chegou pela práxis, pelo exercício mesmo da psicanálise como uma práxis discursiva. De que sujeito se trata na experiência de uma análise? Como ele se constitui? Como é que ele refaz, de modo inédito, sua própria constituição na própria análise? Essas questões levaram Lacan a interrogar o estatuto da psicanálise no campo dos saberes e práticas, e a encontrar, no curso histórico do pensamento, um momento muito peculiar que ele demonstra ser o da emergência do sujeito. Este momento, nós já o mencionamos no capítulo precedente, e o retomamos aqui: ele o situa como o "correlato essencial da ciência: um momento historicamente definido do qual talvez tenhamos que verificar se ele é estritamente situável na experiência, aquele que Descartes inaugura e que se chama o *cogito*". O momento inaugurado por Descartes sob o nome de cogito é o correlato essencial da ciência moderna, e é um momento muito particular de emergência do sujeito.

Seguindo os passos de Alexandre Koyré, que demarca a incidência de um corte – não qualquer corte, não um "corte epistemológico" à

---

[99] Lacan, J. – *A ciência e a verdade,* op. cit., p. 869.
[100] Ibid., p. 869.

A CIÊNCIA DA PSICANÁLISE

maneira como Bachelard o concebe, na superação de cada obstáculo epistemológico cujo enfrentamento constitui a condição mesma do surgimento de cada ciência particular, mas um corte maior, divisor de águas entre o Mundo Antigo e o Mundo Moderno – Lacan situa a emergência do sujeito na aurora da era moderna, condição histórica do advento da própria Ciência, como ciência e como moderna – única condição em que ela poderia constituir-se como ciência.

A originalidade e o ineditismo da leitura de Lacan consiste não na afirmação do surgimento da ciência como moderna por estrutura e constituição (que é precisamente a tese de Koyré, não de Lacan), mas na formulação de que o sujeito, homologamente, também só poderia constituir-se como sujeito e como moderno na condição de um correlato essencial da ciência, daí sua particularíssima leitura do passo cartesiano que inaugura o cogito, primeiro nome do sujeito moderno. Nenhum filósofo ou epistemólogo, nem mesmo Koyré, chegou a formular essa tese, que é lacaniana de pleno direito – mas sem Koyré Lacan não poderia tê-la formulado. E o sujeito de que Lacan está falando não é outro senão o sujeito do inconsciente, o sujeito da Psicanálise, como se lê na sempre surpreendente frase de Lacan: "o sujeito sobre o qual operamos em psicanálise não pode ser outro senão o sujeito da ciência"[101]. A frase, espantosa à primeira vista, revela-se pouco a pouco cristalina: O seu primeiro fragmento – o sujeito *sobre o qual operamos em psicanálise* – afirma que a psicanálise opera sobre um sujeito, e não sobre um eu, um indivíduo, um organismo, um doente mental, uma doença mental, uma pessoa humana, etc.[102] Este mesmo fragmento não diz que a ciência opera sobre um sujeito. Aliás, a frase toda nada diz sobre as operações da ciência. O segundo e último fragmento da frase diz que este sujeito – repitamos, *sobre o qual operamos em psicanálise – não pode ser outro senão o sujeito da ciência.* O sujeito é o mesmo, não pode ser outro, mas a operação não. A psicanálise opera sobre ele, a ciência, cujo

---

[101] Ibid., p. 873.

[102] Estas considerações estão destinadas a ter as mais importantes consequências clínicas, inclusive no campo da Psicanálise Coletiva, a psicanálise aplicada ao campo institucional público da saúde mental.

UMA NOVA DEFINIÇÃO DE METODOLOGIA

correlato essencial é o momento de emergência do sujeito (tese do Doutrinal), o *cogito*, em Descartes, no entanto não opera sobre ele, não constitui a "outra cena", o lugar – outro – no qual o sujeito possa habitar (*ein anderer Schauplatz*, na expressão de Fechner adotada por Freud para designar a cena do inconsciente, única em que o sujeito pode estar).

Na verdade, a ciência faz uma operação com o sujeito que lhe é co-emergente sim, ela o *foraclui,* exerce sobre ele uma *foraclusão* – mecanismo próprio à psicose, tradução teórica dada por Lacan à *Verwerfung* freudiana, que significa rejeição, exclusão para fora de um determinado campo, de uma determinada cena. A Psicanálise não virá a contrapor-se à ciência em sua *démarche* metodológica, discursiva. Ela seguirá os trilhos estabelecidos pela ciência clássica. Mas ela o fará de modo a operar sobre o sujeito, e é nisso que reside a sua *subversão* em relação ao estatuto (foracluído) do sujeito da ciência. De linhagem, filiação e procedência estritamente científicas, a psicanálise representa contudo a subversão da ciência, do sujeito da ciência, e é por isso que ela concebe o sujeito como sujeito do inconsciente, única condição em que a operação com e sobre ele se torna possível através de um dispositivo – a *techné* – artefato técnico criado por toda práxis de orientação científica para efetuar as operações formuladas por seu campo respectivo de saber – a *thêoria*.

Estritamente dentro dos parâmetros metodológicos da ciência, Freud criou um dispositivo – o da *associação livre,* sua *techné,* sua regra fundamental, a *Grundregel,* como única forma de aceder ao campo de sua investigação e de sua clínica – as duas juntas, pois em seu dizer, *investigação e tratamento (Forschung und Behandlung) coincidem*[103]. Através deste dispositivo, a palavra deve ser usada de modo a ficar desprovida de todos os seus atributos significativos, sua carga de valor, seu sentido compartilhado socialmente, sua intenção comunicacional. Tudo que vier à palavra do sujeito deve ser dito,

---

[103] Freud, S. – *Recomendações aos médicos que praticam a psicanálise* (1912) in *Edição Standard Brasileira,* op. cit., vol. XII, p. 152. Na edição alemã: *Rätschlage für den Arzt bei der psychoanalytischen Behandlung* (1912), in *Studienausgabe,* Frankfurt am Main, 1975, Ergänzungsband, p. 174.

e as considerações subjetivas conscientes que acompanharem essas ocorrências (*Einfallen*), as preferências, a seleção, o incômodo, o pudor e a vergonha devem ceder a esta exigência, sendo acrescentado explicitamente por Freud que a intensificação da incidência desses fatores deve ser tomada pelo sujeito como uma *razão a mais* para falar, já que constitui um importante indicador de aproximação do inconsciente.

Vemos que, se Freud privilegia a palavra, porém utilizada de modo a-semântico, não significativo e não valorativo e não intelectual (ainda que críticos desavisados e pouco rigorosos insistam em afirmar que a psicanálise é demasiado "verbal" e "racional", conferindo pouco valor ao corpo, ao afeto, etc.) como único modo fidedigno de aceder ao inconsciente, é porque supõe ao inconsciente uma estrutura de linguagem. É este o fundamento freudiano da conhecida formulação lacaniana: *o inconsciente é estruturado como uma linguagem.* E o que esse uso muito particular da palavra produz, a que ele conduz, senão ao aparecimento da transferência, como realização em ato do inconsciente, presentificação real que exige um modo de tratar inteiramente inconcebível em termos de técnica, de previsão, requerendo a denominação de *manejo* (*Handlung*) e merecendo de Freud a consideração de que constitui a *única dificuldade realmente séria do trabalho psicanalítico.* Aí está: um dispositivo que produz um recorte do real sobre o qual se pode operar, mas de modo peculiar, próprio, específico e correspondente ao campo da experiência e seus modos igualmente específicos de constituição. É esse o fundamento científico da Psicanálise, mas também o ponto em que a Psicanálise subverte, rompe, ultrapassa o procedimento científico.

Estaríamos dizendo com isso que a Psicanálise é superior à Ciência, que ela a supera? Não. Esta seria antes a postura adotada por uma certa vertente da *Hermenêutica*, aquela desenvolvida por Paul Ricoeur em seu tratado intitulado *Da interpretação*[104], no qual este autor propõe que a Psicanálise, em relação às demais ciências, exibiria um caráter *dúplice,* uma dimensão *a mais,* na qual podemos ler a

---

[104] Ricoeur, P. – *De l'interprétation – essai sur Freud,* Paris, Editions du Seuil, *l'Ordre Philosophique,* 1965.

UMA NOVA DEFINIÇÃO DE METODOLOGIA

pretensão de uma *riqueza a mais*: a psicanálise teria uma dimensão *energética* – como as ciências físicas e naturais, que obedecem aos cânones metodológicos da cientificidade em geral – e uma dimensão *hermenêutica* – que se acoplaria à primeira sem se confundir com ela, como um desdobramento que atestaria essa dupla inscrição do sujeito humano. É claro que esta posição, além de situar a psicanálise em uma insustentável posição de "supra-ciência", não deixa de revelar os vestígios mais rudimentares, ainda que sofisticadamente elaborados, do dualismo mente-corpo, com o qual a Psicanálise freudiana justamente rompe radicalmente.

Em posição claramente diferente da de Ricoeur, sustentamos que é por ter seguido estrita, e diríamos até mesmo obstinadamente, os preceitos metodológicos da ciência, aplicados, contudo, a um novo recorte do real, a um campo de fenômenos até então inabordados, que insistiam em dar sinais daquilo que a ciência precisamente constituiu foraclusivamente e sobre o que jamais havia operado – o sujeito – é que Freud foi levado a criar a Psicanálise. Estamos com isso dizendo que, se a Psicanálise opera em relação à Ciência um corte, uma subversão, uma descontinuidade, é por força de sua obediência estrita e obstinada às exigências de rigor científico, e não pelo exercício da livre crítica, da polêmica epistemológica, do gosto pelo que seria simplesmente diverso ou alternativo à ciência, como a literatura, as artes, a mitologia.

Queremos consignar, do modo mais claro possível, que o caminho da psicanálise é científico em toda a sua extensão e em todos os seus princípios, e que, se este caminho levou a Psicanálise a um destino situado fora do campo científico foi exatamente por fidelidade – e não por infidelidade – a este campo, e que a direção deste caminho é contrária à ideia de que a Psicanálise tem vocação diversa da ciência, seria uma "anti-ciência". Já no que diz respeito ao atributo de "contraciência", que lhe conferiu Foucault e que Hilton Japiassu relança no próprio título de um importante livro seu de 1998[105], a discussão de sua pertinência exigiria um debate mais longo, pois a "contraciência" em questão não tem nada a ver com a "anti-ciência" que ora criticamos.

---

[105] Japiassu, H. – op. cit.

A CIÊNCIA DA PSICANÁLISE

Numa referência já feita em ponto anterior deste livro, ao tratarmos da metodologia fenomenológica, citamos a frase de Merleau-Ponty, do Prefácio de sua magnífica obra *Fenomenologia da percepção,* de 1945[106]: *A fenomenologia só é acessível ao método fenomenológico.* Nós a repetimos aqui, mas agora para parafraseá-la em relação à psicanálise. *A psicanálise só é acessível ao método psicanalítico.*

Retomemos nossa proposta metodológica, apresentada ao longo do presente capítulo, em que apresentamos seis metodologias, todas derivadas da ciência moderna e, a nosso juízo, dotadas de plena validade e passíveis de utilização na contemporaneidade, nos diferentes campos e objetos a que cada uma se aplica, apesar dos jogos de poder e hegemonia que cada vez mais dominam o universo científico. Faremos aqui uma modificação no que chamaremos de *distinção equânime* entre as seis metodologias, situando a psicanálise como *diferidamente distinta* na série das metodologias. Embora distinta do método estritamente científico, o hipotético-dedutivo galileano, o método psicanalítico tem uma relação estreita e muito específica com ele, distinguindo-se dele mas não do mesmo modo como qualquer outro desses métodos é distinto de todos os outros. Há uma relação de filiação, de derivação, da psicanálise em relação à ciência. Esta, aliás, é a posição sustentada por Lacan em *A ciência e a verdade,* onde ele formula claramente: "é impensável que a psicanálise como prática, que o inconsciente, o de Freud, como descoberta, tivessem tomado seu lugar antes do nascimento, no século que chamamos século do gênio, o século XVII, da ciência"[107]. Sem o passo do nascimento da ciência (século XVII), a psicanálise (século XIX) não teria vindo à luz, ela é tributária da ciência, mas desde que, entre uma e outra, uma subversão, justamente a subversão do sujeito, se tenha operado. Na quarta capa do volume dos Escritos, pode-se ler: "A epistemologia aqui sempre falhará, se não partir de uma reforma, que é subversão do sujeito".[108]

---

[106] Merleau-Ponty, M. – *Phénoménologie de la perception,* op. cit.

[107] Lacan, J. – *A ciência e a verdade,* op. cit., p. 871.

[108] Idem – *Escritos,* Rio de Janeiro, Jorge Zahar Editor, 1998, quarta capa do volume. A tradução brasileira da frase citada traz: "a epistemologia aqui sempre

UMA NOVA DEFINIÇÃO DE METODOLOGIA

Que epistemologia, portanto, estará à altura desta subversão? No resumo para o *Annuaire de l'École Pratique des Hautes Études* (EPHE) de 1965, Lacan lança a questão: *Permanente pois persiste a questão que constitui nosso projeto radical: aquela que vai de:* **a psicanálise é uma ciência?** *a:* **o que será uma ciência que inclua a psicanálise?**[109]

Resumimos o que venho dizendo até este ponto: A psicanálise, mais do que ter seu método próprio, é, ela própria, uma metodologia entre outras, patamarizável com outros campos metodológicos, mais amplos que do que ciências do particular. Mas ela tem particularidade de ser uma metodologia derivada de uma outra dentre as seis que isolamos, a metodologia científica, e não de qualquer outra das quatro que restam, com algumas das quais entretém relações que podem ser muito fecundas, como é o caso do marxismo (materialismo dialético) e com o estruturalismo (relação que chegou a ser intensamente praticada por Lacan nos anos 50 até a excomunhão em 1963). Mas com a ciência a relação não é de conexão, mas de derivação subversiva.

---

fará falta, caso não parta de uma reforma, que é a subversão do sujeito". Pensamos que os dois termos que grifamos em itálico não exprimem o sentido do original: *fera toujours défaut,* por isso os substituímos, na citação do corpo do texto, por *falhará.*

[109] Ver nota de rodapé nº 58, acima.

CAPÍTULO 3

A CIÊNCIA

Comecemos por relançar uma questão mil vezes formulada: *O que é a ciência?* Esta questão é daquelas que jamais admitirão uma resposta definitiva, e por isso relançá-la não é ocioso ou impertinente. Nenhum cientista, epistemólogo, filósofo ou pensador poderá outorgar-se o título de ter respondido a esta pergunta de modo cabal e conclusivo porque isso equivaleria à tentativa de abolir a brecha, a fenda estrutural que precisa habitar o cerne do saber, sobretudo na definição das grandes questões humanas, e a Ciência é uma delas. Esta fenda é o fundamento do que poderíamos chamar de *democracia epistemológica,* posição que encontramos em Kant, segundo Maria do Carmo Faria:

> Kant trata da Razão, e esta é vista como uma faculdade "democrática", pois todos os homens possuem a Razão e são capazes de fazer uso dela. [...] com afirmação da Razão diante de qualquer tipo de autoridade constituída. Nega a possibilidade de apropriação da Razão, seja por um Estado, seja por uma Igreja. A Razão pertence ao homem. [...] Kant se apresenta como um pensador antidogmático, e o próprio sentido do termo Crítica, com o qual batiza sua filosofia, traz essa conotação: rejeição de qualquer tipo de dogmatismo, venha de onde vier. Nem a revelação, nem a autoridade ou o Estado, nem a tradição podem impor limites ao uso da Razão. Kant só reconhece à Razão suas limitações

A CIÊNCIA DA PSICANÁLISE

intrínsecas, que resultam de sua própria estrutura e que são, por isso mesmo, insuperáveis.[110]

Podemos supor que, se Kant tivesse conhecido a força que o mercado e o capital vieram a ganhar na contemporaneidade, ele os teria incluído como "autoridades" que não poderiam impor limites à razão. É importante relembrar suas posições nos dias de hoje, em que se combate a razão pela imposição de uma posição não firme porém autoritária, totalitária, politicamente qualificável de *fascista,* avessa ao pluralismo de posições e de ideias, à diferença, ao debate, ao conflito e à crítica, elementos de que se nutre a atividade científica como um verdadeiro oxigênio intelectual.

A respeito da psicanálise, seu campo específico, Lacan dirá que ela é sempre *intervenção no conflito,* necessário à sua própria existência. Refere-se, nesta impactante passagem de seu Seminário, ao que ele chama de *escória,* ineliminável neste campo – e, de resto, em qualquer outro campo do saber da práxis humana. Que se considerem determinadas posições tomadas no campo psicanalítico como escória não recomenda sua eliminação, de resto impossível, mas sua tomada em conta: "psicanalistas de hoje, temos, desta escória, que tomá--la em conta em nossas operações, como do *caput mortuum*[111] da descoberta do inconsciente"[112]. A posição que cada um toma não pode pretender-se exaustiva – nem em relação ao inconsciente, no caso em questão para Lacan, nem em relação a questões fundamentais com o que é a ciência, para nós na presente discussão – e o conflito é estrutural e necessário à vitalidade de todo pensamento. A ciência não

---

[110] Faria, M. C. B. – *Introdução ao pensamento kantiano,* in *Espaço – Cadernos de cultura USU – nº 8, Filosofia e ciência,* Editora da Universidade Santa Úrsula, Rio de Janeiro, 1983, p. 17.

[111] *Caput mortuum* (cabeça de morto), é uma expressão latina que designa os resíduos inutilizáveis de uma operação de alquimia, mas que, além de inutilizáveis, são também ineliminávis, no sentido de que nenhuma operação deixa de produzi-los. Metaforicamente, exprime a *escória* de todo processo, seu dejeto, rebotalho, igualmente ineliminável.

[112] Lacan, J. – *O Serminário, livro XI (Os quatro conceitos fundamentais na psicanálise),* op. cit., p. 123.

é sem resto, e este resto torna impossível uma conclusão harmoniosa e unânime, compartilhada por toda a comunidade científica. Não nos resta, portanto, senão admitir o pluralismo e o conflito na discussão sobre o que é a ciência.

Henri Poincaré, o grande matemático, físico e filósofo francês, afirma, já na primeira frase da Introdução de seu livro *O valor da ciência:* "A busca da verdade deve ser o objetivo de nossa atividade; é o único fim digno dela"[113]. Sabemos, entretanto, que a relação da ciência com a verdade está longe de ser uma constante na atividade científica, o que não torna ilegítima a questão colocada por Poincaré e, pelo contrário, a reafirma no contexto conflitual que atravessa o campo científico. Lacan, a quem novamente recorremos, inicia seu Seminário XIII, dos anos 1965-66, intitulado *O objeto da psicanálise,* com uma lição (a de 1/12/65), que veio a se tornar um importante escrito seu, publicado já em 1966 nos *Escritos* sob o eloquente título *A ciência e a verdade*[114], já citado aqui por diversas vezes, demarcando bem o caráter inelutável e problemático desta relação.

Não vamos neste ponto aprofundar essa relação, nem tentar formular uma definição, que seria "a nossa", de ciência. Interrogaremos, contudo, se ciência é um termo que deva designar um campo uno, isto é, definido por uma unidade metodológica, um só conjunto de princípios dos quais decorreriam determinados procedimentos ditos, portanto, científicos. Ou se, pelo contrário, podemos admitir, no campo científico concebido de modo mais amplo, uma diversidade metodológica, o que por sua vez colocaria a questão de definir qual o traço ou critério que conferiria a todas as formas metodológicas reunidos sob a égide do termo Ciência seu estatuto científico. Se pudéssemos sustentar que todas elas estão na "busca da verdade", como propõe Poincaré, isso bastaria para assegurar a pertinência, ao campo científico, de uma práxis epistêmica, um modo específico de produção de conhecimento, próprio, não idêntico a outros, também específicos e igualmente legitimáveis?

---

[113] Poincaré, H. – *O valor da ciência,* Rio de Janeiro, Contraponto Editora, 1995, p. 5.

[114] Lacan, J. – *A ciência e a verdade,* op. cit.

A CIÊNCIA DA PSICANÁLISE

Acreditamos que o traço distintivo da cientificidade de uma práxis epistêmica não pode ser formulado como "a busca da verdade". Muitas formas místicas, religiosas ou simplesmente leigas de produção de conhecimento poderiam inscrever-se sob o marco da busca da verdade. Por isso, é preciso predicar a verdade de que se trata na ciência: trata-se da verdade científica – e não da verdade moral, por exemplo – distinção aliás que o próprio Poincaré formula[115], assinalando que, embora distintas, elas devem articular-se na operação científica. E o que especifica a verdade científica é a sua articulação com a razão, ou seja, a sua racionalidade, que se traduz na exigência de demonstração de suas teses, que começaram por serem hipóteses, o que por sua vez implica e pressupõe o que se denomina a dimensão da experiência. A razão científica é, por estrutura, experimental. Mas se ela o é *por estrutura,* não o é *por natureza* – não existe *razão natural.* Examinemos detidamente esta questão.

O que é, então, a experiência em questão? Na história das ciências, ela tem funcionado como verdadeiro ponto de entrecruzamento de posições eminentemente opostas. Galileu Galilei, o fundador da ciência moderna, a fundou como Física a um só tempo experimental e matemática. Ora, esses dois atributos da Física moderna, e portanto da Ciência – como ciência e como moderna – já colocam, de saída, um problema: a experiência em questão, para articular-se com a matematização, não poderia ser, em hipótese alguma, a experiência sensível.

O ato de fundação da ciência moderna é um ato da razão, prevalecendo sobre a experiência, sem contudo descartá-la: muito antes pelo contrário, a exige absolutamente. Podemos acrescentar que é um ato de *rebeldia da razão,* considerando que este ato confronta a *autoridade escolástica,* de inspiração aristotélica, e a Inquisição da Igreja Católica, prevalentes na Idade Média até o Renascimento. Regida pela razão, que neste momento é uma razão matemática, mais exatamente geométrica, a experiência é redefinida, muda de estatuto, desvinculando-se da ordem do sensível.

A tradição escolástica visava associar a fé cristã à racionalidade, recorrendo ao pensamento aristotélico como o fundamento racional

---

[115] Poincaré, H. – op. cit., p. 6.

para o seu projeto. A *experiência sensível* como base para todo conhecimento "seguro", sólido e fidedigno a respeito da realidade e da natureza será o vetor primordial deste modo de pensar e conhecer. Esta concepção, prevalente na Idade Média, vai desenvolver-se, principalmente na Inglaterra, sob o nome de *empirismo*. Mas para além da dimensão epistêmica – defesa da *ideia* de que o conhecimento científico tem fonte sensível – parece-nos importante destacar a dimensão *ideológica* e política que a sustenta: a experiência sensível é infinitamente menos *crítica* que a razão, e portanto muito mais apropriada ao conservadorismo e ao autoritarismo. Nesse sentido, a Ciência moderna surge com um inequívoco ato de rebeldia e subversão em relação à ordem de saber estabelecida, baseada na *observação primária do fenômeno* e sua posterior organização racional. Para uma posição autoritária e conservadora, convém não pensar, é melhor "observar" – aliás o termo *observância* é usualmente associado a *obediência* – mas algo é escamoteado nesta operação: a submissão à observação como forma de submissão a uma ordem de saber estabelecida pressupõe, mas de modo inconfesso, que o que será observado é o que se deve continuar a saber, o que já se sabe e se conserva desde sempre e para sempre. Não se trata, assim, em última análise, de simples *ingenuidade* na posição empirista – embora ela possa existir – mas de uma manobra política, porquanto o *forçar à observação* pressupõe que esta "observação" jamais "descobrirá o novo", mas re-conhecerá o que a velha "razão", mistificadoramente ocultada na operação, já sabia e quer que se continue a "saber" *ad infinitum*.

O modo como Galileu apela à observação e à experiência é uma ironia em relação aos "homens que não acreditavam no testemunho de seus olhos, porque o que viam era contrário ao ensinamento das autoridades ou pior ainda, que não queriam (como Cremonini[116]) olhar através do telescópio de Galileu por medo de ver alguma coisa que contradissesse suas teorias e crenças tradicionais". Galileu então apela ao "olhar" corajoso, e declara: "Eu me submeto aos fatos, vós,

---

[116] Cesare Cremonini foi um filósofo italiano, representante, no Renascimento, do aristotelismo da Escola Paduana de Filosofia. Era amigo de Galileu, que o cita criticamente neste frase.

A CIÊNCIA DA PSICANÁLISE

aristotélicos, viveis em um mundo de conceitos, um *mondo di carta*, um mundo de papel, um mundo onde escutais os autores ao invés de olhar"[117]. Longe de estar aqui defendendo uma posição empirista, Galileu está na verdade acusando a excessiva reverência de seus predecessores, os aristotélicos, à autoridade dos textos estabelecidos, com o aval da Igreja, cujo mundo "de conceitos", "*mondo di carta*", é o mundo dos pré-conceitos, conceitos previamente estabelecidos pelo pacto "fé-ciência". Mas o que precisa ser extraído de seu dizer é que, quando ele "olha" ao invés de "escutar os autores", ele sim é que olha munido de um aparato conceitual e lógico que dirige criticamente seu olhar, que não é, assim, um olhar ingênuo e inadvertido, que se submete ao mundo que se lhe apresenta. E, como assinalamos acima, a posição "empirista" não é, por sua vez, simplesmente ingênua: ela atende aos interesses – no caso, os da Igreja Católica e da Inquisição – de que o mundo seja conforme ao que está estabelecido: a Terra é imóvel, e são os astros, como o Sol, que se movem em torno dela. A "ignorância" desta afirmação contém intenções que não são exatamente ignorantes, como pudemos tristemente testemunhar recentemente no Brasil com o governo fascista que finalmente se encerrou, e que sustentava, em pleno século XXI, que a "Terra é plana"! Para além da ignorância, de resto bastante fácil de constatar em vários níveis nos apoiadores do ex-presidente, esta posição faz parte de um projeto de poder, dominação e, mais do que isso, de extermínio de grande parte da população.

Koyré e Galileu

Alexandre Koyré (1892-1964), filósofo e historiador da ciência, nascido russo e naturalizado francês, é, de todos os que se debruçaram sobre a questão da Ciência moderna, sua fundação, seu método

---

[117] Galilei, G. – *Diálogo sobre os dois máximos sistemas do mundo,* in *Le opere di Galileo Galilei,* Firenze, Edizione Nazionale, 1964, t. VII, p. 139, *apud* Nascimento, C. A. R. – *Para ler Galileu Galilei,* São Paulo, Nova Stella Editorial e EDUC (Editora da PUC-SP), 1990, p. 30; *apud* Stengers, I. – *Quem tem medo da ciência – ciências e poderes,* op. cit., p. 19.

A CIÊNCIA

e seus efeitos no mundo, aquele que mais se dedicou à obra de Galileu e melhor interpretou seu lugar e seus impactos no universo científico moderno.

Ele escreveu um artigo intitulado *Galileu e Platão,* publicado originariamente em inglês, em 1943[118]. Por nossa vez, parafraseamos seu título nesta seção, em sua homenagem: *Koyré e Galileu.* A tese fundamental de Koyré é a de que entre a *epistemè* antiga e ciência moderna existe um corte, que ele denomina Corte Maior, que faz um salto entre o que ele designa como o *mundo fechado,* o Cosmo grego, e o *universo infinito,* o universo da ciência moderna. Estes termos compõe o título do seu principal livro, tão belo quanto eloquente: *Do mundo fechado ao universo infinito*[119]. A ciência, como ciência e como moderna, só poderia habitar um universo infinito, que ela inclusive criou.

Para Koyré, quem deu este passo foi Galileu Galilei. Ele assim o caracteriza:

A dissolução do Cosmo significa a destruição de uma ideia, a ideia de um mundo de natureza finita, hierarquicamente ordenado, de um mundo qualitativamente diferenciado do ponto de vista ontológico. Essa ideia é substituída pela ideia de um Universo aberto, indefinido e até infinito, unificado e governado pelas mesmas leis universais, um universo em que todas as coisas pertencem ao mesmo nível do Ser, contrariamente à concepção tradicional que distinguia os dois mundos do Céu e da Terra. Doravante, as leis do Céu e da Terra se fundem. A astronomia e a física tornam-se interdependentes, unificadas e unidas. Isso implica o desaparecimento, da perspectiva científica, de todas as considerações

---

[118] Koyré, A. – *Galileu e Platão,* in *Estudos de história do pensamento científico,* Rio de Janeiro, Editora Forense Universitária, 2ª edição, 1991, pp 152-180. Título original: *Galileu and Plato,* in *Journal of the history of ideas,* (New York) Vol. IV, nº 4, outubro de 1943, pp 400-428.

[119] Idem – *Do mundo fechado ao universo infinito,* Rio de Janeiro, Editora Forense Universitária, 4ª edição, 2006. Título original: *From the closed world to the infinite universe,* Baltimore, The John Hopkins University Press, 1957.

A CIÊNCIA DA PSICANÁLISE

baseadas no valor, na perfeição, na harmonia, na significação e no desígnio. Tais considerações desaparecem no espaço infinito do novo Universo. É nesse novo Universo, nesse novo mundo, onde a geometria se faz realidade, que as leis da física clássica encontram valor e aplicação.[120]

Não mais qualidades, não mais hierarquia, não mais significações e desígnios, equivalência entre o céu e a terra (com minúsculas, ambas as palavras, portanto), a infinitude do universo que não tem nenhuma razão para ser como é, cabendo à ciência a tarefa de decifrá-lo com letras matemáticas. No livro publicado em Roma, no ano de 1623, *Il saggiatore* (*O ensaiador*), Galileu escreve a frase que ficou famosa:

> A filosofia (isto é, a ciência física) encontra-se escrita neste grande livro que continuamente se abre perante nossos olhos (isto é, o universo), que não se pode compreender antes de entender a língua e conhecer os caracteres com os quais está escrito. Ele está escrito em língua matemática, os caracteres são triângulos, circunferências e outras figuras geométricas, sem cujos meios é impossível entender humanamente as palavras; sem eles nós vagamos perdidos dentro de um obscuro labirinto.[121]

Recorremos a Isabelle Stengers, que se refere a Koyré, por ela considerado como "o historiador mais conhecido que estudou *esse* Galileu" (*esse*, o Galileu que interessa a ela), não o famoso Galileu irreverente e rebelde que, depois de ser obrigado a se retratar, para evitar castigos maiores, de sua posição, da qual obviamente estava convicto, sobre o movimento da Terra, perante a Inquisição em 1633, proferiu a célebre frase *"E pur se mouve"* (*"e no entanto se move"*), mas o Galileu lido e considerado por Husserl – fundador da Fenomenologia, que a afirma como "ciência exata" – e Heidegger como a "primeira expressão da racionalidade científica". Nas palavras de Stengers: "A grande conclusão de Koyré é que [...] Galileu funda a matemática justamente porque, contrariamente a seus predecessores,

---

[120] Idem – *Galileu e platão*, op. cit., p. 155.

[121] Galilei, G. – *O ensaiador* (*Il saggiatore*), *Os Pensadores*, São Paulo, Editora Nova Cultural, 2000.

A CIÊNCIA

não se submete aos fenômenos, e sim os julga em nome de uma ideia *a priori,* segundo a qual a essência desses fenômenos é matemática.[122]

E, mais adiante:

> Para Koyré, o interessante é que a boa física, a de Galileu, tenha nascido não por um ato de respeito aos fenômenos, mas por uma decisão filosófica. Na origem da Física há a decisão filosófica de ler a natureza como ela foi escrita, isto é, em caracteres matemáticos. A matemática é a essência dos fenômenos. A Física matemática teria escolhido Platão, a ideia matemática-essência, que permite julgar os fenômenos, contra Aristóteles, para quem a matemática não tinha jurisdição sobre o conjunto dos fenômenos observáveis.[123]

Entretanto, é preciso situar com toda a clareza e todo o rigor a posição que a experiência tem na ciência moderna galileana. Se toda a sua *démarche* consistiu em destituir o valor da observação do fenômeno como passo inicial e regente da atividade científica, ela nem por isso descartará a experiência que, pelo contrário, será incorporada ao método científico como lhe sendo absolutamente essencial.

Para Galileu, existe uma homologia entre a realidade e a ordem geométrica que a estrutura e, dado que ele não está hipostasiando a geometria, entendemos que Galileu não considera a realidade natural, aqui o referente empírico de uma ciência natural, no caso a física, como portadora, em si mesma, de uma ordem lógica e racional, à qual o cientista deveria se submeter, como faziam os pensadores pré-modernos, vale dizer, pré-científicos, se considerarmos que a ciência a rigor surge galileana. Ele está advertido, pelo contrário, de que é a lógica racional, que aqui assume a forma das leis geométricas, que deve ser imposta à natureza, que se torna assim, inteligível e não sensível, apreensível pela sensibilidade, que não tem qualquer capacidade de se impor à natureza, mas tão-somente de apreendê-la. Para Galileu, a teoria matemática precede a experiência, e a experimentação seria, por assim dizer, a materialização da teoria.

---

[122] Stengers, I. – *Quem tem medo da ciência?* op. cit., p. 19.
[123] Ibidem, p. 21.

A CIÊNCIA DA PSICANÁLISE

Se Galileu estabelece uma tal equivalência estrutural, uma homologia, entre o mundo natural e a lógica matemática como ponto de partida e condição de possibilidade do ato de conhecimento científico, é porque, para ele, a teoria matemática é o que, por precedê-la logicamente, torna possível a experiência, que entretanto será exigível para comprovar, ou não, determinadas configurações da referida homologia, tomada como posição de princípio.

Se a homologia matemática-natureza é um *princípio metodológico,* as hipóteses que se vão podendo derivar dos axiomas primeiros, as premissas, são as formulações teóricas submetidas à verificação empírica. O que se trata de verificar, senão um recorte particularizado (uma hipótese deduzida de um princípio axiomático) da homologia estrutural que constituiu o ponto de partida da operação científica? Estes são os vetores, as linhas, as coordenadas do método hipotético-dedutivo, a único método efetivamente científico.

Entenda-se que não se trata, na experiência, de uma operação dissociada, estrangeira ou, numa palavra, heteróclita à hipótese. A experiência não é autônoma, autóctone nem independente da formulação hipotética a que se chegou por sucessivas deduções, como se a verificação fosse executada através de procedimentos "próprios", estranhos ao modo segundo o qual as hipóteses ditas "teóricas" foram formuladas, como se não existisse uma articulação coerente no *modos operandi* que justamente constitui o método em seu conjunto, conjugando teoria e verificação da teoria. Há uma íntima e estreita costura entre o que se formula na teoria e o que se procura verificar no plano da experimentação.

Vejamos como o próprio Koyré se exprime sobre o lugar da experiência no conjunto metodológico da nova ciência moderna:

> Todavia, não devemos esquecer que a observação ou a experiência, no sentido da experiência espontânea do senso comum, não desempenhou um papel maior – ou, se o fez, tratou-se de um papel negativo, o papel de um obstáculo – na fundação da ciência moderna. A física de Aristóteles e, mais ainda, a dos nominalistas parisienses, de Buridano e Oresme, segundo Tannery e Duhem, era muito mais próxima do senso comum do que a de Galileu de Descartes. Não foi a "experiência", mas

a "experimentação", que desempenhou – mais tarde, somente – um papel positivo considerável. A experimentação consiste em interrogar metodicamente a natureza. Esta interrogação pressupõe e implica urna linguagem com a qual formulemos as questões, bem como um dicionário que nos permita ler e interpretar as respostas. Para Galileu, sabemo-lo bem, era em curvas, círculos e triângulos, em linguagem matemática, ou, mais precisamente, em linguagem geométrica – não a do senso comum ou de puros símbolos – que devemos falar a natureza e receber as suas respostas. A escolha da linguagem e a decisão de a empregar não podiam evidentemente ser determinadas pela experiência que o próprio uso desta linguagem devia tomar possível. Era-lhes necessário vir de outras fontes.[124]

Nada seria mais oportuno do que convocar Kant neste momento de nossa discussão, o filósofo-interlocutor de Newton, da Física já constituída e vertebrada, tal como Descartes fora para Galileu no momento fundacional da Física e da ciência modernas. O filósofo da razão transcendental é referência central na elaboração epistemológica que os mais de 150 anos[125] que o separam da virada de que vimos tratando, operada por Galileu na fundação da Física moderna, lhe permitem fazer. O próprio Kant nomeia esta virada como uma "revolução súbita, operada no modo de pensar", e que pode ser formulada em termos da relação entre a razão e a natureza, ponto de cisão entre as perspectivas racionalista e empirista, até hoje presentes em todo debate metodológico no campo científico. Nas palavras de Kant:

> Quando Galileu fez rolar no plano inclinado as esferas, com uma aceleração que ele próprio escolhera, quando Torricelli fez suportar pelo ar um peso, que antecipadamente sabia idêntico ao peso conhecido de uma coluna de água, ou quando, mais recentemente, Stahl transformou

---

[124] Koyré, A. – *Galileu e Platão,* op. cit., pp. 153-54.

[125] Podemos considerar neste cálculo temporal duas datas marcantes: a publicação de *Il Saggiatore (O ensaiador)* por Galileu, em 1623, verdadeiro tratado sobre metodologia científica, e *A crítica da razão pura,* por Kant, primeira edição em 1781, intervalo que perfaz 158 anos.

metais em cal e esta, por sua vez, em metal, tirando-lhes e restituindo-lhes algo, foi uma iluminação para todos os físicos. Compreenderam que *a razão só entende aquilo que produz segundo os seus próprios planos; que ela tem que tomar a dianteira com princípios, que determinam os seus juízos segundo leis constantes e deve forçar a natureza a responder às suas interrogações em vez de se deixar guiar por esta;* de outro modo, as observações feitas ao acaso, realizadas sem plano prévio, não se ordenam segundo a lei necessária, que a razão procura e de que necessita. *A* **razão***, tendo por um lado os seus princípios, únicos a poderem dar aos fenômenos concordantes a autoridade das leis e, por outro, a* **experimentação***, que imaginou segundo esses princípios, deve ir ao encontro da natureza, para ser por esta ensinada, é certo, mas não na qualidade de aluno que aceita tudo o que o mestre afirma, antes na de juiz investido nas suas funções, que obriga as testemunhas a responder aos quesitos que lhes apresenta.* Assim, a própria física tem de agradecer a revolução, tão proveitosa, do seu modo de pensar, unicamente à ideia de *procurar na natureza (e não imaginar), de acordo com o que a razão nela pôs, o que nela deverá aprender e que por si só não alcançaria saber; só assim a física enveredou pelo trilho certo da ciência, após tantos séculos em que foi apenas simples tacteio.*[126] (Todos os grifos são nossos).

Esses "tanto séculos" a que se refere Kant são os da predominância do pensamento aristotélico, que atravessou toda a Escolástica medieval e findou com o Renascimento e subsequente passagem à Idade Moderna. Na relação razão-natureza, portanto, a ciência moderna faz prevalecer a razão, mas de modo algum em detrimento do lugar da natureza, do campo empírico, da experimentação. Todo o valor dado à experimentação, que implica na consideração mais respeitosa dada à realidade natural, esta é contudo estruturada, planificada e ordenada pela razão.

Se a fundação da ciência moderna foi um ato epistêmico – uma *decisão filosófica* – que fez corte com o pensamento antigo, ele foi também um ato político, de insubmissão ao poder estabelecido pela

---

[126] Kant, I. – *Crítica da razão pura*, Lisboa, Fundação Calouste Gulbenkian, 2ª edição, 1989, (*Prefácio à segunda edição, 1787*), p. 18.

associação entre a fé cristã e o pensamento aristotélico – uma *decisão política*. Esta virada produziu também uma importante mudança na posição do sujeito do conhecimento. No próximo capítulo, dedicado à psicanálise, discutiremos a questão da fundação do sujeito moderno, correlato do ato da ciência moderna, ponto do mais alto interesse para a definição rigorosa do estatuto científico da Psicanálise, posto que a Psicanálise opera sobre *este sujeito*. Por ora, entretanto, evocaremos o exemplo de Copérnico, que subverteu a ideia de que o mundo sideral é que se movimentava no céu enquanto o humano observador permaneceria imóvel na Terra, no ato que para Freud é o primeiro dos três golpes no narcisismo do ser humano, o segundo tendo sido desferido por Darwin, ao mostrar que o homem é apenas um descendente evolutivo do macaco e o terceiro por ele mesmo, Freud, com a descoberta do inconsciente, que desaloja o homem da posição de "dono" de sua própria "casa" subjetiva. No passo coperniciano, sustentado por Galileu, é fácil entender que o que se apresentava perceptivamente ao humano observador em sua experiência sensível era a fixidez da Terra e o movimento do Sol, que então tomava a "natureza" como dada, como se ela fosse o que parecia ser. Ora, podemos dizer que, assim como esta posição é dita geocêntrica, ela é também egocêntrica, ao mesmo tempo em que é uma posição de submissão ao que se supõe ser uma natureza dada, colocada como tal.

Em termos psicanalíticos, aqui evocados pontual mas não ociosamente, pois faremos uso posterior desta referência – diremos que neste ponto conjugam-se egocentrismo e submissão ao Outro, exatamente como a Psicanálise formulará a posição narcísica do sujeito. O passo científico, em contrapartida, desloca o sujeito desta posição, situando-o como ativo na relação com a natureza e o real (além de ser ele o ser dotado de razão, é também ele e a Terra – e não os astros – que se movimentam) e ao mesmo tempo pulverizando sua centralidade – a *geo* e o *ego* (dois sintagmas latinos que curiosamente fazem anagrama) não mais estarão no centro do universo, que aliás não tem centro.

Unicidade, universalidade e totalidade na ciência

É "A" Ciência um campo *uno*? Esta unicidade, uma vez admitida, diria respeito ao método? Só haveria, assim, uma forma de se fazer ciência? O "Um" da ciência, neste caso, seria equivalente ao "Todo" científico, a uma totalidade do campo científico que não convocaria ao múltiplo na ampla vastidão de um campo aberto – já que esse campo, se aberto, é não-todo – mas ao mesmo em Toda a sua extensão?

De saída, coloquemo-nos em posição de recusar toda concepção da ciência em "termos absolutos, a partir de um tipo de raciocínio que se apoia exclusivamente no velho princípio da identidade, que tem a pretensão de definir de uma vez por todas, essencialmente sua linguagem, seus limites, etc. Nesse caso, o que vigora [...] é a busca de um núcleo imutável que no correr do tempo sofre apenas alterações acidentais, onde a coisa deixa de ser o que é se não perseguir o já estabelecido, o modelo", como propõe Eliane Portugal[127]. Na sequência de sua argumentação, a autora compara este procedimento ao que, no campo das artes, consistiria em considerar apenas as "obras-primas, ou seja, verdadeira obra de arte constitui-se num absoluto que se situa fora do espaço e do tempo"[128].

Em contraposição histórico-crítica a esta concepção de ciência, a autora traz a perspectiva que Gramsci desenvolve em *A concepção dialética da história*, na qual: "O início da consciência crítica é a consciência daquilo que somos *realmente,* isto é, um conhecer-te a ti mesmo como produto do processo histórico até hoje desenvolvido, que deixou em ti uma infinidade de trações recebidas sem benefício no inventário"[129]. Consideramos particularmente impactante esta frase de Gramsci, por articular a história ao sujeito, em uma perspec-

---

[127] Portugal, E. – *Uma introdução ao estudo de Galileu a Descartes,* in *Filosofia e ciência – Espaço, Cadernos de cultura USU (Universidade Santa Úrsula),* Rio de Janeiro, Editora da USU, 1983, p. 7.

[128] Ibid., p. 7.

[129] Gramsci, A. – *Concepção dialética de história,* Rio de Janeiro, Civilização Brasileira, 1981, p. 12.

A CIÊNCIA

tiva concreta, feita de "trações" que nos marcam materialmente, que recebemos mas nem por isso se tornarão nossos "bens".

Ao longo das seções precedentes do presente capítulo dedicado à Ciência, afirmamos a unicidade do método científico em torno de seu caráter galileano, e de seu método hipotético-dedutivo, que procuramos explicar em suas linhas e coordenadas metodológicas estruturais, como o método científico por excelência e exclusividade. Com esta *démarche* que tomamos, estaríamos respondendo às perguntas que formulamos com um "sim, a ciência é una e totalizante"? Pois bem, não: há o Um da totalidade, da Unidade, com iniciais maiúsculas, e o um do traço unário, da unicidade, com minúsculas, que permite circunscrever *um* espaço não indiferenciado, marcado por um critério que autoriza que este espaço seja nomeado de determinado modo – como um espaço *científico* por exemplo – de modo a que assim, e só assim, ele possa comportar a diversidade.

Propomos considerar ciência um modo de tratamento do real fundado na concepção estrutural, matemática, literal, operação do simbólico sobre o real, na terminologia e conceituação lacaniana. Qualquer operação que não proceder do simbólico no tratamento do real não será científica. Este campo – e então vamos nominar um campo chamado de científico, ou, inversamente, considerar a ciência como um campo e não como um corpo específico e particularizado que se volta para um recorte do real a fim de torná-lo inteligível cientificamente – será o campo científico. O *campo* científico assim concebido de modo amplo contém em seu interior os *corpos* científicos, que são as ciências particulares definidas, cada uma, não pelo método – que seria um só, hipotético-dedutivo, mas pelo recorte específico de seu objeto.

Neste campo, destaca-se como seu *modus operandi* inaugural, fundacional, o método científico galileano, hipotético-dedutivo (e não empírico-indutivo, por exemplo), como aquele que veio à luz contemporânea e coextensivamente à própria ciência. Entretanto, se a ciência começa por ser um corpo científico chamado de Física moderna, ao qual se adequa perfeitamente o método hipotético--dedutivo, disso decorreria que só as ciências cujo objeto (os fenômenos ditos naturais) admitirem este método serão consideradas

131

A CIÊNCIA DA PSICANÁLISE

ciências? Isso não reconduziria à unicidade do campo científico? Ou o *campo* constituído no momento de fundação da ciência moderna é bem mais amplo do que o *corpo* científico que se constituiu junto com ele? Neste caso, o que distingue, especifica, o campo científico como científico? O caráter galileano poderia ser este traço distintivo?

Veremos, entretanto, que as especificidades de objeto não respondem pelo que há de múltiplo e diverso no campo científico, posto que, como apresentado no capítulo anterior, em que introduzimos a nossa proposta de uma nova maneira de conceber a categoria de metodologia (que admite a pluralização – as metodologias – e não coincide com o que tradicionalmente se nomeia como metodologia no singular e diz respeito ao conjunto de princípios e procedimentos de determinada investigação científica), existem pelo menos seis – nossa pesquisa, que hoje conta trinta anos – indicou esses seis – modos de produção de conhecimento no mundo ocidental, seis metodologias no sentido que propusemos, todas científicas em sua estrutura, cada uma tendo produzido seu próprio método, e o método hipotético-dedutivo da ciência clássica figura apenas como uma dentre elas. Feito o percurso que fizemos até este ponto, no presente capítulo sobre a Ciência, dispomos agora dos elementos que nos permitem discutir, em cada um desses seis sistemas metodológicos, a incidência do caráter galileano que dá ao campo científico em seu conjunto, assim múltiplo e diverso – e não apenas a cada ciência particular ou cada um desses sistemas metodológicos, que contém, por sua vez, ciências particulares, de modo transversal – sua marca e seu estatuto de cientificidade.

Antes de prosseguir no enfrentamento dessas perguntas, faremos uso de importantes indicações do filólogo-linguista e também psicanalista não-praticante, membro da Escola da Causa Analítica de Paris Jean-Claude Milner, a quem já recorremos em momentos anteriores deste livro e voltaremos a recorrer adiante. Em um livro de 2011 ainda não traduzido em português[130], uma série de entrevistas, mais

---

[130] Milner, J.-C. – *Clartés de tout – de Lacan à Marx, d'Aristote à Mao,* Paris, Éditions Verdier, 2011. Esta série de entrevistas será retomada mais adiante, numa perspectiva crítica, em contraponto com posições anteriormente sustentadas por Milner. Ver nota 141, abaixo.

especificamente na Entrevista III (*O Universal, o saber e as línguas*), Milner faz uma interessante análise etimológica do termo latino *universus*, partindo do que o dicionário etimológico de Ernout et Meillet traz deste termo.[131] Diz Milner:

> O termo latino parece repousar sobre uma conversão em Um, mas conversão de quê? De algo que justamente não é um. Dito de outro modo, a palavra *universal,* tal como é construída, remete à conversão de uma multiplicidade em uma unidade. A multiplicidade é primeira; é num segundo tempo que a que uma operação vai converter esta multiplicidade em uma unidade.[132]

Demonstra em seguida que o universal em Aristóteles segue uma via completamente diferente, partindo de uma entidade que não se apresenta como multiplicidade:

> Quando [Aristóteles] diz *todo homem,* no singular, isso não se apresenta como uma multiplicidade. O termo que exprimimos por *universal* se diz em Aristóteles *to katholou,* donde foi formado o termo *católico:* "do ponto de vista (*kata*) do todo (*holon*)". A palavra grega parte do todo e o nomeia, sem nomear o um, enquanto o termo latino correspondente tende para o todo e não o nomeia diretamente; ele faz alusão ao todo sob a forma do um que, este, é nomeado.[133]

É curioso que o termo "católico", essencial e historicamente romano, tenha origem grega e não latina, e exprima, em sua morfo--etimologia mesma, algo "do ponto de vista do todo". E que, em contrapartida o latim *universal* não parta do Um, mas do múltiplo, e

---

[131] Ernout, A. e Meillet, A. – *Dictionnaire étymologique de la langue latine, – Histoire des mots, 4ª edição,* Paris, Librairie C. Klincksieck, 1959, verbete *universus, –a, –um* (pp. 748-9), encontra-se a expressão, em francês, *tourné tout entier (d'un seul élan) vers,* que pode ser traduzido por: *voltado inteiro (de um único impulso) para"*.

[132] Milner, J.-C. – op. cit., p. 43.

[133] Ibidem, pp. 43-44.

A CIÊNCIA DA PSICANÁLISE

tenda, secundariamente, na sua direção (*vers*), convertendo-se ao Um (*uni-verso, convertido ao Um*) e, de modo alusivo, ao Todo. No que concerne à nossa discussão sobre o universal da Ciência, retenhamos a etimologia latina, guardando a multiplicidade que, ainda que tenda ou se converta em Um, não deixa de incidir sobre o campo científico.

A questão do universal não pode ser eliminada da ciência: a proposição científica diz respeito ao universal, o que não a retira, mas, pelo contrário, a insere no contingente, pois o universo científico é *infinito* – não admite qualificações seletivas ou delimitações quantitativas restritivas, do tipo "só para alguns" objetos, fenômenos, pessoas, etc. – e *contingente* – nenhuma condição necessária o obriga a ser como ele é, do tipo "há de ser assim", podendo ser infinitamente diverso do que é. Em momento posterior desta escrita extrairemos as consequências disso para o saber e a práxis psicanalítica em ampla escala social. Por ora, retomemos a discussão sobre a unicidade metodológica do campo da Ciência.

Consideremos a possibilidade de definir o caráter galileano como o marco metodológico do atributo científico. Isso exige de nós uma operação, ela própria metodológica, que, embora deva ser feita de saída, não é imediata, que consiste distinguir duas ordens de coisas: o plano lógico, a arquitetura, o esqueleto da operação galileana e o plano do conteúdo conceitual, o corpo de noções e relações estabelecidas que tem no recorte da realidade o seu referencial empírico, que constituiu seu campo de experimentação: o mundo físico e seus fenômenos. Em outras palavras, precisamos distinguir a criação de um novo modo discursivo no plano do conhecimento a que se chama *a* Ciência moderna de *uma* ciência em particular, a Física moderna.

Não é esta simples distinção, que aliás não apresenta nenhuma dificuldade especial em ser feita, que requer as mediações a que nos referimos acima, e sim suas consequências. O fato, a um só tempo histórico *e* discursivo, de que tenha sido a Física a ciência constituída no mesmo ato em que a Ciência moderna, como modo discursivo e, para empregar a categoria de metodologia tal como a propomos neste livro, com novo sentido, não faz desta ciência – a Física – o paradigma da cientificidade. Dito de outro modo, a coextensividade entre a fundação histórica da ciência como moderna e da Física moderna não

A CIÊNCIA

pode ser tomada como um modelo referencial para todas as demais ciências que a partir deste momentoso ato vieram a se produzir, tanto no plano das ciências ditas naturais quanto no das chamadas ciências "humanas", que seriam mais rigorosamente denominadas como ciências sociais ou culturais, posto que, no plano metodológico da Ciência – a ser distinto do corpo conceitual da ciência física – toda referência ao homem e portanto a todo forma de humanismo será radicalmente eliminada.

A ciência moderna nasce, assim, *junto com* uma ciência natural, se considerarmos que o corpo científico que ela dá à luz no parto em que ela própria vem ao mundo. Ora, isso facilmente desliza, na intelectualidade científica, para uma outra afirmação: a de que a ciência moderna nasce *como* ciência natural, o que acarretará uma série de outras proposições restritivas: só há ciência do natural, toda ciência, se quiser ostentar o selo científico, terá que ser ciência natural. Podemos formular a questão, em termos filosóficos, interrogando se a contiguidade que se verifica entre o nascimento da ciência moderna e a Física moderna constitui-se numa verdadeira relação de *imanência*, ou se, embora não casual nem meramente circunstancial, posto que há uma evidente articulação interna entre o método criado por Galileu e seu objeto, esta relação não implica uma necessária restrição metodológica ao mundo natural como objeto exclusivo de aplicação do método científico.

Os desdobramentos que essa equivalência, que será aqui submetida a um rigoroso exame crítico, atingirão uma longa e complexa discussão filosófica e epistemológica. Com o surgimento, sobretudo a partir do século das Luzes, de novos campos de conhecimento, particularmente voltados para os fenômenos humanos e sociais, a questão do estatuto científico desses novos campos foi e é, desde sempre, severamente problematizado. Na sequência histórica e não apenas temporal mas também discursiva deste passo, começaram a se colocar as diversidades de objeto e consequentemente de método. Com o surgimento das chamadas ciências humanas e sociais, foi então introduzida no universo científico uma primeira dualidade, muitas vezes chamada de dicotomia, termo que invoca a dimensão do corte (*tomia*) em *dois* (*di*): existiriam as ciências da natureza e as ciências

135

da cultura. Vamos examinar essa dualidade ou dicotomia de perto, e de fundo.

O historiador alemão Johann Gustav Droysen parece ter sido o primeiro a introduzir esta dicotomia no pensamento ocidental, produzindo a famosa dualidade *Naturwissenchaften* e *Kulturwissenchaften,* consagrada nestes termos por sua origem em pensadores alemães. Dizemos que Droysen "parece ter sido o primeiro" porque muitos pensadores mais jovens do que ele – que nasceu no início do século XIX – a retomarão de modo mais explícito, dela extraindo consequências bem mais concretas. Assim, Max Weber, considerado o fundador da Sociologia moderna, fará uso desta dualidade em suas incursões no tema da metodologia das ciências sociais, propondo a integração do método causal das ciências físicas com o método "compreensivo" das ciências sociais[134] e Karl Jaspers, que não foi o criador da Psiquiatria moderna (título atribuído a Emil Kraepelin) mas aquele que repensou a psiquiatria a partir do método *fenomenológico* – aspecto que aqui não é anódino porquanto é exatamente por este viés que a questão da dicotomia que atravessa e divide o campo científico tanto lhe importa, enquanto Kraepelin, organicista e geneticista, jamais colocaria em questão o estatuto da psiquiatria como ciência natural – afirmava que a psiquiatria jamais poderia reduzir-se a apenas um dos lados desta dualidade, o que substitui o "ou" que classificava os dois conjuntos de "ciências" por um "e": a psiquiatria seria necessária, estrutural e simultaneamente *Naturwissenchaft* e *Kulturwissenchaft.* Não deixa de ser de alto interesse metodológico considerar que não apenas seu encontro com a loucura (este encontro Kraepelin o teve antes dele) como sobretudo com uma metodologia distinta da *metodologia* "estritamente" científica, confundida no contexto histórico-cultural do século XIX com o *objeto* natural das ciências (consequentemente naturais) – a metodologia fenomenológica – tenha levado Jaspers a esta adjunção necessária de uma *e* outra das dimensões atribuídas ao campo científico, mais do que à sua disjunção.

---

[134] Weber, M. – *Metodologia das ciências sociais,* Campinas, Editora Cortez, 5ª edição, 2016.

A CIÊNCIA

Já podemos dar assim uma resposta à pergunta: toda *ciência será natural* (objeto) em função da coextensividade do nascimento da ciência moderna (método) com o do primeiro corpo conceitual científico (Física), voltado para o mundo natural? O critério que pode ser enunciado como *galileísmo como demarcador do que é científico* implica a natureza do objeto de cada ciência do particular?

A resposta a estas perguntas é contundentemente negativa. Não, a ciência não é a ciência do natural, da natureza. Entretanto, essa resposta ainda não é suficiente: na dicotomia acima descrita *ciências da natureza/ciências da cultura*, o problema da não-unicidade da ciência pareceria estar resolvido. Mas não está, e aqui introduz-se uma discussão que está destinada a constituir-se talvez como o ponto mais importante de toda a elaboração deste livro.

Boaventura de Sousa Santos, em um livro de aparição não recente mas completamente atual[135], assevera que "todo conhecimento científico-natural é científico-social", com o que concordamos, se consideramos que as condições mesmas de produção do conhecimento, tenha ele que objeto ou recorte empírico tiver, dependem de coordenadas históricas, políticas e sociais. Não estamos, contudo, de acordo com a continuidade entre o que é natural e o que é social no registro do real – objeto ou recorte fenomênico. Não por acaso, esta continuidade conduz a uma confluência entre o discurso científico e o místico, como em Fritjof Capra, no exemplo citado pelo autor, que busca aproximar "a física contemporânea e o misticismo oriental"[136], e neste ponto divergimos. Não por acaso, o mesmo Capra volta seu olhar para o "inconsciente coletivo" e a noção de sincronicidade de Jung "para explicar a relação entre a realidade exterior e a realidade interior". O problema é que Jung faz isso recorrendo ao plano místico, e, de nossa parte, insistimos na via científica como a *via regina* que deve nortear toda discussão das relações que, na psicanálise, podem estabelecer-se entre o "dentro" e o "fora".

---

[135] Santos, B. S. – *Um discurso sobre as ciências* (1987), São Paulo, Cortez Editora, 7ª edição, 2010, p. 63.

[136] Capra, F. – *O Tao da Física,* São Paulo, Editora Cultrix, 1983.

A CIÊNCIA DA PSICANÁLISE

Ora, esta relação é muito cara a Freud, cujo conceito de inconsciente, se não é "coletivo" no sentido de Jung, por não comportar conteúdos de saberes e valores arquetípicos que contrariam a clara e firme vocação científica de Freud, nem por isso é um "inconsciente individual", mas tem estrutura transindividual, transgeracional e simbólica – dependente da linguagem em seu estatuto significante, como Lacan formula em sua releitura do pensamento freudiano. Freud afirma que a instância do *isso,* que ele contrapõe à do *eu* em sua chamada Segunda Tópica, é um precipitado de *incontáveis eus*[137], e neste atributo – incontáveis – podemos identificar a impossibilidade lógica de identificá-los, nomeá-los ou mesmo localizá-los como agentes sociológica e historicamente, posto que foram transformados em traços simbólicos de linguagem que estruturam o inconsciente do sujeito de modo a espatifar qualquer ideia de indivíduo biológico, psicológico ou sociológico. Acrescentando a isso a afirmação de Freud de que "desde o começo, a psicologia individual [...] é, ao mesmo tempo, também psicologia social"[138], abrimos a via científica de subversão da oposição indivíduo/sociedade, e a extensão do próprio inconsciente como campo transcendente ao sujeito que o habita (mais do que o contém) e em cujo ponto mais íntimo situa-se a abertura ao fora-do-sujeito, fundamento do conceito de *extimidade.*

Na fundação da ciência moderna, tal como ela vem sendo analisada aqui, e no viés de análise proposto por Koyré, qual seja, o de um corte maior entre o Cosmo antigo, a *epistemè* grega, e o universo infinito da ciência moderna, o salto, a virada consistiu em uma ruptura com a apreensão sensível e compreensível do mundo, em favor da constituição de um modo inteligível de explicação do mundo, pela via da razão e da lógica matemáticas, previamente concebida como sendo a linguagem na qual o próprio "livro da natureza" está escrito, como propõe Galileu no *Il Sagiattore*. Entretanto, vamos verificar que o universo infinito da ciência moderna engendrará, por sua vez, alguns

---

[137] Freud, S. – *O ego e o id* (1923), in *Edição Standard Brasileira,* op. cit., vol. XIX 1976, p. 53

[138] Idem. – *Massenpsychologie und ich-analyse, (Psicologia das massas e análise do eu),* 1921, in *Studienausgabe,* Frankfurt am Main, 1975, Vol. IX, p. 65.

A CIÊNCIA

problemas que precisam ser considerados. Vamos enumerá-los, de modo a tornar sua consideração mais clara:

1. O sistema explicativo da ciência moderna é universal e atemporal, ou seja, estabelece uma equivalência entre passado, presente e futuro, do que decorre o que se denomina de reversibilidade: o tempo não é vetorializado, não existe a famosa "flecha do tempo", e a explicação científica, quando atinge o nível de universalidade que a confirma como verdadeira, goza de validade em qualquer tempo, podendo-se deslocá-la para "frente" ou para "trás" na linha dos acontecimentos. Rejeita-se o *evento* não previsível do campo científico.

2. O registro *empírico*, como conhecimento derivado do plano sensorial, torna-se o equivalente do registro *subjetivo,* sendo rechaçado do campo de racionalidade da lei científica. Na divisão cartesiana entre *res cogitans* e *res extensa,* somente esta última será admitida como referente do conhecimento racional e científico, e o *Cogito* será condenado a se manter como tema da reflexão filosófica.

3. Decorre desses dois primeiros problemas que as ciências que virão a se constituir como "humanas e sociais", e que constituem a segunda banda da dicotomia de que tratamos anteriormente entre as *Natur* e as *Kulturwissenchaften,* jamais atingirão o patamar de cientificidade das ciências da natureza,

Os ecos desse rechaço do que é "subjetivo" e portanto não cabe na ciência ressoam até os dias de hoje nos nossos ouvidos: é comum ouvirmos "mas isso é demasiado subjetivo", exprimindo-se com esse atributo a ideia de que subjetivo é o que não goza da fidedignidade do "dado objetivo", não é algo confiável. Como efeito do conjunto de impressões sensoriais, afetos, imagens e ideias confusas porque atravessadas por esse conjunto de *afetos protopáticos,* o registro do subjetivo não é efetivamente nada confiável. Mas o problema permanece intacto se não discutirmos o estatuto do sujeito implicado neste *imbroglio.* Toda a questão está no que se produziu a partir do que

139

se pode chamar de emergência, com Descartes, do sujeito moderno, correlato essencial da ciência moderna[139].

Do problema indicado no item 1, a universalidade atemporal da lei científica, decorre a reviravolta que a mecânica quântica, a física nuclear e atômica, a teoria da relatividade provocaram na mecânica clássica newtoniana, e portanto na física galileana. Jean Perrin, Albert Einstein, Max Planck, Niels Bohr, Werner Heisenberg, e outros são aqui os protagonistas. Os desdobramentos posteriores desta reviravolta levaram cientistas contemporâneos como Ilya Prigogine e Isabelle Stengers, ele russo e ela belga, já citada neste livro em outro contexto, químicos e pensadores críticos da ciência, ao que hoje se concebe como *a teoria do caos*, não como ausência de ordem, mas como introdução: no interior da ordem, de elementos de instabilidade; nas certezas antes supostamente asseguradas pelas leis científicas, do princípio de incerteza, este já antecipado por Heisenberg; na atemporalidade que tornava reversíveis todos os fatos científicos comprovados, universais, previsíveis e imunes ao tempo, da flecha do tempo; no universo assim estável e seguro, dos eventos causadores de criações desviantes; na conservação e distribuição econômica da energia, das energias dissipativas.

Há, contudo, um problema a mais a ser apontado. Não é o *quarto problema* porque não se inscreve na série de problemas primários engendrados pela ciência moderna e seu galileísmo, mas um problema de segundo grau: o que pensam os cientistas, em sua totalidade, mesmo os que operaram inflexões e reviravoltas importantes no campo científico, a respeito do que constitui e do que não constitui o campo da natureza?

O seguinte trecho do livro de Prigogine ilustra particularmente bem o problema epistêmico-ideológico que pretendemos formular aqui como ponto de inflexão para novas propostas metodológicas que fazemos. Ao concluir o primeiro capítulo de seu magnífico livro *O fim das certezas,* em que este químico-epistemólogo discute

---

[139] Este ponto será discutido de modo aprofundado no próximo capítulo, que já tratará da relação entre a ciência moderna e a psicanálise e ao estatuto que a categoria de sujeito assume nesta nova ciência.

A CIÊNCIA

o novo paradigma da ciência que nela introduz as "leis do caos", Prigogine afirma:

> A questão do tempo e do determinismo não se limita *às ciências,* mas está no centro do pensamento ocidental desde a origem do que chamamos de racionalidade e que situamos na época pré-socrática. Como conceber a **criatividade humana** ou como pensar a **ética** num mundo determinista? Esta questão traduz uma tensão profunda no interior de nossa tradição, que se pretende, ao mesmo tempo, promotora de um saber objetivo e afirmação do **ideal humanista de responsabilidade e de liberdade.** A **democracia** e as ciências modernas são ambas herdeiras da mesma história, mas essa história levaria a uma contradição se as ciências fizessem triunfar uma **concepção determinista da natureza**, ao passo que a **democracia encarna o ideal de uma sociedade livre.**[140] (todos os grifos são nossos).

Podemos ler claramente nas palavras de Prigogine – e quem duvidará da sua coragem intelectual, do corte fino de sua crítica, de sua inventividade política e desestabilizadora do pensamento conservador? – que, mesmo o cientista mais advertido no plano da crítica e da política não abandona a ideia de que ciência é sempre ciência natural, do natural: De um lado há a ciência – sempre da natureza – seja a mecânica clássica estável galileano-newtoniana, seja a mecânica quântica, atômica, inclusiva das instabilidades, incertezas e do caos, indo do determinismo mais absoluto à consideração do indeterminável. De outro lado, o que há é o espaço social, a sociedade, a criatividade, a ética, a liberdade, a democracia, termos que grifamos em negrito para lhes dar o devido destaque na argumentação do autor. Preserva-se a natureza como o campo referencial da ciência, e se discutem as questões sociais, éticas e políticas dos *homens* em relação a diversos assuntos, mas continua-se não fazendo *ciência,* em senso estrito, dessas questões.

---

[140] Prigogine, I. – *O fim das certezas – tempo, caos e leis da natureza,* São Paulo, Editora UNESP, 2ª edição, 2011, p. 14.

No que diz respeito ao *sujeito,* a única possibilidade "científica" de considerá-lo é pela via da sua naturalização, através do cérebro. Sujeito ou subjetividade, na ciência, é o conjunto de fenômenos ancorados no órgão cerebral, e as Neurociências são, assim, o presente e o futuro de qualquer ciência *stricto sensu* do sujeito "psíquico". Mesmo os mais críticos e avançados pensadores da ciência não reconhecem *ciência* fora desta *ciência stricto sensu,* ou seja, fora do que se convencionou chamar de *núcleo duro da ciência,* expressão pela qual este autor tem a mais profunda abominação, pois que ela, valorizando, mas apenas aparentemente, as *estruturas leves e complexas* dos fenômenos sociais e humanos – as relações sociais, econômicas e políticas, o psiquismo, a filosofia, as artes e a religião – acaba por implicitamente reafirmar, sob o engodo de uma falsa depreciação do termo *duro,* o valor da *verdadeira ciência.* Voltaremos a esta discussão depois que tivermos introduzido uma outra revolução neste campo, a entrada, nele, da psicanálise e seus impactos. Por ora, sigamos no que veio a ser a extensão do galileísmo para fora dos limites do campo das ciências naturais.

O galileísmo ampliado

Reiteramos, com Alexandre Koyré, que o passo galileano mais importante, no sentido epistemológico e metodológico, está na matematização *apriorística* da natureza, o que o afasta do empirismo da observação ingênua e inadvertida do fenômeno e do aristotelismo escolástico. Se, no âmbito da Física que ele cria, Galileu estabelece as leis do movimento e da queda dos corpos e dos astros, no campo mais extenso do método científico, ele cria as condições, *primo,* de inteligibilidade do real, *secundo,* da experimentação empírica, já que, se não é um empirista ingênuo, Galileu é tampouco um idealista, exigindo absolutamente a inclusão da verificação do conceito no mundo empírico como parte não apenas integrante como essencial da tarefa científica.

Koyré determina, como já assinalamos anteriormente, que há, entre a *epistemè* antiga e a ciência moderna, um corte maior, ruptura radical. Lacan, tomando Koyré como seu guia, como ele mesmo diz

A CIÊNCIA

no escrito acima citado, estabelece uma correlação essencial entre esta ruptura galileana e sua interpretação filosófica, elaborada por Descartes sob o nome de *Cogito*. No próximo capítulo, aprofundaremos esses pontos, fundamentais para a discussão da posição da Psicanálise em relação à Ciência que, nesta leitura, só pode ser ciência se for também moderna. Será preciso introduzir a categoria de sujeito moderno nesta discussão, e acompanhar seus avatares campo que virá a se constituir como Psicanálise.

Milner demonstra, com precisão cristalina, que a matemática já estava presente na episteme antiga, no mundo grego, no qual ela construía o modelo ideal de demonstração da verdade sobre qualquer objeto de conhecimento. "Pois a matemática herdada dos gregos deriva do necessário e do eterno. Figuras e Números não podem ser outra coisa do que são e, ao mesmo tempo, não podem nem vir a ser nem deixar de ser, sendo como são por toda a eternidade"[141]. Na ciência moderna, com Galileu, as coisas se passam de outra forma e a matemática terá função radicalmente diferente:

> A peripécia galileana esclarece-se por contraste: ela consiste, em primeiro lugar, no fato de que a matemática, na ciência, possa soletrar *todo* o empírico, sem levar em conta nenhuma hierarquia do ser, sem pôr em ordem os objetos numa escala que vai do menos perfeito – intrinsecamente rebelde ao Número – ao mais perfeito – quase integralmente numerável; ela consiste, em segundo lugar, no fato de que a matemática, soletrando todo o empírico, intervém através do que ela tem de literal, isto é, mais através do cálculo do que da demonstração (a emergência da ciência é também o inexorável do declínio do *mos geometricus*); ela consiste, em terceiro lugar, no fato de que a matemática soletra o empírico *como tal,* no que ele tem de passageiro, de não perfeito, de opaco.[142]

Na leitura milneriana, há que se distinguir com todo o rigor a matematização da literalização, a queda do Número como perfeito

---

[141] Milner, J.-C.- *A obra clara,* op. cit, p. 40.
[142] Ibid., p. 42.

e eterno, ao qual o empírico, em sua diversidade incontornável, será sempre rebelde, sua redução ao *número,* escrito com minúscula, que passa a ser então um caso particular de letra, que ganha prevalência sobre o número. A matematização (e não a *matemática*) própria e necessária a toda ciência moderna, que torna possível tanto a inteligibilidade do real (natural ou qualquer outro) através do conceito quanto a verificação da malha conceitual pelo *soletrar*[143] o empírico revela-se, na verdade, uma literalização. Nisso consiste a grande virada galileana na fundação da ciência moderna.

Ora, a letra não é privilégio da Física, e tampouco está atrelada a uma determinada forma ou recorte do real empírico, já que ela permite *soletrar todo* o empírico. Faremos aqui uma precisão, ou, mais do que isso, um acréscimo de nossa lavra, já que isso não está explícito no texto de Milner: na frase "a matemática deve soletrar *todo* o empírico", o termo *todo* deve ser entendido como na expressão *todo e qualquer,* que introduz a dimensão da contingência – não importa qual, seja qual for o objeto empírico, infinitamente diverso do que é, mais do que uma expressão da *totalidade* do empírico. Nossa interpretação se confirma na proposta de Milner de que o universo empírico da ciência moderna, literalizável, é, além de contingente, também *infinito,* no sentido de que nada autoriza a que se definam os

---

[143] É altamente interessante assinalar aqui as incidências de *lalíngua* portuguesa, mesmo sem que precisemos neste ponto explicar ao leitor esta expressão (lalíngua), limitando-nos a dizer que ela difere da linguagem por dizer respeito ao seu uso corrente e real, e não ao campo teoricamente formulado pela ciência linguística. O termo usado pelo autor, no original, é *epeler,* que significa exatamente *soletrar.* Mas em sua língua, a lalíngua francesa, desafortunadamente para ele, *epeler* não traz em sua materialidade a *letra,* como ocorre na nossa: *soletrar,* atesta aqui um efeito belo e feliz de nossa língua, a literalização do real, literalmente, permite soletrá-lo. Que não se faça aqui a interpretação, necessariamente imaginária, de que Milner teria desejado, ao dizer *epeler tout l'empirique,* exprimir um efeito de letra na própria letra da palavra de sua lalíngua, que não a contém. Uma interpretação como esta é exatamente aquilo que não se trata de fazer, para respeitar o rigor da letra. Esta advertência fundamenta-se na constatação de que existe uma tendência muito forte em alguns psicanalistas neste tipo de "derrapagem" interpretativa, anti-literal.

A CIÊNCIA

limites de sua finitude, os contornos do que *poderá* ou *não poderá* vir a constituir-se como uma região do empírico abarcável pela operação ou pela atividade científica. Toda finitude, neste sentido, apela ao *necessário* e não ao *contingente,* e permite formulações legislativas do gênero: "só fenômenos físicos, químicos ou biológicos – numa palavra, naturais – poderão vir a constituir-se como objetos ou recortes empíricos da ciência". Por força da infinitude própria ao que é contingente (por isso definido com a adjunção do advérbio *infinitamente:* o que pode ser *infinitamente* diverso do que é) e não necessário, a Ciência Moderna interdita formulações deste tipo, que permanecem no plano pré-científico, ideológico e até mesmo religioso.

Essa extensão do literalizável leva Milner a formular a expressão *galileísmo estendido* ou *ampliado (galiléisme étendu)* como uma consequência metodológica estrutural da Ciência moderna. O uso da letra na apreensão do empírico ocorre em todo e qualquer domínio do campo empírico, infinito e contingente. Poderemos então acompanhar essa extensão no nosso campo científico – a Psicanálise – submetendo-a à prova de sua literalização galileana. Correlativamente, é possível fazer a verificação de que muitas práticas pretensamente científicas do chamado campo *psi*, que inclusive ganham força na contemporaneidade, como a psicologia cognitivo-comportamental, por exemplo, não atendem às condições de literalização e contingência exigidas pela Ciência moderna e não têm, portanto, lugar no galileísmo estendido, não se constituindo, a rigor, como ciências.

Jean-Claude Milner, autor que traçou para nós as condições do galileísmo ampliado na sua *A obra Clara,* aqui já citada, assume outra posição em momento posterior, numa série de 6 entrevistas que o autor concedeu a dois psicanalistas argentinos radicados em Paris – Fabian Fajnwaks e Jean Pablo Lucchelli – ambos membros da Escola da causa freudiana e da Associação Mundial de Psicanálise. As entrevistas estenderam-se de 2009 a 2011 e o ano da publicação é 2011[144].

---

[144] Milner, J.-C. – *Clartés de tout – de Lacan à Marx, d'Aristote à Mao,* op. cit. (ver nota nº 129, acima).

A CIÊNCIA DA PSICANÁLISE

Na primeira entrevista, intitulada *Encontros com Lacan, no horizonte da ciência*[145], encontramos um diálogo entre os entrevistadores e Milner (indicados na citação abaixo por suas iniciais), que nos parece importante transcrever para em seguida comentar:

F. P. – Há algo que o Sr. diz que me parece muito importante, é que Lacan logrou compreender melhor o programa da ciência do que a própria ciência, indo no sentido da literalização, enquanto a ciência permaneceu no matemático [no masculino, no original, no sentido de "registro matemático] no sentido estrito e, frequentemente, no quantitativo.

J-C. M. – Ele foi mais galileano. Sejamos claros, penso que para melhor aquilatar a relação de Lacan com a ciência de seu tempo é preciso lembrar que a ciência de seu tempo é dominada pela física e a física é dominada por Einstein – Eisntein continuador de Newton; é esta física aí que encontra sua materialização com o módulo lunar – o LEM – que aterrissa na Lua em 1969...

J. P. L. – Lacan tinha definido o LEM, em *Radiofonia,* como "a fórmula de Newton realizada em aparelho".

J-C. M. – Em resumo, a ciência galileana de que fala Lacan, a ciência que ele opõe à *epistèmè* grega, é essencialmente dominada pela física. Ora, hoje, no momento em que estamos aqui falando, esta física aí está morta. Quero dizer que ela é estéril. Ela encontra sem cessar coisas novas, mas nada que a revolucione. O paradigma funciona sobre seu lançamento e um paradigma que funciona sobre seu lançamento é um paradigma morto. Para encontrar o lugar onde se encontram coisas novas, é preciso ir na direção da genética e da biologia. Isso, Lacan não viveu, simplesmente por uma questão de datas. Ele não conheceu mais do que os seus primeiros passos. Ora, a ciência biológica, neste momento, é literalizada, ela não é matematizada. O galileísmo em genética se sustenta na literalização, à colocação em analogia entre os gens e sequencias de letras; que eu saiba, a genética não repousa, no momento, sobre leis explicitamente matemáticas, comparáveis à lei da queda dos corpos ou às leis de Kepler. É preciso pois levar em conta isto: quando Lacan fala da

---

[145] Tradução livre do título da primeira entrevista: *Rencontres avec Lacan, à l'horizon de la science,* ibid. pp. 9-26.

ciência moderna, com o artigo definido singular, ele o faz em um espaço de pensamento em que a física é o modelo dominante, e o LEM da alunissagem a aplicação técnica maior deste modelo dominante. Hoje, a figura dominante da ciência é antes a genética e o conjunto de ciências da vida; a técnica maior de realização dessas ciências é a procriação assistida, é a clonagem, coisas que são todas totalmente galileanas, mas que não são nem newtonianas nem einsteinianas. É possível que este deslocamento seja de considerável alcance.[146]

Neste fragmento de diálogo, a posição adotada por Milner parece-nos altamente problemática, em vários pontos e níveis, e vamos aqui problematizá-la. Em primeiro lugar, Milner parece recair na superposição entre o que seria a "ciência dominante" em determinada época – no caso, a "época de Lacan" – a *física newtoniana*, segundo ele (que ele injustificavelmente toma como equivalente à física einsteiniana, parecendo desconsiderar o que evidentemente ele não desconhece, os deslocamentos que a mecânica quântica já haviam produzido em relação à mecânica clássica newtoniana) – e a *estrutura metodológica galileana*, encontrável em toda operação científica, que definimos anteriormente como um *campo*, como tal bem mais amplo do que a física, que seria um *corpo* conceitual e experimental, uma ciência particular.

O que importa se o modelo dominante na ciência era, nos anos 60 e 70 do século passado, o da física de Newton e que hoje, início do século XXI, é a genética e a biologia da procriação assistida, do genoma e da clonagem que estão na ordem do dia? Podemos inclusive demonstrar que sequer é verdadeira a afirmação de que, na época em que Lacan escreveu *A ciência e a verdade* (1965), o modelo dominante na ciência era a física newtoniana, posto que não apenas a física atômica já havia abalado, desde o início do século XX, as certezas universais do modelo newtoniano como a termodinâmica dos processos irreversíveis, os sistemas de não-equilibro e as instabilidades e flutuações já vinham sendo colocadas na agenda científica por Ilya Prigogine na mesma época[147]. Mas, mesmo que este modelo

---

[146] Ibidem, pp. 16-17.

[147] Cf. Prigogine, I. – *As leis do caos,* São Paulo, Editora UNESP, 2002.

fosse dominante naquele momento, que diferença isso faz em relação ao caráter galileano da física (clássica ou quântica) e da biologia genética atual? Acaso o conteúdo conceitual de cada uma dessas ciências particulares afeta o que importa no plano metodológico, ou seja, o galileísmo que atravessa a todas, cuja presença é expressamente reconhecida por Milner, e em alto grau, na genética literalizada de hoje?

Na verdade, o que poderia abalar o referido galileísmo, pelo menos em sua pretensão de estabilidade, universalidade e reversibilidade (pela atemporalidade das leis científicas suposta por Galileu), e nem tanto pela literalização do processo científico galileano, provém justamente da própria física, pela teoria do caos, dos sistemas instáveis e dos eventos irreversíveis, e não da genética ou da biologia.

Mas o problema maior da posição de Milner não está explícito em suas palavras, mas implícitos em sua enunciação. Quando Lacan, inspirado em Koyré, afirma a co-fundação, como *correlato essencial* da ciência moderna, do sujeito moderno, formulado por Descartes sob o nome de *Cogito,* ele está indicando, no mesmo golpe, a foraclusão deste sujeito, embora fundado de modo imanente (junto com) a ciência, da própria operação científica. E está ao mesmo tempo constituindo as condições de possibilidade de que este sujeito foracluído da ciência retorne à cena pelas mãos de Freud, não como retorno do foracluído que, tal como na psicose, retorna no real como alucinação, mas em uma *outra cena*, a cena do inconsciente, no qual ele será inscrito e não expelido para fora de seu registro.

Em que sentido a suposta substituição do paradigma da física pelo das ciências da vida modifica este cenário? Acaso o sujeito encontrará, para o Milner de 2011, maiores condições de inscrição pela via do genoma? O Milner de 1995 afirmava: "Com efeito, um inconsciente estranho ao sujeito que pensa é o somático, mas o somático não lida nem com a verdade nem com a palavra; ora, a psicanálise lida com a verdade e com a palavra"[148]. Estaria o sujeito do inconsciente, na contemporaneidade, menos "estranho ao somático", mais próximo das estruturas cerebrais? A foraclusão do sujeito pela ciência estaria

---

[148] Milner, J.-C. – *A obra clara,* op. cit., p. 35.

arrefecendo, de tal modo que o sujeito freudiano, o sujeito do inconsciente e da psicanálise começaria a habitar o mundo natural?

A primeira entrevista concedida por Milner prossegue, na sequência do fragmento do diálogo acima transcrito:

> F. F. – O senhor chegaria a sugerir que este deslocamento coloca em questão o caráter privilegiado da referência a Koyré?
>
> J.-C. M. – Muitos comentadores evocam Kant e sua proposição: "Jamais existirá um Newton do *mínimo broto de vida*[149]". A genética atual, afirmam eles, refuta a proposição de Kant. Mas Koyré, quanto a ele, permaneceria fiel a Kant. O dispositivo lacaniano, tal como ele se exprime em *Radiofonia,* é ainda o de Koyré; ainda que não seja expressamente dito, pode-se nele reconhecer a proposição kantiana. Ora, hoje se coloca a questão: há, segundo alguns, o Newton do pequeno vivente. [...] Um galileísmo do vivente está pois em vias de se constituir. Tomar isso a sério obrigaria o discurso lacaniano a se mexer..[150]

Admitir um Newton do *mínimo broto de vida*, um Newton aplicável às ciências da vida, ou seja, que vai além dos grandes fenômenos físicos e naturais como o movimento dos astros, a queda dos corpos ou as leis da cinemática não nos parece colocar nenhum problema. Na verdade, se "Newton" na proposição kantiana é metáfora do método galileano, nada mais plausível do que admitir um "Newton" dos fenômenos-*bio,* e também dos fenômenos de linguagem, dos fenômenos sociais, antropológicos e até mesmo dos fenômenos inconscientes. É essa mesma a essência do que chamamos, seguindo as indicações do próprio Milner na *Obra clara,* de galileísmo ampliado.

Mais adiante, na mesma entrevista, referindo-se a uma frase de Jacques-Alain Miller feita na quarta capa dos *Outros escritos,* Milner afirma: "Jacques-Alain Miller tomou o cuidado de reconhecer, na decifração do genoma, a promessa de novas núpcias entre o significante e

---

[149] A frase de Kant na *Crítica da faculdade do juízo,* Parágrafo 75, foi traduzida em francês por: *Il n'y aura jamais de Newton du* **brin d'herbe***,* expressão que propomos traduzir por *mínimo broto de vida.* Não haverá um Newton da biologia, segundo a sentença kantiana.

[150] Ibid., p. 18.

A CIÊNCIA DA PSICANÁLISE

o vivente"[151]. Na referida citação, Miller faz preceder essas promessas de uma importante observação: "Os *Outros escritos* ensinam, do gozo, que ele também deriva do significante, mais em seu ponto de junção com o vivo; que ele se produz por "manipulações" **não genéticas mas linguageiras,** afetando o vivente que fala, aquele que a língua traumatiza".[152] (grifo nosso)

A leitura de todo o texto da quarta capa dos *Outros Escritos* traz, assim, precisões importantes, a que Milner não faz referência: a incidência causadora do gozo pelo significante não se faz por via genética, mas linguageira. Na frase completa de Miller, da qual só a parte final é citada por Milner, é: "Não encontraremos correspondente [ao gozo] no genoma, cuja decifração contudo faz promessa de novas núpcias entre o significante e o vivo". Há uma clara ambiguidade nessas novas núpcias, mas mantém-se a irredutibilidade do gozo ao genoma.

Sobre a questão das relações do gozo com o significante, nossa leitura é outra. No Seminário XX, sustentamos que Lacan dá um passo gigantesco, se tomarmos em conta toda a tradição ocidental, inaugurada por Descartes, da disjunção radical entre corpo e alma, extensão e cogito – um cogito sem extensão e um corpo exilado da linguagem. Quando introduz a categoria de *significância*, que vai além da de significante mas na sua própria estrada, Lacan curiosamente utiliza o mesmo sufixo que Freud deu ao segundo termo, este latino, de sua *Vorstellungsrepräsent**anz**,* e que então podemos traduzir como *representância* (...*representanz,* fundamento lógico da representabilidade, expressa pela metade "latina" do termo) *da representação* (*Vorstellung,* expressa pela sua metade germânica, as representações inconscientes propriamente ditas). E Lacan introduz, no mesmo golpe, a categoria *substância gozante.* Ora, o que isso significa senão a superação do exílio cartesiano do corpo[153] na extensão, que Lacan

---

[151] Op. cit, p. 18.

[152] Miller, J.A. – Quarta capa de *Autres écrits* (Jacques Lacan), Paris, Éditions du Seuil, 2001, intitulada *Pas-à-lire* (equivocação entre *"a não ler"* e *"passo a ler"*).

[153] Cf. Elia, L. – *"Je panse donc j'essuie": o que retorna do exílio?* In *Retorno do exílio* (Alberti, S. e Ribeiro, M. A. C., orgs). Rio de Janeiro, Contracapa Livraria, 2004, pp. 29-35.

havia sentenciado como "O ato do Cogito é erro sobre o ser, [...] a rejeição do corpo na extensão, [...] fora do pensamento, é a grande *Verwerfung* de Descartes. Ela é assinada pelo efeito de que o corpo reaparece no Real, ou seja, no impossível. É impossível que uma máquina seja corpo"[154].

A substância (*res*) gozante é uma terceira modalidade de substância, que não faz "novas núpcias" – o que seriam elas, a reedição em termos mais sofisticados da velha "interação psicofísica"?, mas dissolve a dualidade excludente *res cogitans / res extensa,* criando uma terceira margem nesse desastroso rio cartesiano em que uma das margens, rejeitada na extensão, como diz Lacan, só pode dela retornar (psicoticamente) como máquina, a máquina orgânica da medicina atual, sobre a qual trabalham tanto as neurociências quanto a genética literalizada do genoma. Chegaríamos até mesmo a afirmar que esta interpretação precisa ser feita por nós, psicanalistas lacanianos, pelas consequências que ela pode trazer para o pensamento ocidental, não apenas para a práxis psicanalítica com o gozo. Se o genoma for uma questão para o gozo do sujeito, não é a análise deste gozo que precisa da decifração do genoma, mas a decifração do genoma que precisa da decifração do gozo – ou antes de sua cifração, pois o gozo, em uma análise, será cifrado em letras, literalizado, para ser decifrado.

Mas a referência finalmente feita a Jacques-Alain Miller esclarece a direção do argumento milneriano: as "novas núpcias entre o significante e o vivente" indicariam não uma extensão do galileísmo a domínios diversos, mas uma imbricação bem mais profunda entre a ordem da linguagem e a ordem biológica, aqui representando a natureza. O significante não mais seria o gume cortante que separa natureza e linguagem. O genoma faria com que o significante fosse chamado a entrar na ordem natural, sem que se entenda por quê.

Ao aceitar as ponderações de Milner, estaríamos novamente cedendo ao empuxo de pensar que só é científico o discurso que tiver como referente a natureza, hoje representada pelas ciências da vida?

---

[154] Lacan, J. – *Le Séminaire, Livre XV, L'acte psychanalytique, 1967-68, Éditions de l'Association Freudienne Internationale – publication hors commerce.* Sem data e cidade de publicação, Lição de 10/01/1968, p. 87.

A CIÊNCIA DA PSICANÁLISE

Ou devemos, antes, verificar nas ciências da vida a literalização que a faz galileana, sem com isso adotar para o nosso sujeito os referenciais vitalistas que continuam a lhe ser estranhos, e sem perder de vista o galileísmo das ciências da linguagem que, sem reconstituir a velha dicotomia entre ciências da natureza e ciências da cultura, faz no entanto um corte radical entre o indivíduo psicofísico da bio-psicologia, das neurociências, e o sujeito do inconsciente, causado pela entrada do significante no corpo, sem o concurso de fatores orgânicos?

Prigogine, na sequência da citação que fizemos anteriormente de seu livro *O fim das certezas,* faz a seguinte afirmação: "Considerarmo-nos estrangeiros à natureza implica um dualismo estranho à aventura das ciências, bem como à paixão de inteligibilidade própria ao mundo ocidental". Sua defesa é pela unificação do sujeito (não apenas do indivíduo psicológico, mas também do *sujeito social*) com a natureza, e fora desta unificação estaríamos praticando o dualismo que ele considera estranho à aventura científica. Discordando neste ponto deste grande químico e verdadeiro epistemólogo dos mais avançados passos da ciência contemporânea (a teoria do caos), sustentamos que o sujeito, assim como o campo da linguagem em que ele se funda, são ambos, a *função* (sujeito) e o *campo* (linguagem), absolutamente estrangeiros à natureza. Nem por isso procedemos à reinstauração do dualismo – seja o dualismo *mente/corpo,* que recobre o dualismo cartesiano *cogito/extensão,* seja o dualismo *ciências naturais/ciências culturais.* O que efetivamente há é o corte que faz do significante, introduzido no pensamento ocidental pela própria ciência, o vetor *ex-nihil* do despojamento do objeto da ciência de toda e qualquer qualidade, seja este objeto qual for – natural ou social – em toda a sua diversidade fenomênica.

Para concluir esta seção sobre a extensão do galileísmo para ciências não naturais, em conexão com as quais ele nasceu, voltamos ao próprio Milner, em um ponto no qual temos total acordo com suas posições.

Eu mesmo empreguei a expressão "galileísmo estendido". Eu a mantenho, precisando-a: o galileísmo estendido é também um galileísmo depurado. Depurado da exclusividade da referência matemática [...] **mas depurado também da referência exclusiva à natureza em sentido clássico**. A existência da linguística jakobsoniana (ao mesmo título que a existência da antropologia lévi-straussiana) prova que uma ciência galileana pode se desenvolver em um domínio que os gregos tinham atribuído à convenção e não à natureza. Ao *thesei* e não ao *phusei*. Que haja uma ciência galileana do *thesei* e não apenas do *phusei* é importante para a psicanálise. [...] É muito importante porque isso lhe permite contrariar a objeção que lhe é oposta de modo repetido e que se apresenta sob a forma de um dilema: ou bem a psicanálise é uma ciência e então ela é uma ciência da natureza, ou uma psicologia entendida como ciência da *psyché* e a *psyché* entendida como uma dimensão natural, uma espécie de complemento da fisiologia – ou bem a psicanálise é uma ciência humana e, se for uma ciência humana, não é uma ciência de modo algum: ela se ocupa dos efeitos dos costumes sociais sobre o indivíduo. Ela pertence às disciplinas da convenção. Uma espécie de sociologia do íntimo.[155]

E, perguntado se considera que Freud se situava na dicotomia [natureza/cultura] enquanto Lacan a teria superado, Milner responde:

> Com efeito, Freud se situava na dicotomia e, segundo Lacan, ele não chega a ultrapassar seus efeitos. Por oposição, Lacan pensa, em 1953, que **pela primeira vez na história do pensamento, podemos sair da dicotomia**. Por quê? Porque existem ciências galileanas do *thesei,* o que, no mesmo golpe, faz **explodir** a oposição entre *phusei* e *thesei,* entre natureza e convenção. Na verdade, o termo mesmo de *natureza* muda de sentido, assim como o termo *convenção*. Desde o *Discurso de Roma,* o estruturalismo, ou mais exatamente a estrutura, é tida como solução dos impasses em que Freud se encalacrava. [Na] fórmula: "O inconsciente é estruturado como uma linguagem" [...] a expressão "uma linguagem" designa um tipo de objeto do qual uma ciência galileana é possível e contudo não pertence à natureza, no sentido clássico. [...] O predicado "estruturado" remete à estrutura, que funda duas possibilidades: a possibilidade de que haja literalização sem matematização, mas também a possibilidade de

---

[155] Milner, J.-C.- *Clartés de tout,* op. cit., pp. 22-23.

que haja ciências galileanas do que não decorre da natureza em sentido clássico. Mas bem entendido, essa segunda possibilidade retira qualquer significação da dicotomia natureza/convenção. Dizer que o inconsciente é estruturado como uma linguagem significa então que não mais se tem que perguntar se o inconsciente decorre da natureza (*phusei*) ou se ele é o resultado das repressões culturais (*thesei*). O dilema se esvaiu. Do mesmo modo, o dilema "ciência ou não" é ele também revirado de cabo a rabo.[156]

De nossa parte, afirmamos categoricamente que Freud superou a dicotomia natureza/cultura, ainda que isso não possa ser *dito* por ele, em palavras textuais, conscientes, a respeito de sua própria empreitada discursiva e epistêmica. Nenhum autor, na verdade, conhece a extensão de sua obra, desconhecimento que, se incidentalmente pode ser considerado um efeito do próprio inconsciente, é também efeito mais simples, que prescinde do inconsciente para ser interpretado: a obra ultrapassa o autor, cuja reflexão acerca do seu dizer é insuficiente para recolher e elaborar todos os efeitos desse dizer e articulá-los com outros dizeres, seus e de outros autores. Essa tarefa é dos intérpretes, seguidores, que tomam seu dizer e podem inclusive ir além deles.

E dizemos que o conceito – que não é exatamente um conceito comum, ordinário, trivial, mas um conceito *extraordinário*, estatuto que o epíteto de *fundamental,* conferido por Lacan a quatro conceitos freudianos, expressa bem – através do qual Freud supera esta dicotomia é o de pulsão – *Trieb* – ao qual o próprio Freud conferiu este mesmo epíteto na língua em que escrevia, o alemão: *Grundbegriff,* conceito de base.

---

[156] Op. cit., pp. 23-24.

CAPÍTULO 4

A PSICANÁLISE

A Pulsão

Concluímos o capítulo anterior com a questão, posta a Jean-Claude Milner: Freud teria – sim ou não – superado a dicotomia natureza/cultura? Sua resposta, como vimos, é negativa: Freud se mantem nesta dicotomia, não chegando a superá-la. Discordamos, e afirmamos que é justamente pelo conceito fundamental de pulsão que ele *explode* não apenas esta dicotomia como também a unidade psicofísica individual que constitui o objeto da psicologia e da psiquiatria.

Não apenas a pulsão não é o instinto como chegaremos a dizer que ela não tem com o instinto nenhuma relação[157]. *Trieb* é o subs-

---

[157] Esta nossa frase tem a mesma estrutura de uma frase de Lacan de que gostamos muito, que tem outros referentes – a parte e o todo – e não a pulsão e o instinto – muito embora essa outra dualidade não seja sem relação com a primeira, pois a pulsão, conceito psicanalítico, é sempre parcial e o instinto pode ser considerado como um conceito psicobiológico que diz respeito a uma totalidade: *padrão fixo, hereditário, comum a todos os indivíduos de uma mesma espécie, que contém em sua programação o objeto capaz de prover sua satisfação.* A frase de Lacan, que cairia neste ponto de nosso texto tão bem como a nossa, é: "*A parte não é o todo, como se diz, mas ordinariamente de modo descuidado. Pois seria preciso acentuar que ela não tem com o todo nada a ver. É preciso tomar seu partido, ela joga sua partida sozinha*". Belíssima frase, na qual palavras de uma mesma família etimológica, cada uma em seu respectivo contexto semântico

tantivo que tem como correlato o verbo *treiben,* que tem os seguintes significados[158]: *mover, fazer andar, fazer subir, impelir, levar a, dar impulso a, fazer, praticar, fazer brotar, abusar,* e finalmente: *ir à deriva.* Há também uma forma substantiva de *Treiben* (por isso escrito com maiúsculas, como todo substantivo em alemão): *movimento, vida, tráfego, ocupação.* Destacamos a ideia de movimento, impulso para, mas *à deriva,* isto é, sem um destino pré-fixado, como o instinto.

Poderíamos nos valer dos quatro elementos que Freud estabelece para a pulsão e atribuí-los ao instinto, com o propósito de verificar que, em cada um desses elementos, a pulsão se distingue do instinto, elemento por elemento, como no quadro abaixo:

		ELEMENTOS			
		FONTE	PRESSÃO	OBJETO	OBJETIVO
CATEGORIAS	PULSÃO	CORPO/ZONA ERÓGENA	CONSTANTE	VARIÁVEL	SATISFAÇÃO (SEMPRE PARCIAL)
	INSTINTO	ORGANISMO/ METABOLISMO	CÍCLICA	FIXO	SACIEDADE

Distinção opositiva em cada um dos elementos componentes: O corpo não é o organismo, conjunto articulado fisiologicamente de órgãos, mas a *porção delimitada de matéria* (definição que provém da física) que, ao tornar-se corpo pulsional, ou seja, ao ser apropriado por um sujeito, faz-se recobrir por uma *porção delimitada de matéria simbólica* que recebe o nome de objeto em psicanálise. Se o simbólico é um *campo,* como tal não delimitado, o campo da linguagem, do

---

(parte, partido partida) são transpostas para um outro, no qual assumem novos sentidos, efeito propriamente metafórico. Cf. Lacan, *Posição do inconsciente no Congresso de Bonneval,* 1960, retomado em 1964, in *Escritos,* op. Cit., p. 857.

[158] *Langenscheidt Taschenwörterbuch – Portugiesisch, München, Wien,* 1915, verbete *treiben,* p. 1184.

A PSICANÁLISE

significante, que é designado como *Outro,* com maiúscula, por Lacan, podemos dizer que o objeto é um recorte, uma "porção delimitada de Outro". Ora, o que um corpo assim definido, o *corpo erógeno,* cuja geografia não obedece à anatomia mas ao mapa de marcas erógenas contingentes que este corpo recebe desde fora, teria a ver com um organismo, que é regido por leis biológicas bastante complexas e bem definidas em sua estrutura sistêmica?

Entre essas leis biológicas está precisamente aquela que rege o elementos seguinte do instinto: sua pressão é cíclica, obedece a ciclos naturais de carência e saciedade, desde que o objeto, pré-determinado pela programação biológica do instinto, seja encontrado na realidade e produza saciedade, sempre temporária, até que o metabolismo orgânico produza novo pico de carência do objeto, e sempre dependente do encontro do objeto adequado ao instinto. Examinemos o que acontece com a pulsão quanto à pressão: ela não é cíclica mas constante (*konstante Kraft,* força constante), o que, por si só, já constitui um impasse biológico, pois todos os processos biológicos obedecem a ciclos naturais, não admitindo o caráter constante que Freud atribui à pulsão. Isso significa que o encontro com o objeto não sacia a pulsão, não a faz cair, nem mesmo temporariamente, e o que a faria novamente subir não é o processo cíclico, que não há. A constância da pressão (*Drang*) pulsional é o fator mais importante desta emergência conceitual que é a pulsão, e merecerá de Lacan a consideração do Teorema de Stokes[159] para explicar, matematicamente, a estrutura de borda que torna inteligível esta conservação.

---

[159] Cf. Lacan, J. – *Posição do inconsciente no Congresso de Bonneval,* in *Escritos,* op. cit., 847, em cuja nota de rodapé 1 pode-se ler: "Sabemos o que este teorema enuncia sobre o fluxo rotacional. Ele supõe um campo vetorial definido no contínuo e no derivável. Em tal campo, sendo o rotacional de um vetor constituído pelas derivadas de suas componentes, demonstra-se que a circulação desse vetor numa linha fechada é igual ao fluxo do rotacional gerado a partir da superfície que se apoia nessa linha como borda. Isso equivale a dizer que, ao assim postular esse fluxo como invariante, o teorema estabelece a noção de um fluxo "através" de um circuito orificial, seja tal que a superfície inicial já não seja mais considerada na operação."

A CIÊNCIA DA PSICANÁLISE

Mas podemos observar que o funcionamento peculiar de cada um desses elementos componentes que Freud estabeleceu para a pulsão afeta os demais, de forma estrutural: esses elementos são covariantes. Assim, a pressão da pulsão só pode ser constante se o objeto da pulsão não for um objeto natural, encontrável na realidade, sem o que não haveria nenhuma razão para que a pressão permanecesse constante, pois ao encontrá-lo a pulsão encontraria também alguma saciedade. O que Freud formula como a absoluta variabilidade do objeto na pulsão traduz-se pela sua inconsistência como objeto natural: ele não só varia incessantemente (a cada instante um objeto "natural" diferente) mas essa variação é também seu infalível escape, o que levará Lacan à ideia de que a pulsão *contorna* o objeto mas não o consome, e é neste circuito que ela se satisfaz. Ora, satisfação não é saciedade, pois esta pressupõe que, ainda que por algum tempo, até nova escalada, a pressão caia a zero, o que ocorre com o instinto mas não com a pulsão. A pulsão, assim, *sempre* se satisfaz, não dependendo (como o instinto) para isso do encontro com um objeto adequado na realidade, pois este sequer existe, experimentando, em todo e qualquer objeto contingente que encontre, alguma satisfação, sempre parcial e indefectível. Podemos chegar a dizer que o que Freud virá a conceituar como pulsão de morte tem a mais íntima relação com esta exceção biológica que é a própria constância da pressão pulsional, correlata da inconsistência natural do *objeto* e deste modo tão peculiar de satisfação, *objetivo* da pulsão.

Freud, na primeira edição de seus revolucionários *Três ensaios sobre a teoria sexual,* ao examinar o caráter inelutavelmente parcial das pulsões e afirmar que mesmo as pulsões parciais podem ser subdivididas em partes ainda mais fragmentárias, afirma que o elemento mais simples da pulsão é um *impulso motor,* como por exemplo um *reflexo suctório* nos mamíferos, que os torna capazes de mamar sem qualquer aprendizado prévio e portanto é um fator instintivo. Entretanto, ele diz em seguida que um impulso como este não é ainda sexual, pois a dimensão do sexual resulta da capacidade que determinadas partes da *superfície* do corpo têm de *receber e reter excitações*, designando-as como zonas erógenas, que situamos como a *fonte,* primeiro elemento componente da pulsão, que nada tem a ver

A PSICANÁLISE

com o metabolismo orgânico. Nas duas primeiras edições dos *Três ensaios* (1905 e 1910), Freud escrevera o trecho que se segue:

Podemos distinguir nas pulsões componentes, **além de uma pulsão que não é em si mesma sexual e que tem sua origem em impulsos motores,** a contribuição de um **órgão capaz de receber estímulos** (pele, membrana mucosa ou órgão sensorial). **Este último deve ser aqui concebido como uma zona erógena, o órgão cuja excitação confere à pulsão seu caráter sexual.**[160]

Ora, dizer, como diz Freud, que a zona erógena é uma superfície capaz de receber excitações, e que são estas que conferem o caráter sexual à pulsão, cujo único elemento biológico é um impulso motor não sexual, equivale a dizer que essas excitações vêm de fora, e portanto que o que há de sexual na pulsão *vem de fora.* Mas, o que faz Freud na terceira edição dos *Três ensaios,* em 1915? Ele suprime – vale dizer: recalca – esse trecho acima citado e o substitui pelo seguinte:

A princípio, não podemos entender por pulsão senão a representação psíquica de uma fonte de excitação de fluxo contínuo e endossomático, à diferença de um estímulo, que é causado por excitações isoladas e vindas de fora.[161]

Ora, entendemos que Freud está, em 1915, mais preocupado em distinguir a pulsão dos estímulos externos, provenientes do ambiente, e sobretudo em acentuar o caráter contínuo (a famosa *konstante Kraft* da pulsão) do que demonstrar o caráter eminentemente anti-natural, e portanto não biológico, alteritário, da sexualidade humana, através de seu conceito maior – a pulsão. Ele não hesita, assim, em 1915, ano em

---

[160] Freud, S. – *Três ensaios sobre a teoria da sexualidade* (1905), in *Edição Standard Brasileira,* op. cit., Vol. VII, p. 170. A passagem citada encontra-se na nota de rodapé nº 2 desta página, na edição citada.

[161] Ibid., p. 171 (corpo do texto).

A CIÊNCIA DA PSICANÁLISE

que elabora os seus textos metapsicológicos[162] – a sistematização de sua teoria sexual, tópica e dinâmica – em recuar diante de sua arrojada afirmação anterior, que situava o caráter sexual da pulsão e da sexualidade dos seres falantes como lhe chegando desde fora do organismo e atingindo uma zona erógena (definida precisamente como uma superfície capaz de receber excitações vindas de fora), reduzindo a contribuição do organismo a um mero *impulso motor*, situando assim a dimensão sexual da pulsão como efeito de um laço social, o mais primordial possível, na formação do sujeito e do inconsciente.

Há, portanto, na elaboração freudiana de pulsão, oscilações e ambiguidades, como assinalamos acima. Essa "interiorização" da pulsão deu, na história da psicanálise, ampla margem para uma interpretação biologizante da pulsão (e da sexualidade), por sua caracterização como uma *força endossomática*. Para fugir da perspectiva ambientalista, Freud preferiu recair na perspectiva biologicista, com o agravante de que, no aspecto tópico, solidário deste recuo econômico, ele acaba por reinstaurar a dualidade psicossomática que de saída ele refutara: se a pulsão *é* representante *psíquico* de uma força *somática,* estamos em pleno paralelismo psicofísico tão característico das escolas psicológicas.

Podemos, por outro lado, associar essa "interiorização" das pulsões ao seu caráter de pressão constante, não momentânea, que seria característica de estímulos fisiológicos que chegam ao corpo desde fora ou desde dentro, mas são facilmente removíveis por uma ação adequada. "Chegamos assim à natureza essencial das pulsões, considerando em primeiro lugar suas principais características: sua origem em fontes de estimulação dentro do próprio organismo e seu aparecimento como uma força constante"[163]. Em outras palavras, das pulsões não se pode escapar, só restando o trabalho psíquico, por ele conceituado como *(per)-laboração,* para dar conta da pressão pulsional constante. Esse aspecto suplantou, em importância, a primeira concepção freudiana da fonte como zona erógena, que faz com que o que é sexual numa

---

[162] Cf Freud, S. – *As pulsões e suas vicissitudes, O Recalque, O Inconsciente,* todos de 1915, in *Edição Standard Brasileira,* op. cit., Vol. XII, 1974.

[163] Idem, *As pulsões e suas vicissitudes,* op. cit., p. 139

pulsão parcial venha ao sujeito desde fora. O "vir de dentro" (fonte somática) não transforma a pulsão num processo fisiológico.

Um autor como Freud não admite leituras unívocas e simplificadoras de seus ditos, muitas vezes divergentes sobre um mesmo tema. Assim, neste seu movimento de elaboração teórica, Freud afirma algo também inovador e radical: a força constante e contínua da pulsão, que constitui um escândalo e uma aberração biológica (na lógica da *bio*) porquanto os processos biológicos dos instintos como fome e sede são sempre cíclicos, alternando infinitamente apetite e saciedade – não admitindo a ideia de fluxo constante e ininterrupto. Sim, é verdade que, no principal escrito freudiano sobre as pulsões, o acima citado *Pulsões e destinos das pulsões,* contemporâneo à terceira edição dos *Três ensaios,* quando substituiu seu dizer arrojado – que, nos termos de Lacan, equivaleria a afirmar que o sexual provém do Outro – por um aparentemente mais conservador, Freud vai afirmar que as pulsões se originam no interior do organismo. Entretanto, um fluxo de excitação contínuo, uma força constante, não é congruente com o funcionamento do organismo do qual ele procederia, e temos uma grande contradição teórica. Um conceito como o de pulsão revela-se também incongruente com a lógica dos processos vitais, que é solidária com a biologia do organismo.

Sabemos onde isso vai dar: na pulsão de morte, único estatuto pulsional capaz de legitimar conceitual e discursivamente um fluxo constante, uma *saciedade* impossível e ao mesmo tempo uma *satisfação* indefectível. A pulsão obriga à adesão a duas proposições aparentemente contraditórias, mas na verdade solidárias entre si: *não pode haver* saciedade e *não pode não haver* satisfação.

Referindo-se especificamente à fonte da pulsão (*Quelle*), Freud a define como um "processo somático que ocorre num órgão ou parte do corpo e cujo estímulo é representado na vida mental por uma pulsão"[164]. Vemos nesta definição da fonte que Freud reitera a ideia de que a pulsão *é* um representante psíquico desta fonte somática, sobre a qual ele diz que está fora do campo de investigação da psicanálise e cujo "conhecimento exato [...] não é invariavelmente necessário

---

[164] Ibid, p. 143.

para fins de investigação psicológica; por vezes sua [das pulsões] fonte pode ser inferida de sua finalidade"[165]. Entretanto, ao falar das outras três componentes da pulsão – pressão (*Drang*), objeto (*Objekt*) e objetivo (*Ziel*) – Freud faz afirmações que contrariam qualquer biologismo: a pressão é constante, o objeto é totalmente variável, pode ser parte do próprio corpo e não está ligado à pulsão *ab origine*.

Neste ponto específico da relação entre a pulsão e o psíquico, Freud diz, em determinado texto (*Pulsões e destinos das pulsões*), que a pulsão *é* o representante psíquico de uma fonte somática de excitação, e em outro (*O recalque*) ele dirá que a pulsão *tem* representante psíquico, que ela se faz representar no psiquismo, do que se depreende que, se ela tem um representante psíquico, o *Vorstellungsrepräsentanz,* cujo acesso à consciência é negado no recalque originário, então ela não é esse representante, no caso, de uma suposta força somática de excitação. Se ela se faz representar no psíquico, é porque a pulsão, enquanto tal, não é "psíquica", mas exterior ao psíquico. Mas, excetuando-se a fonte, Freud não faz qualquer atribuição somática às componentes da pulsão e, pelo contrário, dá vários indícios de um funcionamento não somático da pulsão.

Assim, no principal texto freudiano sobre as pulsões, lemos sua definição mais famosa: *A pulsão se nos aparecerá como um conceito limítrofe entre o psíquico e o somático, como o representante psíquico dos estímulos que se originam dentro do organismo e alcançam a mente, como uma medida de exigência de trabalho feita ao psíquico em conse-quência da sua ligação com o corpo*[166].

E é sobre este ponto – *conceito limítrofe* – que queremos nos deter. Sabemos que muitos psicanalistas tomam esta afirmação à maneira positivista, que faria situar a pulsão mesma no limite *intra-orgânico* entre o somático e o psíquico, vale dizer, ali onde terminaria o espaço da incidência das fontes somáticas e começaria o espaço de atuação das forças "psíquicas", entendidas psicofisicamente. Trata-se, nesta leitura rasa da frase de Freud, de uma localização que poderíamos qualificar de *teoricamente delirante* da pulsão em fronteiras intra-orgânicas.

---

[165] Ibid., p. 144.
[166] Ibid., p. 142.

A PSICANÁLISE

Esta interpretação não é rara no meio psicanalítico, e muitas vezes se apresenta revestida de um certo matiz cientificista, supostamente garantido pela pseudo positividade e objetividade que envolve as aparências de tal apreensão, em que pese ao caráter metafísico e mesmo delirante em que consiste semelhante hipostasia de um conceito.

Apresentaremos em seguida uma interpretação de nossa autoria desta formulação de Freud. Recusamos de saída a ideia de que o *limite* (entre o somático e o psíquico) seja tomado positivista ou ontologicamente, designando uma localização na realidade intraorgânica que seria, portanto, a um só tempo, *somático e psíquico.* Tomamos a expressão *conceito limite* no campo da matemática, não sem primeiro lembrar que Freud afirma que é o conceito de pulsão – e não ela própria, como entidade existente na realidade – que é limítrofe. Assim, se o limite entre duas grandezas não homogêneas (em Freud o funcionamento psíquico e o fisiológico são heteróclitos) for estabelecido como um limite *disjuntivo* e não *conjuntivo,* o conceito de pulsão será localizado no limite aberto entre psíquico e somático, designando algo que não é *nem somático nem psíquico*, e não algo que é "metade somático, metade psíquico", mas de uma ordem distinta das realidades psíquica e somática.

A representação gráfica desta condição implica escrever o limite disjuntivo como dois colchetes abertos {].[} separando o ponto considerado sobre uma linha ou eixo de referência que poderia, antes e fora da inserção deste ponto, integrar em si as duas dimensões – como na perspectiva da unidade psicofísica do indivíduo psicológico, no paralelismo psicofísico, nas interações mente/corpo, no holismo de uma totalidade integral – agora disjuntas pela intervenção da pulsão como ponto limite disjuntivo.

Se definirmos o eixo da abcissa considerado como representando a unidade psicofísica integrada, e introduzirmos, nela, um ponto de supressão de um determinado valor de x, justamente no limite disjuntivo apontado por Freud para a pulsão, produziremos uma ruptura, uma descontinuidade da função antes contínua. Abre-se assim um limite que estabelece um primeiro subconjunto que vai de $-\infty$ até o limite ( ]) e que pode ser designado como o subconjunto "psíquico". Segue-se o ponto ruptural vazio, e, a partir do novo limite ([ ) assim aberto em relação ao primeiro, um novo subconjunto que vai deste ponto até +∞, e que pode ser designado como "somático". Na verdade, com a ruptura ocorrida, esses dois espaços são dissolvidos, explodindo-se a unidade psicofísica suposta existir antes e fora da incidência do ponto ruptural. E – o que é mais importante – abre-se um novo campo, que nada mais tem a ver nem com o psíquico nem com o somático, que só existiam na interação psicossomática inexistente. Este campo, aberto pela pulsão como limite disjuntivo, chama-se inconsciente, que não é nem psíquico nem somático, e menos ainda o fruto da interação dos dois.

ESQUEMA DA PSICOLOGIA

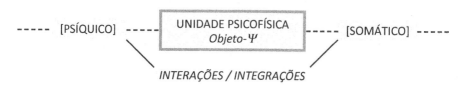

ESQUEMA DA PULSÃO-LIMITE COMO EXPLOSÃO DO ESPAÇO PSICOFÍSICO

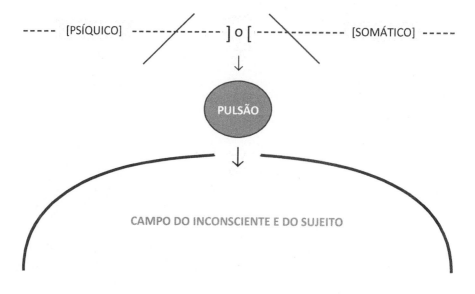

A PSICANÁLISE

O campo do inconsciente que se produz a partir da dissolução do conceito de unidade psicofísica individual – aqui tomado como efeito do impacto pulsional nesta unidade pela intervenção da pulsão como *ponto limite entre o psíquico e o somático* – demonstra claramente que, neste novo campo, inaudito na ciência até então, não se trata do psíquico nem do somático. O inconsciente a rigor não é uma instância psíquica, não é psíquico, se quisermos levar esta concepção, que extraímos do texto freudiano, às suas últimas consequências. E é menos ainda uma instância somática, implicando, contudo, e no mais alto grau, o corpo. O que Freud encontra no corpo histérico é exatamente isso: um território não orgânico que expressa, na materialidade do corpo, conflitos e questões inconscientes relacionadas ao desejo como sexual e não efeitos de processos fisiológicos. Como veremos adiante, nos primeiros passos de escrita do novo campo que fundava, Freud afirmou a existência de *paralisias motoras histéricas* opondo-as às *paralisias motoras orgânicas,* as únicas que existiam para a ciência de sua época. O que caracteriza estas paralisias motoras histéricas é que elas desobedecem, ponto por ponto, as leis da neurologia, e levam o sujeito histérico a paralisar-se "de acordo com o conhecimento que o senso comum tem da anatomia". Espantoso, não? Como é possível que uma nova ciência, recém chegada ao mundo científico, tome como fundamento do fenômeno que estuda o "conhecimento do senso comum", que despreza o conhecimento científico (leis neurológicas sobre paralisias motoras)? É que esta nova ciência se debruça sobre o inconsciente, e, para ser o mais rigorosa possível quanto ao seu "objeto", precisa respeitar suas leis, e entre elas consta a de que o inconsciente é *leigo,* e além disso é "estranho ao somático"[167].

Uma expressão da poesia concreta contemporânea ilumina, com as luzes que a poesia sempre faz jorrar sobre onde quer que ela recaia, a disjunção produzida pela pulsão na unidade psicofísica – que podemos tomar como equivalente ao "eu" da psicologia – de forma que consideramos impactante. O poeta americano Andrew Russ, que usa o pseudônimo *endwar,* anagrama de seu primeiro nome, que pode ser

---

[167] Cf. Milner, J.-C. – *A obra clara,* op. cit., p. 35.

lido como *fim* ou *acabar a guerra,* criou o seguinte poema concreto, intitulado *Open your I:*

$$I$$

$$][$$

A letra I e a palavra que ela grafa em inglês – eu – quando serifada, é a fusão de dois colchetes abertos. Se abrirmos o eu, e não *apenas* os olhos, expressão corrente com a qual joga o título do poema (*open your eyes*), temos a disjunção da materialidade literal, ou como diria Lacan "em franco-português", a *moterialidade* (*materialidade da palavra – mot,* em francês) mesma que o constitui, os dois colchetes abertos, exatamente a mesma forma que, antes de conhecer este magnífico poema[168], usamos para figurar a dissolução do eu como unidade psicofísica da psicologia pela pulsão freudiana. Assim dissolvido, o *eu* será reconstituído, mas agora à luz da pulsão narcísica, a libido do eu, pelo que Freud designa como *uma nova ação psíquica,* que faz surgir o eu ali onde só havia pulsões autoeróticas. O poema de endwar mostra que o eu é uma ilusão formada pela colabação de duas partes que, na verdade, são separadas, desde que a isso o eu possa abrir-se: *open your I.*

Funcionalismo X topologia do sujeito

Estar na psicanálise com rigor é, portanto, admitir que este campo é novo, inédito, inaugural e irredutível a qualquer outro que o tenha

---

[168] endwar, *Open Your I*, poema concreto extraído da antologia *The Last VISPO Anthology: Visual Poetry 1998 – 2008,* editada por Nico Vassilakis & Craig Hill. Este poema de endwar nos foi apresentado por Lucas Ferraço Nassif, colega brasileiro que participa de nosso Seminário na cidade de Lisboa, onde mora.

A PSICANÁLISE

precedido na história das ciências, dos saberes e práxis. E, como afirmamos em relação à necessária exclusão do campo subjetivo das operações científicas em sua fundação, a psicanálise traz o sujeito para dentro do campo da ciência, mas não o mesmo sujeito protopático, sensível, compreensível e compreensivo, humano, mas o sujeito-função do inconsciente, sujeito sem qualidades anímicas, intelectuais, perceptivas, humanitárias, morais, enfim, o sujeito visado na experiência psicanalítica e que se encontra em operação nesta experiência. Vale estender esta caracterização do sujeito do inconsciente até os seus confins mais íntimos e últimos: sua condição de objeto, definido por Lacan como objeto *a,* sobre o qual não vamos discorrer aqui mas tampouco vamos nos furtar a dizer que este objeto, sem qualquer consistência imaginária capaz de torná-lo encontrável na realidade dita objetiva, e portanto sem qualquer oferta ao sujeito como um modelo de identificação, é o seu destino numa análise. A experiência analítica, pelas razões mais afinadas com a ciência – que despoja seu objeto de qualidades, consistências e imagens – mas ao mesmo tempo por razões que a ciência não tem como incorporar a seu campo porquanto ultrapassam a sua autonomia de voo conceitual, a sua estrutura discursiva (sempre regida pelo significante mestre ou pelo saber) e a sua capacidade operacional no nível do ato (chamado de *teknè*), conduz o sujeito a finalmente despojar-se de suas vestes subjetivas, coladas ao seu corpo de sujeito como uma túnica de Nessus, ou como a inconsútil túnica de Jesus – ambas mortais – e a assumir uma posição de objeto sem veste alguma, sem objetividade palpável, mas como fundamento não objetivável de toda objetividade possível. Sem vestes imaginárias, aparentes, mas não sem *semblante*, conceito avançado do ensino de Lacan que, não sendo de modo algum da ordem da aparência, é contudo o que, do real nu e cru, como tal impossível, se pode fazer uso: no semblante, o que *parece* é ao mesmo tempo o que *é*[169], pois do ser só temos acesso ao semblante, ele pode ser nesta

---

[169] No semblante, devemos conjugar o verbo *parecer* fundido com o verbo *ser*, com dois "s" – "paresser: eu paressou, tu parésses, ele parésse, nós paressomos, vós paressois, eles paressem. (Cf. Lacan, J. – *O Seminário, Livro XX – Mais, ainda*, Lição de 16 de janeiro de 1973 (*O amor e o* significante), op. cit., p. 62.

A CIÊNCIA DA PSICANÁLISE

forma de *aparição*, ou *a-parecença,* e não na de aparência, já que esta palavra sempre promete algo que "seria de verdade" por trás dela, como face verdadeira sob a máscara falsa.

Pois bem, uma análise levada a cabo leva o sujeito a destituir-se de sua condição de sujeito e a assumir a de semblante de objeto, fazendo ele ou não uso desta passagem para tornar-se psicanalista, já que ele o será – um "psicanalista" – exercendo ou não este ofício social – mas na sua vida de desejo, de amor, de intervenção no mundo, enfim, em sua posição como vivo e no seu modo de morrer.

Pensamos que há, indiscutivelmente, uma invenção científica nessa operação, uma novidade no mundo das práxis e saberes cientificamente orientados, ainda que, para isso, a psicanálise tenha tido que ultrapassar os limites da ciência, as cercas desta fazenda, sempre contudo através das trilhas que percorrem seu território.

Se retomarmos essa mesma operação de dissolução da dualidade mente/corpo, ou psíquico/somático, correlata da dicotomia cultura/ natureza anteriormente considerada, produzida pelo **conceito freudiano de pulsão** que, na metapsicologia freudiana, pertence ao registro *econômico*, de distribuição de *quantas* de energia, mas desta vez por um viés *tópico,* relativo a *lugares* no campo do sujeito, nomeadamente o **campo do inconsciente**, poderemos analisar dois paradigmas bastante heterogêneos entre si, que designaremos como *paradigma psico-funcionalista* e *paradigma campo-e-função do inconsciente.* O primeiro vigora na psicologia e na psiquiatria tradicionais, e o segundo na psicanálise. Veremos a que ponto são heteróclitos e incompatíveis entre si os modos de pensar e atuar em cada um desses campos, em função dos princípios lógicos que regem, respectivamente, esses paradigmas.

O paradigma psico-funcionalista, centrado no indivíduo psicofísico, domina todo o cientificismo biopsicológico do século XIX e que, na seção precedente, foi explodido pelo conceito de pulsão. Ele consiste em conceber o psiquismo como um conjunto de *funções mentais* ou *psíquicas,* denominadas nos primórdios da psicologia e da psiquiatria como *faculdades mentais.* Essas funções compõem uma lista finita e não demasiado numerosa, não chegando a duas dezenas, pelo menos em suas formulações mais básicas, já que sempre se podem

A PSICANÁLISE

subdividi-las em funções derivadas. Para os fins de nossa argumentação, listamos quinze funções: *atenção, consciência, memória, pensamento, inteligência, aprendizagem, cognição, senso-percepção, humor, emoção, motivação, afetividade, vontade, sexualidade e linguagem.*

Esta perspectiva descritiva tem um correlato clínico e diagnóstico: nela, todos os distúrbios mentais seriam *disfunções* que se combinariam, de diferentes modos, nos *quadros clínicos,* bem à maneira pela qual a Psicopatologia Geral (estudo das disfunções sem agrupamentos sindrômicos), se relaciona com a Psicopatologia Especial (composição de síndromes específicas a partir do agrupamento de sintomas de disfunção em um mesmo quadro clínico). Decorre disso que o indivíduo pode apresentar distúrbios em diferentes funções meramente justapostas, nem sempre articuláveis entre si em um nexo lógico, ao ponto de apresentar mais de um quadro clínico, o que a psicopatologia funcionalista denomina de *comorbidade.*

Cabe ainda assinalar que nesta vertente os distúrbios gozam de autonomia (dis)funcional, são independentes de qualquer *posição subjetiva,* categoria que não faz o menor sentido no paradigma psico-funcionalista e cuja força só poderemos verificar na segunda perspectiva, a do paradigma psicanalítico, apresentado em seguida ao psico-funcionalista. Assim, os sintomas ou traços que compõem determinada síndrome independem do *sujeito,* de forma inteiramente homóloga, em todos os pontos, a um processo mórbido de natureza orgânica, no qual o indivíduo é *acometido* de uma doença, não tendo com ela nenhuma relação de articulação interna, lógica, subjetiva.

Podemos representar graficamente esta concepção funcionalista pelo seguinte esquema:

	PSIQUISMO/FUNÇÕES PSÍQUICAS														
UNIDADE PSICOFÍSICA – INDIVÍDUO HUMANO	01	02	03	04	05	06	07	08	09	10	11	12	13	14	15
	ATENÇÃO	CONSCIÊNCIA	MEMÓRIA	PENSAMENTO	INTELIGÊNCIA	APRENDIZEGEM	COGNIÇÃO	SENSO-PERCEPÇÃO	HUMOR	EMOÇÃO	MOTIVAÇÃO	AFETIVIDADE	VONTADE	SEXUALIDADE	LINGUAGEM
	ORGANISMO/FUNÇÕES ORGÂNICAS														

Na contemporaneidade, esta posição vem passando por modificações em seu envelope formal (não em sua estrutura conceitual que, como dissemos, data do século XIX), pelas sucessivas edições do *Diagnostic and statistical manual of mental disorders*[170], o famoso DSM, produção da *American Psiquiatric Association* (APA), que já desde a sua terceira edição (DSM III), de 1982, assumiu e generalizou a terminologia do *transtorno* em lugar da de *distúrbio*, ao que se acrescentou uma deliberada posição anti-teórica e anti-etiológica, na crença, fracassada nas palavras de seus próprios idealizadores[171], de que a adoção de uma posição estritamente descritiva dos transtornos favoreceria a fidedignidade e a objetividade necessárias às práticas científicas. O DSM, inicialmente concebido para ser um instrumento auxiliar na clínica psiquiátrica, tornou-se sua única referência, e vendeu como água para sucessivas gerações de psiquiatras nos Estados Unidos e no mundo que se encontra sob seu domínio

---

[170] DSM-V, op. cit.

[171] Cf. Andreasen, N. – *DSM and the death of Phenomenology in America: An exemple of unintended consequences.* In Schizophrenia Bulletin Advance Access, Oxford University Press, 2006.

cultural e ideológico, e transformou-se numa espécie de *catálogo* de transtornos do qual os diagnósticos passaram a depender de forma exclusiva, com sérios e desastrosos efeitos nas práticas de diagnóstico e tratamento.

Paralelamente a este processo, a ascensão da psicologia cognitivo comportamental apropriou-se inteiramente da lógica *transtornalista* do DSM, a ela associando-se como a grande referência de tratamento condutivista, adestrador e pedagógico, desprovido de toda dimensão propriamente clínica no sentido da experiência da loucura, tão bem explorada pela psiquiatria fenomenológica que marcou os primórdios da Psiquiatria Clínica, como em um Karl Jaspers, por exemplo, pai da psiquiatria moderna e da respeitável *Psicopatologia Geral*[172].

Na outra vertente situa-se a psicanálise, cujos pesquisadores e clínicos vem trazendo importantes contribuições paro o entendimento e o tratamento dos distúrbios psíquicos segundo uma lógica inteiramente diversa em termos científicos. Na perspectiva da psicanálise, e esta é uma posição metodológica, de princípio, todo e qualquer quadro clínico é resultado de uma *posição subjetiva,* a partir da qual produzem-se seus sintomas e fenômenos clínicos. Retornaremos ao conceito de *posição subjetiva* em momento posterior de nossa escrita, para não nos desviarmos do confronto desses dois paradigmas.

De modo diametralmente oposto ao do funcionalismo, com o qual estabeleceu, de saída, uma ruptura epistemológica, a psicanálise concebe um *campo* como detendo a primazia sobre o conjunto discreto e finito de *funções psicofísicas* como aquele que apresentamos acima, com 15 funções. As duas categorias que, na concepção funcionalista do *acontecer psíquico* são consideradas funções e que colocamos propositalmente por último na espécie de "teclado" das 15 funções, a saber, a *sexualidade* e a *linguagem,* assumem, na psicanálise, o estatuto de *campos*. Esses dois campos foram exatamente aqueles que, sucessivamente, Freud, criador da Psicanálise e primeiro construtor de seu campo conceitual e metodológico, e depois Lacan,

---

[172] Cf. Jaspers, K. – *Psicopatologia Geral,* op. cit.

A CIÊNCIA DA PSICANÁLISE

pensador que tomou a si a tarefa de empreender um retorno aos fundamentos mesmos da psicanálise freudiana que vinham se perdendo por sua progressiva redução ao discurso médico-psicológico (e portanto funcionalista) com o qual Freud justamente havia rompido, designaram como seus *campos* respectivos: a *sexualidade* em Freud e a *linguagem* em Lacan. E veremos como, em decorrência disso, esses campos necessariamente se recobrem.

De modo algum sexualidade e linguagem poderiam ser consideradas como funções "psíquicas" de um indivíduo psicofísico: são campos, dos quais decorrem, extraem-se duas funções: a fala e o sujeito. O desconhecimento disso ocasionou inúmeras críticas infundadas a Freud como um pensador *pansexualista*, por exemplo, possibilidade que só se poderia ser cogitada se Freud tomasse a sexualidade como uma função psicofísica (de *reprodução da espécie*, ou mesmo de apetite individual, por exemplo), o que de forma alguma se sustenta, bastando para isso ler seus *Três ensaios sobre a teoria sexual* (1905) para ver que ela é um campo de desejo, prazer e gozo, e não uma função que teria na cópula genital seu referente principal ou exclusivo.

Para a psicanálise, antes mesmo que se constituam funções no psiquismo, o corpo de um *infans* (nome empregado em psicanálise para designar o ser humano falante em um período muito inicial, em que ele ainda não fala, embora estruturalmente seja um falante, e que coincide com o seu significado em latim: *in-fans,* o que não fala), recebe uma enxurrada de marcas simbólicas provinda do Outro, encarnado, via de regra mas não necessariamente, pelos pais, na configuração da família moderna, de forma que, entre o nascimento e o momento de organização das funções, os fatores determinantes da posição subjetiva já operaram. Em psicanálise, este hiato temporal (entre o nascimento e a formação do eu) constitui justamente o período de estruturação do inconsciente no sujeito. A posição subjetiva – que Lacan afirma ser algo *perfeitamente objetivável,* retirando-a assim da aura de um subjetivismo vago e impenetrável pela investigação científica e colocando-a no cenário do diálogo científico – detém, assim, a primazia em relação à funções *observáveis*, e dependentes daquela posição.

O sujeito do inconsciente é um efeito do significante, elemento operacional da linguagem, que se constitui assim, do ponto de vista topológico, como um *campo*. O sujeito é então uma *função* deste campo, homólogo à fala, definida como função do campo da linguagem. Esses termos compõem o título de um escrito fundamental de Lacan, contemporâneo do início formal de seu Seminário, conferência proferida no Congresso realizado pelo Instituto de Psicologia da Universidade de Roma nos dias 26 e 27 de setembro de 1953 e introduzida pelo famoso *Discurso de Roma*. A conferência tem como título *Função e campo da fala e da linguagem em psicanálise*[173], a ser lido distributivamente: *função da fala* no *campo da linguagem,* posto que a fala é uma função da linguagem[174]. A questão propriamente psicanalítica implicada nesses termos é que essa fala-função, no plano do inconsciente, do qual ela é o único acesso desde que Freud abandonou a hipnose pela associação livre, é correlata da função-sujeito, que é efeito da linguagem, mais precisamente do significante, a causa do sujeito: "O efeito de linguagem é a causa introduzida no sujeito. Por este efeito, ele não é causa de si mesmo, ele porta o verme da causa que o fende. Pois sua causa é o significante, sem o qual não haveria nenhum sujeito no real"[175]. O sujeito é efeito, é causado pelo significante, pelo qual ele é, de saída, fendido, dividido, o que, também de saída, atesta seu estatuto radicalmente heteróclito ao *indivíduo* (aquele que não é dividido).

---

[173] Lacan, J. – *Função e campo da fala e da linguagem em psicanálise* (1953), in *Escritos,* op. cit.

[174] A forma distributiva com que propomos que o título deste escrito seja lido: *função da fala no campo da linguagem,* evidencia com toda a clareza a sua relação com o argumento que estamos aqui desenvolvendo, além de situar, com rigor e precisão, o modo como a categoria de *função* pode ser utilizada em psicanálise: sempre em articulação diferencial com a categoria de *campo,* modo que é assim radicalmente distinto daquele em que os demais saberes do campo *psi* – nomeadamente a psicologia e a psiquiatria – empregam esta categoria: isolada, "autônoma" e não dialeticamente.

[175] Idem – *Posição do inconsciente no Congresso de Bonneval,* op. cit., p. 849.

Para representar graficamente esta concepção metodológica e conceitual da psicanálise utilizaremos o gráfico abaixo:

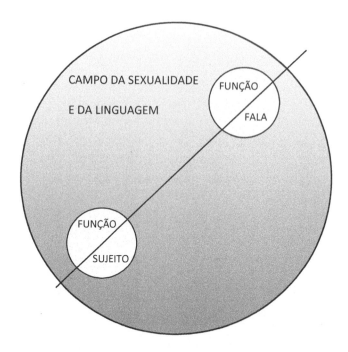

O sujeito é, assim, o nome da função que, correlatamente à da fala, constitui-se no ser falante a partir das incidências de Outro, entendido como campo de desejo e linguagem, inicialmente situados fora do sujeito, e por isso um campo: em vez de um indivíduo que conteria funções, o sujeito é, ele próprio, uma função da linguagem, que por isso é mais ampla e maior do que ele, que é um *ponto* no que poderíamos topologicamente formular como um círculo que se estende em torno deste ponto. Um indivíduo contém funções, enquanto um sujeito é contido, como uma função pontual, por um campo que o engloba.

Demonstrada a radical diferença entre essas duas perspectivas metodológicas, podemos extrair delas consequências clínicas importantes: um psicanalista jamais recebe um sujeito em sua escuta visando identificar *que funções* estariam em pane ou disfunção para, a partir

A PSICANÁLISE

disso, estabelecer diagnóstico e tratamento. O psicanalista recebe o sujeito e o convoca a falar, seguindo o princípio fundamental, que é, ele próprio, um princípio metodológico, de que a fala é a única *função* do campo do inconsciente, e portanto sua via privilegiada de acesso, campo no qual o desejo do sujeito se articula como sintoma. Com a condição adicional de que, em psicanálise, o sintoma não é concebido como signo de enfermidade mas como modo de solução de conflitos indefectíveis em todo ser falante (o que faria com que toda a humanidade fosse considerada enferma, o que evidentemente não faz o menor sentido) e que tem no desejo inconsciente o nó górdio de sua trama. Se o sintoma é um modo de solução, se ele estiver funcionando bem não existe nenhuma razão para se procurar uma psicanálise. O sintoma não é o mote de uma busca de análise, mas sim seu fracasso como sintoma, ou seja, o aparecimento do afeto de angústia, este sim, signo do desejo[176] e ao mesmo tempo de risco, perigo, ameaça à estabilização do eu do sujeito.

O que estrutura o método psicanalítico – e, como veremos no capítulo especificamente dedicado à metodologia da psicanálise, só existe um método psicanalítico: o método que norteia a experiência clínica da psicanálise é rigorosamente o mesmo que orienta qualquer pesquisa psicanalítica – é que a precedência da fala é sempre dada ao sujeito, nunca ao psicanalista, o que tem consequências sobre o lugar do saber do psicanalista, posto em posição de popa e jamais de proa no barco da psicanálise. Contudo, é preciso assinalar que uma posição como esta, a um só tempo metodológica e discursiva – pois método e discurso são duas dimensões de uma só e mesma operação psicanalítica – não é nem inocente, nem espontânea, nem cavalheiresca: o psicanalista não adota o princípio *subject first*[177] por alguma espécie de magnanimidade social, mas porque está suficientemente advertido de que, de outra maneira, o sujeito do inconsciente não terá a menor chance de se presentificar em sua fala.

---

[176] Cf. Lacan, J. – *O Seminário, Livro X, A Angústia* (1962-63), Rio de Janeiro, Jorge Zahar Editor, 2005.

[177] Variação de *ladies first, primeiro as damas,* expressão do "cavalheirismo ocidental".

A CIÊNCIA DA PSICANÁLISE

Estabelecidas essas condições, passemos ao exame do que, desde o interior do próprio discurso psicanalítico, coextensivo à experiência psicanalítica, a dicotomia ciência natural/ciência cultural pôde ser superada. Para isso, recorremos à topologia lacaniana dos círculos de Euler, por ele usada na sua teoria da constituição do sujeito do inconsciente, mas aqui aplicada a um outro problema: a relação entre os dois campos em que a contemporaneidade vem cindindo o campo científico, e uma solução psicanalítica para esta cisão.

Inconsciente e ciência – uma articulação entre duas perdas

A teoria – ou, antes, a *lógica* – da constituição do sujeito do inconsciente, tal como Lacan a elabora no 11º ano do seu seminário[178], e que ele formula como a articulação entre duas operações constitutivas por ele designadas por *alienação* e *separação,* sempre envolvendo dois polos – o *ser* e o *sentido* e, na sequência, *o sujeito* e o *Outro* – pode ser utilizada como uma interessante forma de interpretação da relação inédita que a psicanálise estabelece entre o que se poderia chamar de natureza e cultura, e consequentemente entre ciências naturais e ciências culturais (evitamos a expressão *ciências humanas*, exatamente porque o de que se trata aqui não é o homem mas o sujeito).

Lacan recorre à topologia dos diagramas (ou círculos) de Euler para construir a sua, a topologia da constituição do sujeito a partir do Outro. Inicialmente, em uma temporalidade que é mítica à luz do que efetivamente existe, a saber, o sujeito falante, que em francês é dito em uma só palavra, um neologismo teórico – *parlêtre* – haveria, de um lado, o círculo euleriano que representa o *ser,* que chamaremos de *natural,* um ser vivo da espécie dita humana mas cujo distintivo relevante aqui é sua relação com a linguagem, o que torna este ser potencialmente falante. De outro, o círculo do *sentido.* Disjuntos,

---

[178] Lacan, J. – *O Seminário, Livro XI, Os quatro conceitos fundamentais da psicanálise* (1964), op. cit.

esses círculos não levam a lugar algum: nenhuma dialética se estabelece entre ser e sentido, nenhum sujeito se constitui:

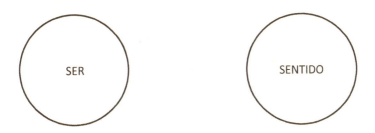

Tudo começa com a interpenetração entre os dois círculos, criando um espaço comum, uma interseção: o ser natural entra no campo do sentido, e este no do ser:

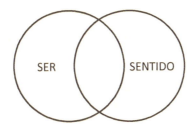

O que se passa, então? Coloca-se para o ser o que Lacan chama de *escolha forçada* entre a conservação de sua condição de ser e a de aderir ao sentido, e Lacan utiliza o conectivo lógico *vel* para designar esta "escolha", este tipo de "ou", que se caracteriza pelo fato de que uma das opções implica a perda das duas, para o que a formulação "a bolsa ou a vida" se aplica bastante bem: se escolho a bolsa, perco ambas, a bolsa e a vida. O mesmo se aplica ao ser: se ele "escolhe" o ser, perde o ser e o sentido, e então a escolha pelo sentido é forçada, chamando-se por isso de alienação: o ser se aliena de si no sentido. Isso implica, para o ser, a possibilidade de advir como sujeito, ao preço de uma perda fundamental, de sua condição de ser vivo.

A alienação situa o que era o ser na área de interseção com o sentido, o que é seu primeiro passo de sujeito, e produz, no mesmo golpe, a perda do restante do campo do ser, isto é, a parte do círculo do ser que não é recoberta pelo sentido. A área que, no esquema abaixo, designamos como "área de perda", é a que é recoberta tanto pelo ser quanto pelo sentido, sua interseção. O círculo do sentido, nesta primeira operação, a alienação, prevalece sobre o ser, e por isso reforçamos seu contorno.

Iniciando, já neste ponto, a interpretação epistemológica que propomos, em termos das relações entre natureza e cultura e seus respectivos campos epistêmicos, diremos que, neste primeiro momento, pareceria que o sentido – que aqui representa o campo simbólico, da linguagem, e portanto do que se poderia aproximar das ciência da cultura – predomina, e que a natureza é a dimensão que se perde: seríamos, como sujeitos, para a psicanálise, seres de pura linguagem, anjos falantes, ou peças do tabuleiro covariante da estrutura simbólica, estaríamos do lado que Milner denomina *thesei*, com a eliminação de toda *physei*, ou ainda, seríamos seres metafísicos.

Entretanto, o campo do sentido não sai intacto dessa operação. Se do lado do ser impôs-se uma perda forçada, a perda da condição de ser natural, perda da natureza do ser, do lado do sentido, em que os elementos de linguagem não se dispunham numa forma *discreta*, no sentido de discriminada, separada, mas como um bloco indiferenciado de sentido, o encontro com o ser exigiu uma divisão entre dois lugares simbólicos, que faz o bloco assumir uma configuração binária, designados por Lacan como S1 (significante unário) e como

A PSICANÁLISE

S2 (significante binário). Na constituição do sujeito a partir do ser, é preciso que seja formulada a definição de significante: aquilo que representa um sujeito, nada podendo representar senão um sujeito, e o representando sempre para ou junto a outro significante Assim, S1 é o significante que representa o sujeito e S2 o significante para o qual o sujeito é representado por S1.

Esta divisão do campo do sentido entre S1 e S2 tem uma consequência extremamente importante: ainda na primeira operação de alienação, ocorre um contraponto à entrada do sentido, que se chama exatamente de apagamento do sentido: *afânise,* no português de etimologia grega, ou *fading,* no inglês, de etimologia anglo-saxônica, portanto, ambos os termos introduzidos na psicanálise por Ernest Jones, mas por ele aplicado ao desejo da mulher – seu *apagamento* – como correlato da castração no homem, numa concepção demasiado anatomicista da castração, como se ela só se aplicasse a quem tem pênis. O que é, entretanto, a *afânise* ou *fading* para Lacan? Ela incide não sobre o desejo, nem do homem nem da mulher, mas sobre o próprio sujeito constituinte, apagando o sentido como a forma inicialmente assumida pelo sujeito. Mas é importante notar que a afânise é concomitante à entrada do sentido: *o sujeito surge, de um lado, como sentido, e de outro, como afânise*, que aqui significa como *não senso*. São dois lados mas num mesmo momento. O sujeito jamais é puro sentido, mas sempre sentido e não-sentido, senso e não-senso, iluminação e sombra. Esta é uma forma lógica de exprimir a divisão do sujeito, que Lacan escreve desde sempre como S barrado. Por isso Lacan interpreta a afânise como o recalque originário de Freud (*Vortellungsrepräsentanz – representância da representação*), fundação do inconsciente.

Se S1 é o significante injetor do sentido, S2 é o significante afanísico, aquele que apaga o sentido, introduz o não-senso, o significante do recalque originário, da fundação do inconsciente. Há, assim, perda dos dois lados, pois o recalque originário, no que consideramos uma definição logicamente elegante do próprio inconsciente, não quer dizer outra coisa senão a amputação do sentido pela sua intromissão com o ser natural, e a alienação a perda do ser por sua intromissão com o sentido.

A segunda operação, a separação, será o efeito do reconhecimento de que as duas perdas, já agora como perda do ser, sofrida pelo sujeito para constituir-se como tal, dividido, e a perda de sentido, sofrida pelo Outro por ter-se "metido" com o ser, na constituição do sujeito, incidem no mesmo espaço topológico – a área de interseção – que passa então a ser a área real de perda, antes situada apenas na parte do ser não recoberta pelo sentido.

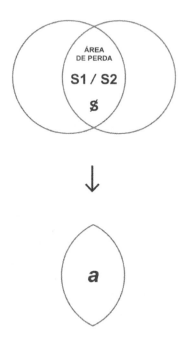

A área de interseção, que podemos chamar de lúnula central, é lugar do recobrimento de duas faltas, a do sujeito e a do Outro, e é o lugar do objeto *a*, que "cai", por assim dizer, do esquema, reduzido, então, à lúnula mesma.

A relação da psicanálise com esta dualidade entre ciências naturais e ciências culturais é, portanto, a de romper com toda supremacia de uma sobre outra, por um lado, e com toda forma de paralelismo, por outro. Trata-se, antes, de uma articulação de suas perdas na criação de um novo campo epistêmico.

A PSICANÁLISE

O nosso propósito aqui não é apresentar a teoria da constituição do sujeito através das operações de alienação e separação, mas fazer uso dessas operações para extrair as consequências da entrada da psicanálise no campo científico no modo lógico-topológico que refunda a relação entre as ciências naturais e as ciências "humanas". Antes ou fora dos efeitos do discurso psicanalítico, esta relação tem-se invariavelmente formulado: a) como reducionismo de uma à outra, em geral dos fenômenos humanos aos naturais, no que se denomina de "organicismo", por exemplo; b) como mútua exclusão, conservando a integridade entre seus respectivos campos; c) como paralelismo interativo, paralelismo psicofísico; d) integração em uma perspectiva *holística,* que tende a conceber o cultural (mental, psíquico ou social) e o natural (orgânico, somático, biológico) como uma unidade integrada em um todo, etiquetado com o trinômio bio-psico-social, nulidade conceitual e semântica que no entanto serve como chave ilusória de falsa solução dos verdadeiros problemas. A partir da lógica e da topologia psicanalítica, exemplificada nas operações de alienação e separação, o ser se perde como natureza e o sentido fica descompletado como potência semântica, o que implica que não há, do ponto de vista da psicanálise, nem prevalência do natural sobre o cultural (ou vice-versa), nem exclusão que mantivesse intactas as unidades mutuamente excluídas, nem paralelismo interacionista, nem integração holística, mas disjunção, exclusão interna, implicando perda tanto no que deixa de ser natural (sujeito) quanto no que não chega a ser todo-sentido (inconsciente).

Esses dois campos, superpostos em suas perdas, separados, não dizem respeito unicamente a um sujeito em sua condição de "indivíduo", como habitualmente "se pensa" a psicanálise – pois o *in-divíduo* é o primeiro ser perdido porquanto tudo começa pela *divisão* operada em cada um dos dois campos – mas a todos os fenômenos humanos, que sempre existem mesmo que a ciência que deles se ocupa não sejam, ela própria, nem humana nem natural, mas que só podem existir dentro e a partir de um laço social e político, eixos estruturais do inconsciente.

Inconsciente, objeto e ciência

O inconsciente é o nome do campo fundado por Freud como constitutivo de sua ciência. Um *campo*, como vimos, não é um *objeto*: o primeiro é amplo e indeterminado em suas bordas, e o segundo é um recorte dele, uma "porção delimitada" do campo, que dele se destaca como uma região delimitada por uma borda. Assim, não podemos dizer que o inconsciente seja o objeto da psicanálise – ele é seu campo.

O décimo-terceiro ano do Seminário de Lacan teve como tema *O objeto da psicanálise* (1965-1966). A primeira aula deste seminário, datada de 1º de dezembro de 1965 foi transformada em um importante escrito, *A ciência e a verdade.* Neste escrito, podemos ler, sobre a questão do objeto da ciência e o da psicanálise:

> Repetimos que há alguma coisa no *status* do objeto da ciência que não nos parece ter sido elucidada desde que a ciência nasceu. E lembramos que, se levantar agora a questão do objeto da psicanálise é retomar a questão [...] da posição da psicanálise dentro ou fora da ciência, indicamos também que essa questão não pode ser resolvida sem que, sem dúvida, nela se modifique a questão do objeto da ciência como tal.[179]

Fica evidenciada a questão epistemológica quanto a definir com toda a clareza o que é o objeto da ciência, o que, segundo Lacan, ainda não foi feito suficientemente. Há, assim, uma relação íntima e ao mesmo tensa entre o objeto da ciência e o objeto da psicanálise. Ele prossegue:

> O objeto da psicanálise [...] não é outro senão aquilo que já expus sobre a função que nela desempenha o objeto *a*. O saber sobre o objeto *a* seria, então, a **ciência da psicanálise**[180]? Essa é precisamente a fórmula que se trata de evitar, uma vez que esse objeto *a* deve ser inserido, já o

---

[179] Lacan, *A ciência e a verdade,* o. cit., p. 877.

[180] Grifamos esta expressão porque ela é homônima do título deste livro, o que foi encontrado inesperadamente pelo autor.

A PSICANÁLISE

sabemos, na divisão do sujeito pela qual se estrutura, muito especialmente, [...] o campo psicanalítico. Eis por que era importante promover, antes de mais nada, e como um fato a ser distintinguido da questão de saber se a psicanálise é uma ciência (se seu campo é científico) exatamente o fato de que sua práxis não implica outro sujeito senão o da ciência.[181]

Clareza maior na formulação da questão, impossível. A questão maior não é decidir se a psicanálise é ou não uma ciência – questão que concerne a seu *campo*, o campo do inconsciente, como o propusemos – mas a seu objeto, o que engaja de saída a dimensão da *práxis* psicanalítica: esta implica o sujeito da ciência, e não qualquer outro. É o sujeito (da ciência) e não seu objeto (ainda não suficientemente elucidado) que se constitui como a questão decisiva: ele é o mesmo sujeito da ciência, mas subvertido.

O campo do inconsciente articula-se em torno deste ponto crucial que é o objeto *a*, que intervém na divisão do sujeito pela qual o que se estrutura é este campo mesmo. Se dermos um salto de doze anos para trás no tempo, para o Relatório de Roma, 1953, encontraremos duas importantes definições de inconsciente: "O inconsciente é a parte do discurso concreto, como transindividual, que falta à disposição do sujeito para restabelecer a continuidade do seu discurso consciente". E, três parágrafos adiante: "O inconsciente é o capítulo da minha história que é marcado por um branco ou ocupado por uma mentira: é o capítulo censurado. Mas a verdade pode ser resgatada: na maioria das vezes, já está escrita em outro lugar."[182]

A estrutura do inconsciente é transindividual: ele comporta uma multidão de marcas, traços transgeracionais, de *incontáveis eus,* como dirá Freud referindo-se ao Isso. É curioso observamos o tom hegeliano (discurso concreto, história, verdade) do Lacan do início dos anos 50, que recolocou o trem da psicanálise nos bons trilhos da invenção freudiana. Mas era preciso ir além deste momento hegeliano. Vamos agora dar um salto para frente, de 1953 para 1971, não sem uma escala em 1964, ano do Seminário XI, que sucedeu à excomunhão de Lacan

---

[181] Ibid., pp. 877-8.
[182] Idem, *Função e campo da fala e da linguagem em psicanálise,* op. cit. p. 260.

a Igreja-IPA: " A realidade do inconsciente é sexual".[183] O que seria *realidade* do inconsciente? Sabemos que a categoria de realidade, em psicanálise, remete à de objeto, termo "que tende a apreciar a realidade implicada em uma situação"[184]. Essa referência à realidade nos obriga a uma guinada do campo (o inconsciente como estruturado como uma linguagem – campo simbólico) para o objeto (realidade sexual deste campo – registros imaginário e real, este último termo sendo inclusive aquele do qual deriva realidade). O inconsciente, ainda que desde e para sempre estruturado como uma linguagem, é, assim, RSI.

É como um contraponto ao que há de real no objeto a como índice da impossibilidade da experiência direta do sexo pelo falante que Lacan propõe um apólogo curioso, o "mito da lâmina", para dar à libido a condição de um órgão – em vez de uma energia, como Freud a havia formulado. A libido seria um órgão, mas um órgão irreal, não imaginário, um órgão incorpóreo que se destacaria do corpo ao nascermos e, com a espessura quase igual a zero, seria também indestrutível, como o desejo inconsciente em Freud, e como equivalente do falo na operação do desejo: um órgão irreal, por isso mesmo articulado ao real do objeto a, causa do desejo, sempre sexual.

De 1971[185] em diante, o aforisma *a relação sexual não existe* passará a ocupar um lugar central no ensino de Lacan, que afirma lê-lo de ponta a ponta em Freud. Vamos articular esse aforisma à ciência da psicanálise, vetor axial e título deste livro. Se considerarmos que o aforisma situa o impossível (*não existe* equivale a: *é impossível escrevê-la*), podemos concluir que esta é uma forma de designar o real em jogo na psicanálise, como o ponto de impossibilidade (por isso real) em torno do qual articula-se toda a psicanálise, nas palavras de Lacan, citadas acima: "muito especialmente o campo psicanalítico"

---

[183] Idem, *O Seminário, Livro XI (1964) Os quatro conceitos fundamentais da psicanálise,* op. cit., p.

[184] Idem, *A significação do falo (Die Bedeutung des Phallus,* conferência proferida em alemão, no Instituto Max Planck, de Munique, em 1958), in *Escritos,* op. cit., p. 696. Ver nota 252, adiante.

[185] Idem, *O Seminário, Livro XVIII (1971) De um discurso que não seria semblante,* 1971, Rio de Janeiro, Jorge Zahar Editor, 2009.

– o inconsciente – para começar a tecer a trama que faz este campo. A divisão do sujeito, operada pelo objeto *a* nela inserido como definição do objeto da psicanálise (1965) é precisamente este ponto de impossibilidade, seu objeto real, o que é uma das melhores traduções da categoria de *castração* – que, se faz ou não da psicanálise uma ciência no sentido clássico de ciência moderna importa menos do que o fato de que funda as condições de sua práxis, e dá as coordenadas de uma *ciência da psicanálise.*

O fracasso da crítica popperiana à psicanálise

Um "clarão" de história pessoal

Nossa entrada no curso de graduação em psicologia da PUC-Rio, em março de 1974, foi marcada por um doloroso luto – e também por uma luta[186]. Um grupo de professores, psicólogos da área da Psicologia Social de orientação experimental, e que se encontravam "no poder" na instância que a reforma universitária da PUC havia transformado, de *Instituto de Psicologia Aplicada (IPA)* em *Departamento de Psicologia,* havia procedido a uma demissão em massa dos melhores professores que fizeram do Curso de Psicologia da PUC-Rio uma escolha muito especial para algumas gerações que chegavam à universidade na década do "pós-golpe" de 1964, incluindo a minha.

---

[186] A luta era a do movimento estudantil contra a ditadura militar que, à época, contava seus primeiros 10 anos (1964-1974). Mas essa luta tomou também uma dimensão local, particularizada em nossa experiência de calouros recém ingressados no Departamento de Psicologia da PUC. Organizamos, por nossa conta, um curso com o Prof. Luiz Alfredo Garcia-Roza, recém demitido pelos que tomaram o poder no Departamento, e ele nos dava aulas sobre *A arqueologia do saber,* de Michel Foucault, nas mesmas salas em que tínhamos nossas aulas do primeiro período de créditos do curso regular de Psicologia. Note-se que, no ano anterior, Foucault tinha estado na PUC, em uma memorável Mesa em que apresentou a conferência *A verdade e as formas jurídicas,* que se transformou em uma publicação da PUC-Rio. Na mesa estava o Prof. Luiz Alfredo como debatedor de Michel Foucault.

O corpo docente tinha nomes como Luiz Alfredo Garcia-Roza, Yolande Lisbona, Roberto Oswaldo Cruz, Clauze Ronalde de Abreu. E havia um *mestre,* um professor que era na verdade um cientista do tempo antigo, um verdadeiro *sábio,* uma figura respeitável de saber, que dava aula de terno, que se autoproclamava "galileano", e que talvez por tudo isso foi mantido no Departamento à condição de só dar aulas no curso de mestrado em psicologia, que já existia. Falamos do Dr. Carlos Paes de Barros, como era conhecido e chamado. Como poderíamos, como aluno "calouro" do curso de graduação, ter aula com Dr. Carlos, como desejávamos? No segundo semestre do curso procuramos o Dr. Carlos e pedimos sua autorização para assistir suas aulas no mestrado, com o que ele concordou. Já éramos leitor de Freud, talvez mais do que a maioria dos mestrandos. Foi uma experiência incrível, ele era um verdadeiro *cientista da Psicanálise.* Por esta razão, neste livro que escrevemos quase 50 anos depois, intitulado *A ciência da psicanálise,* esta referência em homenagem e reverência ao Dr. Carlos obtém o direito "de cidade" de ocupar um lugar, ainda que espacialmente restrito, envolvendo aspectos pessoais dos quais já nos declaramos desculpado pelo leitor. Examinemos agora as suas ideias sobre Popper e a psicanálise.

A "refutação" da refutação popperiana na psicanálise

Sua tese fundamental era a de que a passagem da primeira para a segunda tópica freudiana encarnava com rigor o critério de false-abilidade estabelecido por Popper, o que comprovava, segundo ele, de modo indiscutível a cientificidade da Psicanálise. Sabemos que Popper estabeleceu que só poderiam ser científicas as proposições que pudessem ser refutadas, não aquelas que são continuamente confirmadas, contrariando a tendenciosa posição atual que ostenta tão orgulhosa quanto estupidamente que tal ou qual afirmação é científica porque "baseada em evidências". Ora, para Popper, a "evidência" não é mais do que a confirmação do que já se queria saber ou dizer, e não se submete ao critério de falseabilidade, o que justamente não a confirmaria. Para isso, uma proposição científica precisa ter caráter

A PSICANÁLISE

universal, não particular, de modo a abrir-se à possibilidade de que um e apenas um objeto da realidade, chamado de *refutador empírico,* falseie a proposição, que então pode ser considerada científica. E, para Popper, nenhuma particular afirmativa, por mais que se a confirme por um milhão de experiências, sequer chega perto do mínimo grau de universalidade necessário ao processo de falseabilidade. *Algum S é P* jamais permitirá chegar a *Todo S é P,* por mais que verifiquemos que *mil S terão sido P,* e sobretudo não impede que se encontre um *S que não seja P.*

Popper acusava a psicanálise de ser falsa ciência porque, nela, nada poderia ser refutado. Se uma interpretação do psicanalista é bem sucedida ou aceita pelo analisante, podemos dizer que ela foi confirmada. Mas se, ao contrário, ela é recusada, sempre se poderá dizer que ela o foi por *resistência inconsciente do analisante,* na lógica do: deu cara, eu ganho; deu coroa, você perde.

Pois bem. O Dr. Carlos, como o chamávamos, demonstrava que a segunda tópica freudiana teria refutado a primeira. Formulando em termos lógicos: Na primeira tópica, temos a proposição A:

A. *Todos os processos inconscientes são pulsionais, obedecem ao processo psíquico primário e portanto anseiam pela descarga, visam a satisfação por escoamento direto, sem detenção (energia livre)*

Freud teria se deparado com vários refutadores empíricos, em sua experiência clínica, que demonstravam que essa proposição era falsa: há, no inconsciente, processos de defesa, o próprio recalque é inconsciente, como se sabe, e portanto a proposição de que existe uma imensa parte do inconsciente que não visa à descarga, não obedece ao processo psíquico primário e sim ao secundário, e que é portanto *ego* constitui uma afirmação teórica que refuta a primeira, e a substitui pela proposição B:

B. *Não, nem todos os processos inconscientes são pulsionais, posto que no inconsciente atuam processos secundários de defesa, e ocupam uma parcela bastante importante do inconsciente.*

A CIÊNCIA DA PSICANÁLISE

Nas palavras de Freud: *O eu tem uma parte inconsciente, e sabem os Céus quão grande ela é.*[187]

Estas duas proposições – A e B – de Freud, exibem, com toda precisão, uma homologia com as conhecidas proposições exemplares de Popper: *todos os cisnes são brancos* (a primeira, A: *todos os processos inconscientes são* pulsionais). Caso seja encontrado o que Popper denomina um *refutador empírico,* na formulação popperiana, um *cisne negro,* a proposição é refutada e isso prova que ela é científica, porque consistente e refutável. A proposição de Freud na Segunda Tópica (proposição B: *Há processos inconscientes que são defensivos e obedecem ao processo psíquico secundário, a imensa parte do Eu inconsciente*) é o "refutador empírico" – exatamente como o cisne negro de Popper. Estaria assim demonstrado, segundo o Dr. Carlos, que a psicanálise pode sim, segundo os critérios de Popper, ser reconhecida como rigorosamente científica, pois nela o critério de falseabilidade das proposições não apenas opera como operou na mais importante reviravolta metapsicológica, em sua dimensão tópica (posto que houve também a reviravolta "econômica" com a conceituação da pulsão de morte em Além do Princípio de Prazer, 1920) de toda a obra de Freud: a substituição da primeira pela segunda tópica, com todas as consequências e remanejamentos que conhecemos: na teoria sexual e do Édipo, na teoria da angústia de 1926, na inversão da primariedade do sadismo pelo masoquismo originário, entre outros. Feita esta homenagem ao Dr. Carlos Paes de Barros, que nos introduziu, há quase 5 décadas, neste universo de problemas, declaremos nossa discordância, não tanto em relação à sua análise quanto à posição de Popper, asseverando o impossível da refutação na psicanálise e o estatuto do saber inconsciente.

Se o princípio da falseabilidade de Popper tem seu valor no campo de outras ciências, em particular no das ciências naturais, do qual procede, aliás, a sua epistemologia, ele não se aplica à psicanálise. O estatuto do saber em psicanálise é outro, próprio, peculiar: a

---

[187] Freud, S. – *O eu e o isso* (1923), in *Edição Standard Brasileira,* op. cit. Vol. XIX (1976), p. 30.

advento do inconsciente acarreta consequências radicais que envolvem a dimensão do saber.

O saber em psicanálise é o saber inconsciente, o saber que se articula em "feixes"[188] a partir do recalque (Freud) e em cadeias significantes binárias (significantes S2, que formam as referidas cadeias pela extração dos significantes unários, S1, Lacan). Este modo de saber não é passível de refutação, porquanto não se organiza como as proposições da ciência clássica – primárias (axiomas e postulados), secundárias (hipóteses, deduções) e enunciados particulares. Ele é produzido pela fala do sujeito sob transferência, isto é, endereçada a um operador a partir de uma função lógica que intervém como causa de desejo, à qual o sujeito responde com um saber vinculado ao campo do amor, da repetição, da fantasia fundamental, um saber marcado pelo engano e pela verdade ao mesmo tempo, e dela essencialmente disjunto, já que a verdade, no inconsciente, é de ordem heteróclita em relação ao saber, e se conecta com o impossível de saber – o real. Os *falseadores* portanto são intrínsecos ao discurso do analisante, não empíricos, como propõe Popper, e exteriores a ele. São falseadores imanentes ao discurso mesmo.

Esta é a razão lógica pela qual este saber precisa ser *suposto* a uma determinada função, designada como *sujeito suposto saber.* Por outro lado, o próprio sujeito é suposto pelo significante que não é articulado ao saber, que denominamos acima significante unário, S1. Em palavras sintéticas: o significante (S1) supõe um sujeito que, por sua vez, supõe o saber que lhe é inconsciente (S2) a uma outra função sujeito suposto saber, princípio da transferência analítica em sua dimensão de saber. E é por desbastamentos, retificações, inflexões, enfim, pelo trabalho da transferência, no processo que Freud designou como *Durcharbeitung,* traduzido em português como *perlaboração, elaboração através de,* que este saber vai se aproximando da verdade, ou antes, sendo cada vez mais afetado por ela, como furo no saber, impossível de saber que por isso mesmo produz efeitos transformadores neste saber, sobretudo na posição do sujeito em relação ao saber, efeitos que culminam com

---

[188] Cf. Freud, S. – *A psicoterapia da histeria* (1895), capítulo IV dos *Estudos sobre a histeria, in Edição Standard Brasileira,* Vol. II (1974), pp. 309 e segs.

a própria destituição do sujeito suposto saber, função entretanto necessária à consecução do processo.

Há uma outra consequência do inconsciente que diz respeito à relação entre o que se passa com o saber em uma experiência psicanalítica e na elaboração teórica na psicanálise. Esta consequência se traduz numa homologia estrutural entre essas duas formas de saber, que são evidentemente distintas, mas seguem coordenadas comuns. Isso levou Lacan a estabelecer a dualidade *psicanálise em intensão / psicanálise em extensão*. Psicanálise é uma só, e pode estar no modo intensão, "tensão para dentro"*,* que diz respeito à experiência que se realiza entre psicanalisante e psicanalista, ou no modo extensão, tensão para fora, que presentifica a psicanálise no mundo, e toma, na proposição de Lacan, a forma de uma *escola de psicanálise* como modo de enlaçamento entre psicanalistas, único que respeita, com todo o rigor, o discurso psicanalítico. Essa dobradiça, ou adjunção (*raccord,* em francês) substitui, com vantagem, a nosso ver, o tripé freudiano da formação psicanalítica – análise pessoal, supervisão e estudo teórico – pois se este tripé mantém articulados elementos heteróclitos (uma análise e um estudo teórico, por exemplo), a adjunção lacaniana define para a intensão e para a extensão as mesmas coordenadas lógicas, e por isso falamos em homologia estrutural entre elas.

A consequência disso é que o que se passa com o saber no plano teórico, nos avanços da teoria, não são de ordem estruturalmente diversa do que se passa na análise. O que um psicanalisante diz, ou supõe saber, a respeito de si mesmo, de seu sintoma, de sua vida, enfim, no início de uma análise, sofrerá inúmeras retificações, inflexões, ressignificações ao longo do processo de sua análise – que não se podem prever de saída – mas nunca será *refutável* neste processo, o que equivaleria a negar ao "saber inicial" a sua relação, por mais remota, encobridora, negadora, com a verdade que ainda assim o habita. Homologamente, os avanços da teoria não poderiam refutar uma concepção teórica anterior, que, ao ser modificada, muitas vezes profundamente, por esses avanços, guardará com a concepção anterior, no e pelo ato mesmo do processo que a terá profundamente modificado, alguma relação com o que terá sido o ponto mesmo de equívoco que terá exigido a modificação.

A PSICANÁLISE

Assim, a segunda tópica não é o resultado da refutação da primeira, e poderíamos dar inúmeros outros exemplos de reviravoltas teóricas de Freud não jamais poderiam exibir as características metodológicas da refutação popperiana. Os pós-freudianos cometeram esse equívoco, não como o nosso estimado Dr. Carlos, que queria demonstrar a cientificidade galileano-popperiana da psicanálise com sua heurística da refutação, mas para restabelecer a psicologia geral da "teoria do eu" – que de resto Freud jamais apresentou em *O eu e o isso* (segunda tópica, de 1923) – no lugar de uma "tópica do inconsciente" (a primeira, sistematizada em 1915 mas que vinha sendo elaborada no mínimo desde 1900 com a *Interpretação de sonhos*).

Por isso, no que Lacan denominou de *retorno a Freud,* uma das primeiras coisas que fez foi revigorar o campo e o conceito de inconsciente, que corriam o risco de serem tomados como "obsoletos" pela suposta refutação da primeira tópica. Revigorou, no mesmo golpe, o conceito de desejo, que sofria a mesma vicissitude ao ser "substituído" na psicanálise kleiniana pelos de *impulso, fantasia* (esta entendida como correlato "psíquico" do impulso, que não seria essencialmente psíquico), a *ansiedade* por ele suscitada e sua correlata modalidade de *defesa.* O conceito freudiano de *desejo* (*Wunsch*) vinha sendo "esquecido", e com ele os de *recalque*, pulverizado nos inúmeros "mecanismos de defesa", o que o enfraquece como conceito estrutural e fundacional do inconsciente, em dois níveis lógicos articulados (níveis primário, mais exatamente originário – *Urverdrängung* – e secundário do recalque), e com ele o próprio conceito de inconsciente como campo fundamentalmente simbólico, "estruturado como uma linguagem", alteritário, portanto (*Outro* no cerne do sujeito) e condição de sua constituição. No plano dos complexos fundamentais da psicanálise, o de Édipo e o de castração, assistimos igualmente à sua dissipação entre os pós-freudianos. A função do pai enquanto pai simbólico, morto, que custou a Freud, um cientista formado na tradição mais racionalista, a criação de um mito[189], o único mito

---

[189] O livro da coleção de livros de bolso intitulada *Découvertes Gallimard,* dedicado a Freud, intitula-se curiosamente *Um trágico na era da ciência,* referência ao recurso que Freud precisou fazer ao mito e à mitologia para dar conta de sua

forjado na modernidade[190], foi deixada de lado, pela primazia cada vez maior atribuída à função materna na relação, sempre interpessoal e não estrutural e simbólica, com o bebê. E o complexo de castração, por sua vez, foi sendo reduzido à função imaginária da *frustração,* conceito que Freud jamais usou.

A epistemologia de Popper, com seu critério de falseabilidade e refutação, portanto, não se aplica à metodologia psicanalítica. Além do que trouxemos, de nossa própria elaboração sobre a incompatibilidade da refutabilidade de uma proposição teórica como critério de cientificado, invocamos a crítica de Cristiano Novaes de Resende, grande professor, pesquisador e filósofo, canadense de nascimento e crescido em Campinas, filho de pai e mãe psicanalistas de São Paulo, que já há vários anos é professor da Universidade Federal de Goiás e que temos a honra de ter como amigo. Resende demonstra que o critério de falseabilidade apontado por Popper contra a psicanálise, a astrologia e outras práticas pseudocientíficas volta-se também contra as próprias práticas comportamentais que o evocam a seu favor. Refere-se a um artigo recente, publicado pela Sociedade Brasileira de Neurologia Infantil, que ataca, obviamente, a psicanálise como incapaz de demonstrar sua eficácia no tratamento de crianças autistas[191]. Afirma, sobretudo, que a psicanálise não se propõe como um discurso/práxis representacional, que visaria a retratar, com a máxima exatidão possível, o que teria sido a vida biográfica (passada ou atual) do analisante, mas sim uma *práxis performativa*, que procura dar lugar ao que nunca teve, baseando esta sua posição no texto freudiano *Construções em análise*[192], de 1937, no qual Freud propõe

---

descoberta, sem contudo abandonar a ciência. Cf. Babin, P. – *Sigmund Freud "un tragique à l'âge de la Science",* Paris, Gallimard, coleção *Découvertes Gallimard/ Sciences,* 1990.

[190] Lacan dá ao último capítulo de seu Seminário, Livro XVIII – *De um discurso que não seria semblante* (op. cit.), o título *Do mito que Freud forjou.*

[191] - Montenegro, M. A. *et ali – Proposta de padronização para o diagnóstico, investigação e tratamento do transtorno do espectro autista (TEA),* Sociedade Brasileira de Neurologia Infantil, São Paulo, 2021.

[192] Freud, S. – *Construções em análise* (1937)*, in Edição Standard Brasileira,* op. cit., Vol. XX (1975), pp. 289 e segs.

A PSICANÁLISE

que a tudo o que nunca foi nem pode ser recordado nem repetido na transferência precisa ser dado um lugar, novo, criado pelo trabalho da análise[193].

Em total sintonia com a leitura de Resende da psicanálise como uma práxis performativa, que dá lugar ao que nunca tivera, diremos que a psicanálise, de certo modo, jamais cessou de fazer isso, e evocamos, contrabalanceando, no tempo histórico que se traça entre o início e o fim do percurso freudiano, no qual Resende situa o escrito *Construções em análise,* um ato performativo de Freud de 1891 – *Para um estudo comparativo entre as paralisias motoras orgânicas e histéricas*[194]? O que faz Freud ali, senão dar lugar a algo inédito, que jamais tinha tido qualquer *direito de cidade* no território científico: a existência de *paralisias motoras,* paralisias de membros do corpo responsáveis pelo movimento, *por razões inteiramente subjetivas, inconscientes, numa palavra, histéricas, sem nenhuma relação com qualquer fator neurológico.* Aliás, a psicanálise é, em seu conjunto, uma ampla, complexa e rigorosa elaboração sobre os fenômenos subjetivos a partir da clínica das histéricas. No próximo capítulo, sobre o *Método psicanalítico,* retomaremos em detalhe o que foi este passo fundamental de Freud na antessala da criação da psicanálise, em 1891. estava diante de mulheres que apresentavam paralisias motoras que não respeitavam a teoria neurológica dos princípios *próximo-distal* e *céfalo-caudal,* o que significa que, ao longo de um feixe neuronal, uma paralisia motora sempre atinge um ponto do corpo mais *próximo* do centro cerebral *antes* de atingir um mais *distante* (por isso designado como próximo-distal). Essas mulheres paralisavam as mãos mantendo o movimento dos ombros, por exemplo, contrariando frontalmente, assim, a lei da ciência neurológica estabelecida. Seriam elas refutadores empíricos no sentido de Popper? Se *toda paralisia motora orgânica*

---

[193] - Resende, C. N. – *Saúde mental infantil: as questões diagnósticas e a cientificidade da psicanálise,* conferência e artigo, no prelo, in *Ermira – Cultura, ideias e redemoinhos,* Goiânia, 2023.

[194] Idem – *Alguns pontos para o estudo comparativo entre as paralisias motoras orgânicas e histéricas* (1891), (o original escrito em francês) in *Edição Standard Brasileira,* op. cit., Vol. I, 1977, pp. 219 e segs.

A CIÊNCIA DA PSICANÁLISE

(neurologicamente determinada) deve respeitar o princípio próximo-
-caudal, proposição universal afirmativa aberta à refutação, portanto
científica, o encontro com um refutador empírico – pacientes que
paralisam invertendo esta ordem científica – deveria então falsear a
teoria. Mas Freud estava suficientemente advertido de que ali não se
tratava de refutação, ele conhecia muito bem Neurologia para saber
da robustez da teoria neurológica das paralisias motoras orgânicas.
O que fizeram seus colegas neurologistas? Tampouco falsearam
a teoria, mas falsearam o próprio sujeito, como sempre se faz em
ciência: "estas mulheres estão fingindo, trata-se de simulação, *pitia-*
tismo" (fenômenos que surgem por sugestão e podem ser igualmente
removidos, termo que deu origem ao popular "*dar um piti*"). Freud
não fez isso. Nem refutou a teoria nem desqualificou a veracidade
do sujeito no fenômeno. E afirmou: "há paralisias motoras que não
são orgânicas, não são neurologicamente determinadas, *são paralisias*
motoras histéricas". Deu, performativamente, lugar ao que nunca teve,
deu vez ao que não tinha.

Entretanto, mais do que uma práxis apenas performativa, o passo
inaugural de Freud foi o de acionar a subversão do sujeito no inconsciente. Pois essa ruptura com a lei da ciência natural da neurologia não
é uma mera inclusão, na rota do navio da ciência, de um novo porto,
mas muda o próprio rumo desse navio, e só é possível se o sujeito for
incluído na consideração científica, o que a desnorteia a ponto de
estarmos legitimados em perguntar se ainda se trata da rota científica
no plano de navegação. Voltamos uma vez mais à pergunta de Lacan
no Anuário da EPHE de 1965: "Que ciência inclui a psicanálise", que
toma o lugar da pergunta inicial: "A psicanálise é uma ciência"?

Freud é um realista, não um idealista. E é um racionalista, não
um irracionalista místico, trágico, romântico ou individualista. Por
isso temos a mais decidida discordância da posição que tende a filiar
o pensamento freudiano ao romantismo ou ao individualismo europeu[195]. Freud é também um pensador e um praticante da imanência,

---

[195] O individualismo europeu é um movimento, que, na verdade, faz parte da
Sociologia (e não da Psicologia) e tem como seus principais representantes: na
França, Louis Dumont 1911-1998), na Inglaterra, Steven Lukes (1941-vivo) e na

A PSICANÁLISE

que pode ser entendida como um pensar e agir "junto com", não separado pelo juízo ou aconselhamento moral, externo ao de que se trata, o sintoma, por exemplo.

Se a psicanálise tem a mais íntima relação com a arte, a tragédia e mitologia, não é esta a sua *Herkunft,* a sua procedência. Freud sempre cuidou de evitar que a psicanálise fosse tomada como um pensamento filosófico, uma prática mística ou alguma espécie de mântica do inconsciente, e agiu em relação a toda e qualquer tentativa nesse sentido com rigor implacável, o mesmo que o fez romper com seu discípulo mais querido, Jung. Ele designava de "rio de lama" o curso da irracionalidade mística como saída fácil no qual Jung mergulhou de cabeça tão logo pôde, empuxo sedutor quase irresistível, que se interpunha no caminho da necessária aproximação, pela via da ciência possível, do que se apresentava irredutível a uma apreensão imediata pela razão estabelecida. Como abordar o diabólico sem se tornar exorcista, mantendo-se no lugar sóbrio de um saber tão mais atrevido e corajoso quanto menos cede ao apelo fácil do rito iniciático e do misticismo?

Se, no dizer de Freud, a transferência porta e traz o diabólico (metáfora do escrito técnico *Observações sobre o amor de transferência*[196]), o que ele inventa para ser o parceiro do sujeito-demônio não é o exorcista – até porque o demônio em questão não é um visitante indesejável[197] – mas o psicanalista, o operador dessubjetivado, que age desde sua posição de objeto, que Lacan formulará como o semblante ocupado pela função de objeto *a.* Não há um xamã-analista em face

---

Alemanha Georg Simmel (1858-1918), um século antes.

[196] Freud, S. – *Observações sobre o amor transferencial (Novas recomendações sobre a técnica da psicanálise III),* (1914), in *Edição Standard Brasileira,* op. cit., vol. XII (1969), pp. 207 e segs.

[197] Como os *Rolling Stones,* os psicanalistas precisam cultivar certa *simpatia com o demônio (Sympathy for the devil),* título de uma célebre canção da banda inglesa de rock, do álbum *Beggars banquet, Banquete dos mendigos,* de 1968, cuja capa, uma parede de banheiro com vários escritos, desenhos e rabiscos, foi censurada inicialmente pela Decca Records, e banida de algumas rádios americanas por razões morais. Esse comentário ganha todo seu peso na relação que estamos estabelecendo entre a psicanálise e o rock.

de um sujeito endemoniado, mas um objeto em face de um diabo. Freud intima aos analistas: "Não temos o direito de, mediante astutos encantamentos, convocar os demônios do fundo do inferno para, quando eles aparecerem, repeli-los de volta sem sequer lhes fazer uma só pergunta". Esta pergunta é a do desejo: *Che vuoi? Que queres?* A força desta pergunta não suscita qualquer emoção fácil, humanista ou epidérmica, mas toca o real com uma forma de paixão que, não sendo a do amor, do ódio ou da ignorância, é a paixão correlata do desejo do analista.

O *Che vuoi?*, em italiano, remete ao romance de Jacques Casotte *O diabo enamorado*[198], cuja ambiência é a cidade de Nápoles, embora o autor e o livro sejam franceses. Lacan recorre a este romance para formular a pergunta fundamental do desejo na experiência analítica, em significativa sintonia com a referência freudiana à dimensão diabólica do desejo na transferência: o romance se desenvolve em torno da relação de Alvare com a figura diabólica que ele encontra por adentrar uma gruta, figura que se revela sucessivamente como uma mulher – Biondetta – e finalmente se desmascara como Belzebu.

A "ficção" científica: verdade, ficção, psicanálise e ciência

A ciência rigorosa tem a mais íntima relação com a problemática da verdade, e, na psicanálise, segundo Lacan, a *verdade tem estrutura de ficção*. Esta estrutura de ficção da verdade é uma consequência e um desdobramento da relação interna que a verdade entretém com o campo da linguagem. Verdade não é realidade, e só pode ser produzida através da linguagem. Se é assim, não há nenhuma possibilidade de que a ciência se mantenha comprometida com a problemática da verdade se não incluir, em sua própria elaboração, a dimensão da linguagem e da ficção.

---

[198] Casotte, J. – *O diabo apaixonado,* Rio de Janeiro, José Olympio Editora, 2014. Edição original: *Le diable amoureux,* Paris, Editeur Le Jay, 1772. Cazotte era conselheiro do rei e foi guilhotinado em 1992.

No Seminário XVIII, Lacan diz:

> Esta é uma oportunidade para assinalar que aqui se confirma que a verdade só progride em uma estrutura de ficção. É por se promover em algum lugar uma estrutura de ficção, quel é propriamente a essência da linguagem, que alguma coisa pode se produzir que é esta espécie de interrogação, de premência, de aperto, que coloca a verdade, se posso dizer assim, contra o muro da verificação. Isso não é outra coisa senão a dimensão da ciência.[199]

A ficção comprimida contra o muro da verificação, uma ficção – o que traz a dimensão da verdade – a ser verificada. Outras ficções podem prescindir da verificação, a *ficção científica* – expressão com a qual podemos brincar seriamente aqui. Ficções literárias, religiosas, artísticas ou outras entretêm com a verdade uma relação interna, necessária, pois que a verdade, por força de sua tessitura de linguagem, tem estrutura de ficção. Mas a ficção, no campo da ciência, a ficção científica, esta precisa da verificação, e, como prossegue Lacan em sua fala neste seminário, esta verificação da verdade científica se faz pela via da lógica e da escrita, que não tem, na ciência, pouca importância.

Se no método hipotético-dedutivo, o método científico por excelência, a verificação só comparece como última etapa, é justamente para dar lugar ao que possa haver de ficcional (hipóteses e deduções das hipóteses) na elaboração teórico-conceitual, e que justamente se submeterá à verificação através da lógica e da função do escrito (não há lógica fora da escrita).

O que temos hoje, com a miséria produzida pelo capitalismo que comanda o campo científico e, de resto, a sociedade inteira, é uma ciência *sem ficção a verificar*. Parte-se de observações particulares, na modalidade indutiva, pré-científica, estabelecem-se correlações entre os fatos observados que são designados como evidências, e, num voo de galinha, que sai do chão para nele recair de novo sem voo real

---

[199] Lacan, J. – *O Seminário, Livro XVIII (De um discurso que não seria semblante)*, op. cit. Tradução ligeiramente modificada pelo autor.

algum, confirmam-se as ditas evidências que jamais foram submetidas a uma efetiva verificação pois faltava o principal: a verdade ficcional a verificar.

O inconsciente e o átomo – psicanálise e física quântica

Podemos estabelecer uma homologia estrutural e metodológica entre dois conceitos cruciais, um da psicanálise e outro da física quântica e atômica, respectivamente o *inconsciente* e o *átomo*, de modo a evidenciar as linhas de homonímia que percorrem os respectivos processos de descoberta/produção desses dois conceitos a partir do texto de Freud, criador da psicanálise, de um lado, e do relato do criador da física atômica, Werner Heisenberg, de outro.

Acontecimentos tão próximos na psicanálise e na física não são triviais, e despertam grande interesse epistemológico, desde que respeitadas as respectivas coordenadas metodológicas que definem cada uma das de cada uma dessas ciências, submetidas a sistemas metodológicos bastante diferentes.

Werner Heisenberg foi um dos mais importantes físicos do século XX que criaram a teoria atômica. Divide com Einstein, Bohr e Plank, dos quais foi discípulo, o pódio dos físicos mais importantes da contemporaneidade. No livro *A parte e o todo, encontros e conversas sobre física, filosofia, religião e política*[200], edição brasileira de 1996, encontramos narrativas inestimáveis sobre a relação da ciência com vários campos da vida cultural e social. Destacarei um deles, uma conversa de Heisenberg com uma filósofa kantiana, Greta Herman, decidida a demonstrar que as bases filosóficas da teoria atômica, da qual Heisenberg era a principal referência, eram falsas. Seria impossível transmitir aqui o que foi o diálogo entre eles, e recomendo vivamente a leitura deste livro, no caso o capítulo 10 – *Mecânica quântica e filosofia kantiana.* Mas tentarei extrair da conversa o que importa à nossa discussão e transmiti-lo aqui.

---

[200] Heisenberg, W. – *A parte e o todo,* Rio de Janeiro, Contraponto Editora, 1996.

A PSICANÁLISE

Kant tem uma indiscutivelmente sólida concepção de causa, fenômeno, coisa, objeto, enfim, elaborou doze categorias *a priori* da razão, sua *Analítica Transcendental,* e duas categorias *a priori* da sensibilidade, as conhecidas *espaço e tempo,* na sua *Estética Transcendental.* Greta Herman estava decidida a mostrar que Heisenberg e sua equipe não estavam respeitando todo este arsenal metodológico ao fazer determinadas afirmações sobre átomos, sem conhecer as causas de certos fenômenos por eles afirmados. Heisenberg afirmava que, sobre determinados fenômenos, segundo a física moderna e pós-kantiana, sobretudo após a reviravolta da teoria da relatividade de Einstein, não só era possível como justificado concluir pela inexistência de determinadas causas, e desprezá-las no avanço da pesquisa, após uma série de experimentos que indicariam que elas não existem na realidade, sem prejuízo da consistência e veracidade das afirmações que se deduzem dos fenômenos. Greta, por sua vez, acusava veementemente Heisenberg de negligência científica ao renunciar a continuar a procurar a tal causa, pois, segundo a posição de Kant, não seria admissível que ela não fosse encontrada, já que não se tratava da *coisa em si,* o noúmena, que não se pode conhecer, mas do que se pode conhecer, o objeto *(Gegenstand).* Reproduzo o fragmento do diálogo em que Heisenberg sustenta a existência do átomo ainda que não se possa localizá-lo como um fenômeno, porquanto ele não se dá a ver, e portanto escapa a um sistema de determinação causal e racional, exigível pela posição kantiana.

G – *O senhor não parece estar usando o conceito de "coisa em si" dentro do espírito exato da filosofia kantiana. O senhor precisa distinguir claramente entre a "coisa em si" e o objeto físico. [...] Porque, veja bem, todo o nosso conhecimento baseia-se na experiência, e a experiência significa, justamente, conhecer as coisas do modo como elas nos aparecem. [...] Ora, se você se refere a um "átomo de rádio B em si" no sentido da física clássica, estará simplesmente se referindo ao que Kant chama de Gegenstand, ou objeto. Os objetos fazem parte do mundo dos fenômenos: cadeiras e mesas, estrelas e átomos.*

H – *Mesmo que não possamos vê-los, como os átomos, por exemplo?*

A CIÊNCIA DA PSICANÁLISE

G – *Mesmo nesse caso, pois os deduzimos a partir dos fenômenos. O senhor está vendo esta cadeira, mas do lugar onde está não pode ver as costas da cadeira, mas tem certeza de que ela existe. Isso significa que a ciência é objetiva; ela é objetiva justamente porque fala de objetos, não de percepções.*

H – *Mas quando se trata de átomos, não podemos ver nem sua frente nem suas costas. Por que eles teriam as mesmas propriedades da cadeira como objeto?*

G – *Porque eles são objetos. Sem objetos, não pode haver ciência objetiva. Categorias como substância, causalidade e outras determinam o que os objetos são. Se o senhor renunciar à aplicação rigorosa dessas categorias, também estará renunciando à possibilidade da experiência em geral.*[201]

A posição de Greta Herman é interessante. Quando exige de Heisenberg que ele trate o átomo como qualquer outro objeto (*Gegenstand*) fenomênico, distinto da coisa em si (noúmeno) já dotado, portanto, um estatuto conceitual, ela está, como boa kantiana, advertida quanto aos equívocos do empirismo baseado na mera observação (sensações e percepções) não norteada pela lógica da razão. Entretanto, ela ainda não pode admitir a irrupção, no campo dos fenômenos, de um objeto não fenomênico, não visível, e no entanto perfeitamente objetivável, cuja existência pode ser afirmada por seus efeitos, como é o átomo de rádio B de Heisenberg, e como será o inconsciente freudiano. Lacan dirá, e esta frase será retomada mais de uma vez neste livro: *uma posição subjetiva, eis algo de perfeitamente objetivável.*

Extraímos, assim, do confronto das posições de Herman e Heisenberg, que trouxemos neste fragmento do debate que travaram, algo que nos parece fundamental: *o inconsciente freudiano é, do ponto de vista metodológico e não conceitual, em todos os pontos homólogo ao átomo de física.* Não se pode vê-lo, e não se poderá vê-lo, mas pode-se com segurança científica afirmar sua existência pelo conjunto de efeitos que ele produz na experiência do sujeito, mesmo que a

---

[201] Ibid., pp. 142-143, nas quais encontra-se o fragmento do diálogo aqui transcrito.

A PSICANÁLISE

causa objetiva dessa existência não seja localizável nesta experiência. A julgar pelos estúpidos critérios da falsa cientificidade atual, a teoria atômica careceria de evidência, pois não se pode ver o átomo. Nós, psicanalistas, assim como os físicos atômicos, teríamos que debater de forma dura não apenas com os flébeis argumentos da falsa ciência neuro-cognitivo comportamental das evidências contemporâneas, que não chegam a ser adversários difíceis do ponto de vista metodológico (seu poder vem do capital), mas com argumentos sólidos como os de Kant. O átomo existe sem ser localizado na experiência objetiva como tal, e a física einsteiniana sustenta metodologicamente esta afirmação, e o inconsciente existe sustentado nas posições subjetivas da experiência psicanalítica, que, como diz Lacan, é o que há de mais objetivável – uma posição subjetiva.

CAPÍTULO 5

EIXOS ESTRUTURAIS DO MÉTODO FREUDIANO

Em psicanálise, não existem *vários métodos,* e nem *variações de método,* como, por exemplo: um método de tratamento, um método de pesquisa, o método de formação de psicanalistas, o método de elaboração teórica, etc. Só existe um método, o psicanalítico.

Parece-nos necessário, além de formulá-la, demonstrar esta afirmação. Retomemos o que Freud faz quando começa a analisar as *paralisias histéricas*[202], tema de que tratamos no capítulo anterior, quando discutimos as críticas de Popper à psicanálise. Ele verifica, por ser um cientista, que essas paralisias ocorrem em discordância com as leis estabelecidas pela ciência (neurologia, no caso) quanto ao modo segundo o qual as paralisias ocorrem. Essas leis seguem os princípios *céfalo-caudal* e *próximo-distal,* que afirmam que uma paralisia motora deve sempre iniciar-se em uma área mais próxima do cérebro (proximidade do encéfalo, daí os termos *céfalo-* e *próximo-* que precedem os pares dos dois binômios), e depois ocorrer em uma área mais distante (*-caudal, –distal*), sobre um mesmo eixo neural. Não seria possível, assim, que uma paralisia das mãos ou do antebraço ocorresse sem que o braço ou os ombros estivessem já paralisados. O que Freud encontra nas paralisias histéricas, contudo, contraria frontalmente essas leis. As histéricas paralisam seus membros segundo uma outra lógica, que

---

[202] FREUD, S. – *Alguns pontos para um estudo comparativo entre as paralisias orgânicas e histéricas* (1891) op. cit.

A CIÊNCIA DA PSICANÁLISE

não é concebível no campo estrito da ciência neurológica, desobedecem e desnorteiam esses princípios, que no entanto são comprovados e têm consistência teórica – ou seja, não se trata de refutá-los como falsos em seu próprio campo, eles permanecem válidos, apenas não se aplicam às paralisias histéricas.

O que faz Freud? Ele poderia recusar a veracidade desses fenômenos, sustentar a posição generalizada na medicina de que as histéricas são simuladoras, que seus sintomas são fingidos, e manter uma posição fundamentada na neurologia quanto a esses fenômenos histéricos – posição esta que só poderia resultar no desprezo a esses fenômenos como verdadeiros. Ele poderia também, em sentido contrário, levar a sério os fenômenos histéricos de paralisia motora, mas insistir em dar-lhes uma explicação cabível na neurologia, o que o levaria a tentar refutar a teoria céfalo-caudal e próximo-distal. Em resumo, ou recusaria as histéricas como dignas de atenção científica, ou refutaria a teoria científica como digna de explicá-las, buscando novas teorias mas dentro de uma mesma lógica científica e conceitual. Freud não fez nem uma coisa nem outra. Ele decidiu – e é nisso que sua escolha ética é metodologicamente orientada pela mais rigorosa fidelidade à ciência – que aquelas paralisias rebeldes às teorias neurológicas vigentes exigiam inteligibilidade científica. Mas ele também considerava que essas teorias às quais as paralisias histéricas permaneciam rebeldes revelavam-se no entanto consistente em muitos outros casos. Ele então ousou pensar que estava diante de um novo tipo de paralisias motoras, ainda não explicadas, mas que mereciam o direito de cidade na urbe científica. Distinguiu então as paralisias motoras *orgânicas* das paralisias motoras *histéricas,* autorizando-nos com isso a depreender que as paralisias histéricas *não são*, de modo algum, orgânicas.

O problema é que a explicação que ele foi sendo levado a formular para essas paralisias motoras histéricas continha elementos que começavam a não caber no conjunto de enunciados cientificamente sustentáveis. Ele verificou e afirmou, por exemplo, que as paralisias motoras histéricas seguiam não as leis do cérebro (o que a premissa de que não eram orgânicas permitia que ele fizesse) mas o *conhecimento que o senso comum tem da anatomia.* Ora, como admitir que uma explicação cientificamente válida possa fundamentar-se em um saber leigo, o conhecimento do senso comum sobre a anatomia? Como recusar as inteligentíssimas leis do cérebro em prol de um saber ignorante (leigo) em matéria de paralisias? O que estava acontecendo, e que nem mesmo o próprio Freud tinha condições, naquele momento, de avaliar, era uma subversão no saber. Freud estava afirmando a existência de um sujeito inconsciente na base do ato de paralisia motora, sujeito não orgânico, cujo funcionamento nada deve ao organismo que funciona no corpo em que esse sujeito também funciona, por assim dizer. Freud está dizendo também que esse sujeito tem um conhecimento, leigo, não erudito, não científico, não de especialista, e que esse saber é constitutivo do seu inconsciente. O sujeito nada sabe sobre isso, sobre o porquê paralisa seus membros, mas há nele um saber que opera sem que ele saiba que está operando (isso é o inconsciente para Freud), e pelo uso da palavra descomprometida com o regime da consciência (significados conhecidos, compartilhados, valores, ideias brilhantes, inteligência, etc.), pode-se chegar a produzir esse saber operante na paralisia. O sujeito tem lá seus motivos para produzir uma paralisia, mas desconhece esses motivos, aos quais, contudo, só podemos chegar através da sua própria palavra, palavra cujo poder situa-se além das intenções e da consciência desse sujeito, e que por isso tem que ser proferida em descompromisso com essas intenções.

Assim, a histérica foi o primeiro nome do sujeito freudiano, e foi por levar suas questões, seus sintomas, sua palavra como termos dignos do tratamento científico que Freud foi levado, pela via científica, a esgarçá-la por tanto a forçar a incluir o sujeito. Mas o sujeito não cabe na ciência, no sentido operacional, e Freud viu-se em um novo campo, por tudo e em tudo derivado do campo científico, porém *derivado mesmo,* epíteto que tem que ser tomado ao pé da letra: dele saído mas nele não mais situado.

O realismo freudiano como crítica da abstração

O que é *abstração*? Não é apenas o modo pelo qual afastamo-nos dos múltiplos aspectos de uma situação atual, real e concreta, depuramo-nos de suas características imediatas, episódicas, factuais, por demais atreladas à situação do momento e ao quadro que nos cerca a fim de podermos pensá-lo de forma mais livre, ou mais ampla, "em tese", como se diz, querendo com isso expressar o anseio de pensar de forma que se aplique a outras situações. Neste sentido, aqui caracterizado, a abstração é uma importante função do pensamento, que nos torna capaz de transitar pelos eixos formais das ideias e não permanecer aprisionados aos fatos que experimentamos.

No plano metodológico, contudo, a categoria *abstração* designa algo bem mais amplo, e comprometido com uma determinada maneira de conceber as coisas, da qual depende e decorre uma determinada maneira de intervir no mundo. Nesse sentido, a abstração é uma das principais marcas da Escolástica, que representou a retomada, no ambiente filosófico-científico da Idade Média, fortemente marcado, como se sabe, pela ideologia cristã, do pensamento de Aristóteles.

Lacan refere-se à Escolástica como uma "longa cocção metafísica" pela qual a ciência teria passado. Deste cozimento – ou desta cozinha – restaram resíduos laicizados, despojados de sua aura religiosa, que constituem a Psicologia e a Psiquiatria como "fundo teórico" do qual a discussão científica da questão colocada pela existência da psicose – podemos dizer, sua positividade real – não se destaca antes de Freud.

Demonstra ainda que a ciência que concerne à *physis*, as ciências físicas e naturais, "em sua matematização cada vez mais pura", livrou-se quase completamente do odor metafísico daquela cozinha escolástica, mas que, no que concerne à *antiphysis* – referência às ciências humanas, que tratam do "aparelho vivo que se quer apto a tomar sua medida da dita *physis*", ou seja, o indivíduo psicofísico, no qual o *psico* é o duplo do *físico* que lhe dá sua medida – e aqui é que a Psicologia e a Psiquiatria em sua discussão pré-freudiana sobre as psicoses encontram seu lugar – "o cheiro de fritura denuncia, na dita cozinha, a prática secular da preparação de miolos". Esta metáfora nos diz que a abstração metafísica da escolástica medieval ainda caracteriza no século XIX saberes como a psicologia e a psiquiatria, que não cessam de fritar miolos, de sovar cérebros em busca do que seriam supostamente seus fenômenos mais aberrantes e patológicos. Para retomar a discussão metodológica das seções anteriores, nenhuma consideração científica do sujeito é feita aqui: é como se Freud, diante das paralisias histéricas, prosseguisse na fritura dos miolos das suas portadoras a fim de tentar explicar seus membros paralisados.

Em vez disso, a "teoria da abstração, necessária a dar conta do conhecimento, fixou-se em uma teoria abstrata das faculdades do sujeito"[203], e aqui pouco importa se essas faculdades foram tomadas prevalentemente pelos seus polos mais idealistas ou sensualistas, já que, antes de mais nada, elas eram faculdades abstratas.

Pelo viés das faculdades abstratas do sujeito, não se interroga a sua relação com a realidade, que é, nesta *démarche*, considerada como um campo já dado e compartilhado, à altura do qual o sujeito deve dar provas de estar com suas faculdades igualmente dadas *a priori,* modalidade do *Innenwelt* (mundo interno) que deve desenvolver-se em sua complexa e construtivista interação com o *Umwelt* (mundo externo, meio ambiente, ou ainda realidade social, se quisermos).

Não se interroga, por exemplo, o estatuto mesmo desta "realidade" abstrata. Não se concebe que o que se toma como sendo a realidade é um campo cuja constituição não é exterior ao sujeito, mas tampouco lhe é interior, dependendo, antes, do campo da linguagem que, causando e produzindo o sujeito como efeito no corpo do falante, medeia a relação deste com aquilo que dele se separa – o objeto – constituindo assim o que é a realidade (interno-externa) para este sujeito assim constituído. É só em uma lógica como esta que Freud poderá situar um sujeito capaz de produzir uma paralisia em seu corpo, baseada no "conhecimento leigo" da anatomia, regida antes pelas questões que esse sujeito trava com seus objetos, entre eles seu corpo, fragmento de sua realidade subjetiva.

A abstração das faculdades do sujeito obscurece, assim, as suas manifestações, que nos chegam pela sua palavra. Obstrui, no mesmo golpe, qualquer acesso a essas manifestações, a serem concebidas como *concretas* e não *abstratas,* na medida em que sua concretude é o efeito mesmo da materialidade discursiva em que consiste a palavra do sujeito. Já que concreto, ao contrário do que nos ensinaram as nossas

---

[203] Lacan, J. – *De uma questão preliminar a todo tratamento possível da psicose,* (1957-58), in *Escritos,* op.cit., pp. 537-538. Os últimos trechos citados são extraídos destas páginas.

professoras de português no segundo segmento do ensino fundamental (os que têm nossa idade diriam, em nosso *ginásio*), ao distinguirem os dois tipos de substantivos – concretos e abstratos – não é aquilo que se *pega*, aquilo que tem concretude física, mas sim materialidade que pode ser social e histórica (como no Materialismo Histórico ou Dialético de um pensamento como o marxista), discursiva e subjetiva (como na Psicanálise).

Marx fazia as mais veementes críticas, que encontramos na leitura de textos seus, como a *Crítica da Filosofia do Direito de Hegel*, também conhecida como *Crítica de Kreuznach*[204], ao que ele denominava o "abjeto abstracionismo burguês", por exemplo, que procurava, de forma mistificadora, fazer-nos crer que o sujeito poderia ser definido por seus atributos (o que aproximamos aqui das "faculdades abstratas do sujeito" a que se referiu Lacan na crítica da teoria da abstração, efeito da longa cocção metafísica da ciência na Escola), entidades sem realismo algum. No mesmo sentido, dirá Marx nos *Manuscritos Parisienses*:

> Um ser que não tem sua natureza fora de si não é um ser natural, não participa do ser da natureza. Um ser que não tem nenhum objeto fora de si não é um ser objetivo. Um ser que não é, por sua vez, objeto para um terceiro ser, não tem nenhum ser como objeto seu, quer dizer, não se comporta objetivamente, seu ser não é objetivo. Um ser não objetivo é um não-ser [...], é um ser irracional, não sensível, **apenas pensado, quer dizer, um ente de abstração.** [[205], grifo nosso]

A leitura dessas nas palavras de Marx – *um ser que não tem nenhum objeto fora de si não é um ser objetivo* – evocam-nos a concepção freudiana de objeto como perdido para o sujeito, e a concepção lacaniana do objeto *a* como o objeto que se separa, se destaca do corpo do sujeito. A sequência do texto de Marx reforça a aproximação com

---

[204] Marx, K. – *Crítica da Filosofia do Direito de Hegel,* ou *Crítica de Kreuznach*, Lisboa, Editorial Presença, 1983, p. 8.

[205] Idem, *Manuscrits de 1844 (Manuscrits parisiens),* Paris, Flammarion, Colection GF-Flammarion, 1996, p. 115.

a teoria do sujeito e do objeto na Psicanálise: *um ser que não é, por sua vez, objeto para um terceiro ser, não tem nenhum ser como objeto seu, quer dizer, não se comporta objetivamente, seu ser não é objetivo.* É como objeto para o Outro e como sujeito que tem seus objetos que a Psicanálise concebe o sujeito do inconsciente.

A Psicanálise, nisso coincidindo metodologicamente com o Materialismo Dialético de Marx, e podendo ser designada como um Materialismo Discursivo (Lacan), não procede por abstração. Não retira (abstrai) propriedade(s) comum (ns) a um conjunto de elementos estudados propondo que essa(s) propriedade(s) poderiam designar ou representar o conjunto, como seu predicado essencial. Sabem os saberes fundamentados na materialidade concreta que o procedimento abstracionista deixa de lado tudo o que, de real, particulariza o que se trata de abordar. Trata-se de apreender o concreto em seus movimentos, suas particularidades, sua condição real.

Materialidade, positividade e concretude do ato psíquico

Para prosseguir esta demonstração do método freudiano, recorreremos ao próprio texto freudiano.

Nas suas Conferências Introdutórias sobre Psicanálise, proferidas em dois períodos em anos sucessivos, nos invernos de 1915-1916 e 1916-1917, Freud trabalhou, nas 4 primeiras conferências, o tema das parapraxias. Queria ele demonstrar a positividade das parapraxias como fenômenos do inconsciente, expressão de algo que é articulado e estruturado, portanto (e não inefável ou aleatório), e que tinham o estatuto de um *ato psíquico*, diríamos nós, com outra terminologia, *ato de sujeito*.

Freud afirma que as parapraxias são atos psíquicos e, como tais, têm um sentido, embora este sentido escape à consciência daquele que faz a parapraxia (e lembra que a psicanálise interdita que se considere que o psíquico seja considerado como equivalente ao que é consciente, ultrapassando-o em muito). Pergunta, então: "Que queremos dizer com "têm um sentido?" E responde: "Que o produto

A CIÊNCIA DA PSICANÁLISE

do lapso de língua pode, ele próprio, ter o direito de ser considerado como ato psíquico inteiramente válido, que persegue um objetivo próprio, como uma afirmação que tem seu conteúdo e seu significado".[206]

Em determinado momento de sua argumentação (Freud está nessas conferências exercendo sua dialética no mais alto e refinado grau, considerando, em seu próprio discurso, as objeções que lhe poderiam ser feitas, e dialogando com elas, como se estivessem sendo formuladas pelos seus interlocutores, que na verdade "permaneciam em silêncio" na audiência), Freud coloca a questão de que, se as parapraxias são atos psíquicos que têm um sentido, que lugar resta a fatores como "distúrbios da circulação, fadiga, excitação, distração e a teoria da perturbação da atenção?"[207]

Inicia-se, neste ponto do texto de Freud, que é de 1917, uma discussão interessantíssima, que tem, a nosso ver, extrema atualidade. Freud começa a referida discussão dizendo que a Psicanálise não tende a negar esse tipo de fator: "Em geral, não é muito comum a psicanálise *negar* algo que outras pessoas afirmam; via de regra, ela apenas acrescenta algo novo – embora, sem dúvida, vez e outra sucede que esse algo, que até então fora negligenciado e é agora apresentado como um acréscimo novo, ser de fato a essência do assunto". Essas observações são preciosas na discussão metodológica, conceitual e ética com outras tendências que se apresentam hoje, de muito muito prevalente, no campo da psicologia, da psiquiatria e da saúde mental, por exemplo. Quando se invoca, contra as posições da psicanálise, a incidência de fatores orgânicos nas doenças mentais, ou mesmo – em outra direção, fatores sociais que a psicanálise supostamente desconsideraria, exatamente como os fatores aqui invocados para explicar as parapraxias (fadiga, excitação, distração e distúrbios da atenção), sempre se quer provar que esses fatores são negados pela psicanálise. Freud responde que a psicanálise não pretende negar fator algum, mas introduzir um novo fator, até então desconsiderado. O problema é que esse fator novo, introduzido pela psicanálise, pode

---

[206] FREUD, S. – *Conferências introdutórias sobre Psicanálise. Conferência II – Parapraxias* (1915), in *Edição Standard Brasileira*, op. cit., Vol. XV (1976), p. 50.
[207] Ibid., p. 62.

ser o fator essencial, o fator determinante, e os demais fatores, ainda que existentes, podem revelar-se inócuos ou anódinos na questão. Afirma então que os tais fatores somáticos

> não são precondições necessárias para as parapraxias. Lapsos de língua ocorrem, com a mesma possibilidade, e, perfeita saúde e em estado normal. Esses fatores somáticos, portanto, apenas servem para facilitar e favorecer o especial mecanismo mental dos lapsos de língua.[208]

E arremata seu argumento com uma analogia bastante interessante quanto às possibilidades de discussão que abre:

> Suponhamos que em uma noite escura eu fosse a um local ermo e fosse atacado por um meliante, que carregasse meu relógio e minha carteira. Como não visse claramente o rosto do ladrão, faria minha queixa no posto policial mais próximo com as palavras: "isolamento e escuridão roubaram meus pertences". O funcionário da polícia poderia então dizer-me: "Pelo que o senhor me diz, parece estar adotando injustificadamente uma opinião extremamente esquemática. Seria melhor apresentar os fatos assim: "Valendo-se da escuridão e favorecido pelo isolamento do lugar, um ladrão desconhecido roubou os pertences do senhor". Em seu caso, me parece que a tarefa principal é que devemos encontrar o ladrão. Talvez, então, sejamos capazes de recuperar o produto do roubo"[209].

Em que essa analogia é interessante? Ela mostra claramente que, quando consideramos de modo apenas aparentemente científico os fatores que explicam determinado fenômeno, podemos nos extraviar quanto ao que é determinante e o que é circunstancial. Vamos privilegiar o fator "ladrão" e tentar encontrá-lo, no caso de um roubo, ou vamos perder-nos nas considerações circunstanciais em que o roubo se deu, tratando-as como fatores causais ("isolamento e escuridão roubaram meus pertences")? Quem é o ladrão, no caso de uma parapraxia?

---

[208] Ibid., p. 63.
[209] Ibid., p. 63.

A CIÊNCIA DA PSICANÁLISE

E quem é o ladrão, nos quadros de autismo, psicose infantil, uso de drogas, para darmos um oportuno salto, aqui, para as questões que nos movem em nossa demonstração? No caso de uma criança autista, o ladrão será a história contada pela mãe, repleta de preciosas informações cuja significação ela mesma desconhece ao nos falar, ou o mapeamento cerebral da criança, que aponta disfunções encontradas em mapeamentos de diversos casos em que o autismo não acontece e que não aparecem em inúmeros outros casos de autismo? O que é abstração e o que é concreto, para retomarmos elementos de nossa discussão anterior sobre a abstração?

Freud prossegue:

> Esses fatores psicofisiológicos como a excitação, a distração e os distúrbios da atenção muito pouco nos vão ajudar com vistas a uma explicação. Eles são apenas frases vazias, são biombos atrás dos quais não devemos nos sentir impedidos de lançar um olhar.[210]

É interessante destacar, no texto freudiano de 1917, a categoria com que ele descreve um desses "fatores psicofisiológicos", qual seja, a de "distúrbio da atenção", por sua atualidade. Qualquer um de nós, profissionais ou pesquisadores, que atue no campo da saúde mental, principalmente infanto-juvenil, ou mesmo que simplesmente estude este campo, sabe da magnitude que vem tomando um determinado distúrbio da atenção (exatamente como nas palavras de Freud), o *Transtorno* (sim, porque todos os distúrbios devem hoje ser chamados de transtornos, e discutiremos isso no próximo capítulo) *do Déficit de Atenção e Hiperatividade (TDA/H)*. Um número impressionantemente elevado de casos – entre casos verdadeiramente clínicos e outros, aliás a maioria, que simplesmente exibem uma certa acentuação da agitação de qualquer criança normal – recebem hoje o diagnóstico de TDA/H e são medicados, sem qualquer discussão diagnóstica que considere, por exemplo, reação a fatores familiares intercorrentes, dificuldades da vida da criança, desafios da vida infantil, de modo massivo, generalizado, com a medicação intitulada *ritalina,* anfetamina que teve,

---

[210] Ibidem, p. 64.

segundo dados já desatualizados[211], relativos ao período de apenas 4 anos, de 1994 a 1998, sua venda aumentada em mais de 800%. Que se projete este percentual para os dias de hoje, considerando que o diagnóstico de TDA/H não cessou de aumentar indiscriminada e assustadoramente, considerando que chegam cada vez mais crianças com esse diagnóstico dado previamente, e teremos um número muito maior de aumento das vendas (e dos lucros) da ritalina. Sabemos também que os laboratórios presenteiam com viagens inteiramente pagas – passagens e hospedagem – com notebooks e outros benefícios os médicos que atingem determinado patamar de prescrição de ritalina e outros psicofármacos. Mas este é outro problema, que, embora extremamente importante e de modo algum impertinente na discussão ideológico-política que deve acompanhar toda esta nossa argumentação, não é de natureza estritamente metodológica, aspecto que estamos privilegiando aqui.

Pois bem. Freud considera que os distúrbios de atenção – os TDA/H de seu tempo – são como frases vazias, biombos que não devem impedir-nos de pensar. Não são fatores determinantes de atos psíquicos, como os sintomas que pretendemos pesquisar e tratar.

O estatuto do achado no método psicanalítico

Para finalizar esta discussão sobre a postura metodológica que convém adotar na clínica e na pesquisa, do ponto de vista de um rigor estritamente científico (porém realinhado pela subversão psicanalítica que inclui o sujeito foracluído pela ciência, como demonstramos anteriormente), examinaremos um novo argumento do mesmo Freud, na mesma conferência.

Ao sustentar que o único procedimento rigoroso a tomar seria indagar o sujeito que comete o lapso o que ele tem a dizer a respeito, e qual é a primeira coisa que lhe ocorreu (a primeira *Einfall* – traduzida por ocorrência ou associação, mas que tem em alemão um sentido um pouco diferente de algo que advém, "cai" no pensamento ou na

---

[211] Lima, R. C. – *Somos todos desatentos? O TODA/H e a construção de bioidentidades,* Rio de Janeiro, Relume Dumará, 2004.

A CIÊNCIA DA PSICANÁLISE

palavra do sujeito, e não necessariamente se "associa" a algo que o sujeito já estaria pensando), Freud formula uma suposta objeção de seu interlocutor imaginário: "mas, por que fiar-se na primeira coisa que o sujeito diz? Que garantia se tem de que isso seria o fator que se procura? Pode ser assim, mas poderia perfeitamente ser diferente". E responde com um espanto:

> É estranho quão pouco respeito os senhores, no fundo, têm por um ato psíquico. Imaginem que alguém tivesse empreendido uma análise química de determinada substância e encontrado determinado peso para um de seus componentes: tantos e tantos miligramas. Determinadas inferências seriam deduzidas desse peso. Ora, supõem os senhores que alguma vez ocorreria a um químico criticar essas inferências com base no fato de que a substância isolada poderia igualmente ter tido algum outro peso? Todos se curvarão ante o fato de que o peso era esse e nenhum outro, e confiantemente tirarão daí suas ulteriores conclusões. No entanto, quando os senhores se defrontam com o fato psíquico de que determinada coisa ocorreu à mente da pessoa interrogada, não querem admitir a validade do fato: alguma outra coisa poderia ter-lhe ocorrido! Os senhores acalentam a ilusão de haver uma coisa como liberdade psíquica e não querem desistir dela. Lamento dizer-lhes que discordo categoricamente dos senhores a este respeito.[212]

Em outras palavras, é preciso curvar-se ao que se encontra, ao *achado* que fazemos, como o químico! Observe-se que, se a psicanálise reintroduz o sujeito na consideração científica, ela não abandona a postura científica de se curvar diante do que se encontra, advertidos pelo princípio do determinismo de estrutura que a ciência impõe ao real. Incidentalmente, esta digressão de Freud evoca a frase que Lacan toma de Picasso e que se aplica inteiramente ao campo da pesquisa em psicanálise: "eu não procuro, acho". É do achado que se trata, e o achado deve ser respeitado *tal como ele é achado*. As palavras, em

---

[212] Freud, S. – *Conferências introdutórias sobre Psicanálise. Conferência II – Parapraxias* (1915), in *Edição Standard Brasileira*, op. cit., Vol. XV (1976), pp. 66-7.

sua materialidade concreta e discursiva, são para serem tomadas ao pé de suas letras, e só assim poder funcionar como balizas seguras e fidedignas para nossas investigações. Esta advertência nos faz lembrar de um caso clínico, mal conduzido por um psicanalista que, ao retomar uma frase de seu analisante, na qual aparecia a palavra *escarlate* de uso menos frequente, ele a substituiu, a seu juízo, gosto e critério, pelo seu sinônimo *vermelho.* Para o inconsciente não existem sinônimos, porque sinônimos dependem da significação, que não habita o inconsciente, para cujos significantes a forma material prevalece sobre o conteúdo semântico: escarlate é escarlate, não é vermelho não se o sujeito disse escarlate e não vermelho, uma série de conexões homofônicas, próprias à estrutura significante, podem se produzir em suas associações: carla (e derivados nominais), escarro, late, para dar alguns exemplos. E tudo isso se perde se o psicanalista ouve e repete um sinônimo (vermelho), procedendo pela via do significado e não do significante, obstando, assim, o inconsciente.

Concluímos esta subseção sobre o estatuto do *achado* no método psicanalítico com a citação de uma frase de Lacan que se refere justamente a um determinado achado que ele fez, mas que ultrapassa em muito o âmbito do caso particular de que ali ele trata, passando assim a ter para nós valor de um verdadeiro princípio metodológico que resume, com rigorosa propriedade, extrema precisão e amplo alcance, o que é a postura do psicanalista, seja na clínica, seja na pesquisa:

> Afirmamos que semelhante *achado* não pode ser obtido senão ao preço de uma **submissão completa, ainda que advertida, às posições propriamente subjetivas do doente**, posições que se forçam de modo demasiado frequente, ao reduzi-las, no diálogo, ao processo mórbido, reforçando com isso a dificuldade de penetrá-las com uma reticência provocada, não sem fundamento, no sujeito.[213] (grifos nossos)

O psicanalista *submete-se inteiramente* – mas em uma *submissão advertida,* não ingênua, às *posições subjetivas* – categoria que exprime bem a ideia de que há algo de perfeitamente objetivável na

---

[213] Lacan, J. – *De uma questão preliminar a todo tratamento possível da psicose* (1957), in *Escritos,* op. cit., p. 540.

A CIÊNCIA DA PSICANÁLISE

experiência psicanalítica, ainda que o estatuto de objetivável não coincida, nesta experiência, com aquilo que, em uma vertente positivista da ciência, se considera o "empírico observável" – do paciente. Ao fazê-lo, o psicanalista recusa a postura que consiste em *forçar* essas mesmas posições – o que se faz de modo demasiado frequente – ou seja, a *reduzi-las, no diálogo, ao processo mórbido.* É neste trecho que nos parece residir o traço essencial que diferencia a postura metodológica do psicanalista daquela do cientista positivista (seja ele psicólogo, psiquiatra ou neurocientista e *tutti quanti* que sigam a orientação comportamental). Estamos diante de quê? A que se trata de se submeter? Resposta objetiva, clara e imediata: a posições subjetivas e não a processos mórbidos, aos quais reduzimos as primeiras. Posições subjetivas são condições que determinam modos do sujeito responder, em ato, às situações que se lhe apresentam. Já os processos mórbidos são, como as doenças que nos acometem, independentes do sujeito, e dependentes de fatores de diversas ordens (orgânicos, ambientais e até mesmo sociais), sobre os quais o sujeito não é chamado a responsabilizar-se, não no sentido de tê-los engendrado, mas de ter que tomá-los como seus, ainda que não tenha sido seu artífice (aliás, é este o sentido mais próprio da responsabilidade subjetiva: "só podemos responsabilizarmo-nos pelo que ainda não sabemos", diz Lacan, e da responsabilidade coletiva, no sentido de Hannah Arendt: "temos que responsabilizarmo-nos pelo que não fomos nós que fizemos"[214]. Se reduzimos as posições subjetivas aos processos mórbidos, no diálogo com o sujeito, é que tentamos matar as posições subjetivas como tais, anulando o sujeito que sustenta essas posições, que está ali para ser convocado a responsabilizar-se por elas (o que ele ainda não fez, por isso está ali, mas que não deixa de dispor-se a fazer, por isso também está ali). O que obtemos? Nos casos mais felizes, obtemos a sua resistência – sua *reticência* – diz Lacan de forma mais gentil: ele não consente assim tão facilmente em ser anulado por nossa postura redutora. Todas essas consequências éticas, clínicas, metodológicas e conceituais, nós as extraímos da frase citada.

---

[214] Arendt, H. – *Responsabilidade e julgamento,* São Paulo, Companhia das Letras, 2004.

CAPÍTULO 6

A METODOLOGIA DE PESQUISA EM PSICANÁLISE

Por *metodologia* – categoria aqui empregada no singular, como um conceito, e não na forma plural que utilizamos no Capítulo II deste livro, em que apresentamos *seis metodologias* entendidas como sistemas metodológicos em operação na contemporaneidade (desde a modernidade) e aplicada ao campo específico da pesquisa – entendemos o conjunto de princípios e diretrizes que se estabelecem a partir da delimitação de um determinado campo de saber próprio, de estatuto científico, específico e irredutível a qualquer outro, definindo o modo de ação que se impõe neste campo, que é compatível com ele, para que esta ação não se faça de forma contrária, imprópria ou simplesmente alheia às condições de saber deste campo. A metodologia medeia, portanto, três pares antinômicos: a *teoria* e a *prática*, o *sujeito* e o *objeto* do ato de conhecimento e os contextos de *descoberta* e *verificação*, sempre em uma perspectiva científica, e dá ao saber a dimensão do ato. A pesquisa, portanto, como um modo particular de ato que se faz a partir de um campo científico de saber, e que visa a produção e a ampliação continuada deste saber, só pode se fazer em uma perspectiva metodológica.

Metodologia não é, portanto, para nós, o mero elenco de procedimentos operacionais e técnicos que o pesquisador executa. Na verdade, na perspectiva acima apontada, tais procedimentos é que devem ser traçados em estrita obediência aos princípios metodológicos do campo de saber no qual a pesquisa se faz.

A CIÊNCIA DA PSICANÁLISE

Seguindo o princípio da unicidade do método psicanalítico que desenvolvemos no capítulo precedente, reiteramos que o método de pesquisa em psicanálise é *o único e o mesmo* método da psicanálise, aquele que a norteia como uma práxis. Toda pesquisa científica que quiser se inscrever no campo da psicanálise só poderá usar este método: o método psicanalítico, o mesmo utilizado no dispositivo da experiência psicanalítica, tenha ela ou não a proposta de um tratamento no sentido estritamente clínico do termo.

As considerações metodológicas que serão apresentadas neste capítulo consistem em *princípios e diretrizes metodológicas* que deverão transformar-se em *procedimentos metodológicos* nos campos de pesquisa que se configuram para cada um que se lance na tarefa de empreender uma pesquisa em Psicanálise. O que nossa experiência revela é que os sujeitos escutados em cada um dos espaços configurados como campos de pesquisa em que o dispositivo analítico se constitui respondem à proposta do dispositivo de modo a entrar nele – não todos, é claro, de modo análogo ao que se passa em relação a uma análise: nem todo sujeito deseja entrar na experiência psicanalítica. Aqueles que entram respondem bem ao convite a falarem em nome próprio, com autoria e condução de sua fala – na verdade para não a conduzirem tanto assim e se deixarem conduzir pela própria fala, que assume certa autonomia em relação às escolhas conscientes do falante – e logo colocam aquele que os ouve em posição sempre um tanto embaraçosas porque o enfiam na trama difícil e espinhosa de suas questões mais íntimas, fenômeno a que damos o nome de transferência, e que tem se revelado o mais potente instrumento de mudança subjetiva desses agudos sofredores da sociedade humana.

As diretrizes metodológicas a seguir desenvolvidas fundamentam nossa posição segundo a qual toda pesquisa em psicanálise não pode não utilizar o método freudiano, que inclui, por exemplo, a associação livre antes como princípio lógico e ético do que como uma regra técnica presa a determinada configuração clínica, sociocultural ou espaciotemporal, sob pena de deixar de ser uma pesquisa psicanalítica. O que significa isso operacionalmente? Como é que se dá a colocação em prática dessas diretrizes metodológicas? Consideremos agora os procedimentos com que operamos no quotidiano da pesquisa

A METODOLOGIA DE PESQUISA EM PSICANÁLISE

clínica, procedimentos que seguem determinados princípios éticos em sua execução, começando por demarcar a especificidade irredutível do método psicanalítico de pesquisa, que não se revela conciliável com qualquer outro, mais por uma idiossincrasia necessária ao seu estatuto do que por uma vocação para a querela ou o isolamento. Passamos às nossas diretrizes metodológicas, apresentadas de uma forma heurística.

Razões da incompatibilidade com outros métodos de pesquisa

Se o método de pesquisa é um só, não há lugar para as clássicas discussões metodológicas em pesquisas das áreas humanas e sociais, que se subdividem no binômio *quali/quanti*, ora privilegiando o polo qualitativo, ora o quantitativo da pesquisa, ou mesmo formulando categorias como pesquisa-ação, caracterizando com isso que a pesquisa não é apenas teórica ou bibliográfica, mas inclui intervenções concretas do pesquisador junto ao campo e aos "sujeitos da pesquisa", termo que designa, neste contexto, o "universo de pessoas envolvidas na pesquisa" quando realizada com seres humanos, e que tem portanto sentido totalmente diverso daquele que ele assume para nós na categoria "sujeito do inconsciente", eixo central de toda atividade de pesquisa em psicanálise.

Tampouco os métodos e técnicas de pesquisa utilizados na psicologia terão qualquer validade em psicanálise. Nada será conhecido sobre os sujeitos de que tratamos, por exemplo, se aplicarmos outros métodos que seguem os parâmetros da psicologia experimental, por exemplo – tais como: pré-teste/pós-teste (avaliação antes e depois de determinada aplicação ter sido feita), grupo de controle/grupo experimental (aplicação de determinado procedimento com um grupo de sujeitos e não aplicação do mesmo procedimento em outro, com fins de constatação dos efeitos da aplicação em contraste com a não-aplicação). Os métodos *randomizados,* tipo *duplo-cego,* nos quais nem o aplicador nem o sujeito em quem o método é aplicado têm conhecimento do que se aplica, são ainda mais impróprios no campo da psicanálise, pois o sujeito precisa estar *implicado* na experiência

A CIÊNCIA DA PSICANÁLISE

(o que não deve ser confundido com estar *advertido* por esclarecimentos excessivos ou demandas de consentimento, como veremos a seguir), e o psicanalista, se não opera a partir de seu saber, nem por isso lhe é dado, ou pior, exigido, ignorar o seu lugar, ou o que ele está ali para fazer, "às cegas", só para que se tenha a néscia ilusão de "verificar a evidência" de que uma psicanálise poderia ser eficaz *de per se,* sem a intervenção do analista, e até mesmo sem que ele *saiba* que está na situação como seu agente. Não é por nada saber, não é a ignorância crassa, mas o que Nicolau de Cusa, na antiguidade grega, designou como *ignorância douta,* isto é, *saber ignorar o que se sabe*[215], tarefa aliás dificílima, que o analista opera. O analista é *tolo* (*dupe*) do inconsciente, não se mantém numa posição de suspeita, prevenida, "esperta", contra ele, mas essa é uma posição que ele adota por escolha, e após longo trabalho de análise. Ser artificialmente impedido de saber o que está fazendo para que supostamente se possa saber da eficácia do feito sem interveniência do operador é de uma estultícia dificilmente igualável. Em um plano menos experimental e mais fenomenológico, todas as formas de pesquisa-ação envolvendo a inclusão do pesquisador no campo experiencial do sujeito porém como um sujeito a mais, em uma interação intersubjetiva com os sujeitos tratados, de sujeito para sujeito, revelam-se igualmente impróprias ao campo da psicanálise, pois o agente, "participante" na condição de sujeito, constitui obstáculo à transferência e à emergência do inconsciente na direção do trabalho psicanalítico. Se o psicanalista está incluído no dispositivo da experiência, e a tal ponto que Lacan chega a dizer que "os psicanalistas fazem parte do conceito de inconsciente, posto que constituem seu destinatário"[216], não é de modo algum na condição de "observador participante", como sujeito interativo, trazendo sua experiência para a relação de trabalho (clínico ou de pesquisa, não importa) e não procurando evitar as interferências tomadas como prejudiciais e "impuras", maculadoras da pretendida

---

[215] De Cusa, N. – *A douta ignorância (1440),* Lisboa, Fundação Calouste Gulbenkian, 2008.

[216] Lacan, J. – *Posição do inconsciente no Congresso de Bonneval* (1960, retomado em 1964), in *Escritos,* op. cit., p. 848.

A METODOLOGIA DE PESQUISA EM PSICANÁLISE

objetividade dos psicólogos experimentais. Na psicanálise, a razão da intervenção do psicanalista desde um lugar não-subjetivo, mas de objeto, nada tem a ver com a "pureza" ou a "assepsia" experimental, mas com uma razão lógica: a transferência se funda numa *disparidade subjetiva,* no real que torna impossível toda intersubjetividade.

Todos esses modos operacionais são de pouco ou de nenhum valor metodológico para a psicanálise: no caso dos métodos experimentais, objetiva-se o sujeito, exterioriza-se o pesquisador, como se o comportamento a ser investigado pudesse sê-lo fora do campo de uma apreensão do sujeito em sua relação inconsciente e transferencial com o psicanalista ou pesquisador em psicanálise. No caso da fenomenologia e do observador participante, subjetiva-se demasiadamente o agente terapêutico e pesquisador. Na clínica-de-pesquisa psicanalítica, o psicanalista/pesquisador é o agente causal do processo e seus efeitos, não tanto por sua pessoa e seus pensamentos, seu saber ou seus valores, mas por sua função e seu ato. Isso, contudo, não se confunde com seu "comportamento" experimental de pesquisador, e menos ainda seus procedimentos na medida em que são dissociados de si.

O pesquisador, que está evidentemente incluído no campo transferencial constituído por seu ato, não se faz incluir como um sujeito, com sua bagagem subjetiva, experiencial ou cognitiva, nem mesmo com seu saber teórico de especialista, mas como um *objeto.* Não é fácil explicitar em rápidas palavras o que significa isso, conceitual, ética e metodologicamente: agir como um objeto, até porque esta noção de objeto, com a notação/índice *a* dada por Lacan (objeto *a*), aqui referido à função do analista, é tarefa extremamente complexa, e concerne ao fundamento não objetivável de toda objetividade possível. Mas podemos trazer aqui algumas indicações, presentes em Freud, de onde Lacan retirou essa sua concepção. Freud diz que, na prática da interpretação dos sonhos, o analista deve seguir o conselho de Claude Bernard: *trabalhar como uma besta*[217], ou seja, sem querer entender as coisas que ouve imediatamente. Uma outra indicação

---

[217] Freud, S. – *A interpretação de sonhos* [1900], in *Edição Standard Brasileira,* op. cit., Capítulo VII (A Psicologia dos processos oníricos), Seção A (O esquecimento nos sonhos), Vol IV (1972), p. 558.

freudiana de que o analista é antes objeto do que sujeito está em sua famosa, enigmática e irrealizável recomendação: "tomar cada caso como se fosse o primeiro", ou seja, sem nada saber dos outros, que o analista já tiver tratado antes. Na mesma direção está sua outra recomendação, a de que o analista se abstenha do *furor sanandi*[218] em seu trabalho: deve tratar sem *querer* curar: "Eu o tratei, Deus o curou"[219]. Finalmente, a contrapartida da regra da associação livre, imposta do sujeito, mas do lado do analista: a *atenção equiflutuante* (ou *uniformemente distribuída*)[220], o analista deve ouvir atentamente o que o sujeito lhe diz, mas não deve atribuir a tal ou qual fragmento do que ouve maior importância do que a qualquer outro. Tudo isso é impossível a um sujeito, repleto que é de saber, intenção, vontade de ajudar, atenção preferencial, gostos, tendências, aversões, enfim, tudo aquilo de que o analista deve abster-se em seu ato.

Trata-se, na psicanálise, de um campo novo, e tão mais novo quanto mais se consideram as quase inéditas iniciativas de pesquisas a sua aplicação ao campo social concreto – seja este campo caracterizado pela prática clínica da psicanálise no que se denomina consultório privado, seja caracterizado pela prática clínica da psicanálise exercida em ambiente institucional, como aquele que é constituído pela rede pública de saúde, na dita saúde mental ou básica, e mesmo de outros setores sociais, como a educação, a assistência social, a justiça, espaços que psicanalistas vem ocupando cada vez mais nas últimas décadas, muito expressivamente no Brasil mas também em outros países, o que os leva a formular questões de pesquisa bastante importantes diante dos impasses que encontram na introdução e na aplicação – frequentemente bastante difícil – da práxis psicanalítica nesses espaços, e as levarem ao ambiente universitário, nos programas de pós-graduação da área da psicanálise que não por acaso cresceram muito no Brasil

---

[218] Idem – *Observações sobre o amor transferencial* (1914), in *Edição Standard Brasileira*, op. cit. vol. XII (1969), p. 221.

[219] Idem – *Recomendações aos médicos que exercem a psicanálise* (1912), op. cit. Recomendação "e", na qual Freud faz referência a esta frase, atribuída a um antigo cirurgião francês, Ambroise Paré, p. 154.

[220] Ibid., Recomendação "a", pp. 149-50.

A METODOLOGIA DE PESQUISA EM PSICANÁLISE

neste mesmo período. Por todos esses motivos, torna-se ainda mais imperativo que se considerem as diretrizes metodológicas deste campo, para que a pesquisa não perca seus rumos metodológicos.

Apresentaremos a seguir uma série de tópicos que correspondem às principais categorias operacionais que relacionamos como norteadores de toda prática de pesquisa em psicanálise que, como vimos dizendo, não é heteróclita, em suas coordenadas estruturais, à experiência psicanalítica como tal, e portanto comunga do seu método.

O primeiro tópico e mais fundamental diz respeito à posição do pesquisador no campo da psicanálise. A peculiaridade do método psicanalítico e sua unicidade (um só método para a experiência analítica e para a prática da pesquisa que só pode ser realizada através dela) leva a uma primeira discussão sobre o lugar do pesquisador em psicanálise em sua relação com o lugar do psicanalista, pois, se só existe um e mesmo método, não existe um mesmo lugar para essas duas funções, e é uma consequência do próprio método psicanalítico que seja assim: o psicanalista, desde seu lugar e função no discurso psicanalítico, não pode ser ao mesmo tempo um pesquisador. Começamos, portanto, pela proposta de nominação de uma nova categoria.

Um novo nome para um novo lugar: o "pesquisante"

Se o método de pesquisa é o mesmo método de exercício da psicanálise, poderíamos supor que, para que realize uma pesquisa em psicanálise, seria necessário que o pesquisador ocupasse o lugar de psicanalista, e só assim o outro, o sujeito da experiência, poderia comparecer em posição de transmitir as incidências do inconsciente, ou seja, como sujeito do inconsciente. Só a partir deste lugar (de analista), poder-se-iam extrair da experiência elementos de pesquisa, ou seja, elementos que comporão um saber construído a partir da experiência do lado de quem a conduz – já que toda psicanálise produz saber do lado do analisante, mas não do analista, cuja função não é regida pelo desejo de saber, mas pelo desejo do analista.

Neste ponto, entretanto, intervém uma nova questão de ordem estritamente metodológica: como atribuir a um pesquisador (agente central neste campo em que estamos, pois que estamos aqui tratando da prática da pesquisa) a posição que o psicanalista ocupa no laço analítico, o laço social determinado pelo discurso psicanalítico, posição não subjetiva, movida pelo desejo do psicanalista que não tem como objeto o saber, se o pesquisador, por definição, é aquele que porta em si um *desejo de saber*, desejo que é de ordem subjetiva? Quando fazemos nossas pesquisas, acaso não queremos saber sobre as questões clínicas, por exemplo, que nos colocamos como objeto de investigação? Não queremos por acaso demonstrar à comunidade científica e à sociedade em geral que a psicanálise é eficaz no tratamento dessas questões? É bem evidente que só podemos responder afirmativamente às perguntas acima. Como, portanto, afirmar que o pesquisador do campo da psicanálise, ainda que aplique o método psicanalítico em sua pesquisa, estaria em posição de psicanalista no ato da pesquisa, se o psicanalista opera a partir do "lugar de objeto" no ato analítico, não elevado à condição de pesquisa, que no entanto este ato inclui em si mesmo?

O pesquisador não está, no laço social que ele estabelece, na lógica discursiva que rege a sua prática, em posição de analista. Mas nem por isso ele está em posição análoga ao de pesquisador experimental. Isso porque, se sua posição não é a de *objeto*, pelas razões expostas (seu *desejo científico*, por exemplo), ela no entanto é uma posição perfeitamente situável no discurso analítico: é a posição de *analisante*. É o analisante que, em análise, quer saber. Mas é claro que o pesquisador do campo clínico da psicanálise não está na prática da pesquisa como o sujeito que é tratado, analisado. Ele é um analisante muito peculiar, específico, que alterna seus momentos de cientista e pesquisador com os de analista. Como diz Freud, ele alterna seus momentos de pesquisa e de clínica, em um eixo metodológico que estabelece a equivalência mas não a identidade entre essas duas dimensões da *práxis psicanalítica.*

Assim, por força da própria estrutura do campo psicanalítico, ao extrair da experiência elementos de saber, e com isso dar à experiência a dimensão de pesquisa, aquele que conduz o processo deixa forçosamente de ocupar o lugar de psicanalista, pois um psicanalista não pode desde, o lugar de psicanalista, constituir-se como um pesquisador,

A METODOLOGIA DE PESQUISA EM PSICANÁLISE

não pode ocupar esses dois lugares na situação psicanalítica[221]. O psicanalista em sua função e lugar não produz saber, seja para si, para sua pesquisa, para sua comunidade científica, para produção intelectual e sua publicação, para a formação de seus alunos e orientandos.

Ao deslocar-se do lugar de psicanalista para o de psicanalisante na estrutura do discurso psicanalítico, ao realizar uma pesquisa em psicanálise, o pesquisador se mantém no discurso psicanalítico – e não em outro, o do mestre, o da histérica ou do universitário, por exemplo, os quatro formulados por Lacan – mas em uma *outra posição*. Ao psicanalisante é possível o desejo de saber e a produção do saber, a partir de sua posição no discurso, que é de trabalho. O pesquisador assume a posição de psicanalisante no ato da pesquisa, mas não se transforma com isso no psicanalisante: o que o sujeito em trabalho (analisante) no discurso psicanalítico produz são novos significantes mestres (S1) para literalizar de modo novo, único e particular, as suas formas de gozar, e não o saber. Já o pesquisador, desde uma posição fundamentalmente homóloga à de psicanalisante, produz o saber (S2) que sua pesquisa se propõe a produzir. Ora, o discurso que tem o saber no lugar da produção é o discurso histérico, com a diferença de que o sujeito, agente deste discurso, não o produz, mas dirige-se ao significante mestre para que o faça. O pesquisador em psicanálise, assim, não é nem exatamente o psicanalisante em trabalho em uma análise – pois este produz marcas unárias de gozo (S1), nem o sujeito histérico – pois este não produz saber algum, mas demanda ao significante mestre que o faça. Ele tem em comum com o psicanalisante o

---

[221] Isso evoca a questão colocada por Jean Allouch a Helena Besserman Vianna, psicanalista brasileira que denunciou as práticas de "cuidado" médico dispensadas a pessoas torturadas pela ditadura militar brasileira (1964-1985) para que elas pudessem suportar a continuação das torturas, por parte de um médico do Exército brasileiro que era, ao mesmo tempo, candidato à formação psicanalítica em uma sociedade da IPA no Rio de Janeiro. A psicanalista brasileira insistia em atribui a esse candidato a expressão *analista-torturador,* e Allouch a interpela: como pode um psicanalista ser, no mesmo ato, um torturador? Homologamente, diremos aqui que um psicanalista nunca poderá ser, no mesmo ato, um pesquisador. Cf. Allouch, J. – *A etificação da psicanálise,* Rio de Janeiro, Cia. de Freud, 1997.

A CIÊNCIA DA PSICANÁLISE

fato de se colocar a trabalho para que ele próprio (e não um "mestre" por exemplo) produza *algo* – o saber visado pela pesquisa – distinto do que o psicanalisante produz em sua análise – o próprio significante mestre como demarcador literal do gozo singular – e tem em comum com o sujeito histérico o fato de que, no discurso histérico há produção de saber, ainda que pela intermediação do mestre.

Para designar este novo lugar que o pesquisador em psicanálise irá ocupar no dispositivo, agora de pesquisa, cunhamos o termo **pesquisante**[222], que condensa os termos *pesquisador e analisante*, pois que o pesquisador em psicanálise, se é no campo da psicanálise que ele está (e não em qualquer outro, com outra estrutura de dispositivo e experiência), está, como dissemos, em lugar homólogo ao do analisante (da experiência comum e ordinária da análise). O pesquisante é um histérico que se tornou psicanalisante mas cujo desejo é de saber, e efetivamente o produz.

O segundo tópico versa, então, sobre a proposição fundamental de Freud sobre o caráter coextensivo entre *tratamento* e *investigação,* que dá fundamento à proposta da unicidade metodológica na psicanálise.

Na psicanálise, "pesquisa e tratamento coincidem"

Este princípio metodológico é uma interpretação e ao mesmo tempo um desdobramento de uma famosa máxima freudiana, que ele apresentou como uma *recomendação a quem pratica a psicanálise,* a recomendação "*d*" de um de seus escritos ditos *sobre a técnica*: "Uma das reivindicações da Psicanálise em seu favor é, indubitavelmente, o fato de que, em sua execução, pesquisa e tratamento coincidem"[223].

---

[222] Elia, L. – *A lógica da diferença irredutível – a formação do psicanalista não é tarefa da Universidade,* in Estudos e Pesquisas em Psicologia, Vol. 16, n° 4, 2016 – Dossiê *Psicanálise – A psicanálise e a clínica do mal-estar na contemporaneidade,* publicação do Instituto de Psicologia da Universidade do Estado do Rio de Janeiro (UERJ).

[223] Freud, S. – *Recomendações aos médicos que praticam a psicanálise* (1912), in *Edição Standard Brasileira,* op. cit., Vol. XII (1969), Recomendação "d", p. 152.

A METODOLOGIA DE PESQUISA EM PSICANÁLISE

Imediatamente após enunciar esta incisiva assertiva, contudo, Freud adverte de que não é em todo momento de um tratamento que se deve alçá-lo à condição de pesquisa, apontando para os efeitos possivelmente nefastos que esta preocupação investigatória do analista poderá ter na análise.

Esta afirmação de Freud tem a propriedade de localizar em seu discurso uma particularidade de alto valor metodológico. Se tratamento e investigação coincidem, além da unicidade de método que vimos sustentando – o método clínico e o método de pesquisa são um só e mesmo método – decorre também que uma experiência analítica conduzida como um tratamento é, ela própria, uma forma de investigação, e então a clínica é lugar de produção de saber (e não de sua aplicação, por exemplo, como ocorre em outros campos do conhecimento) como, em contrapartida, toda investigação é uma forma de tratamento, ou seja, não se faz pesquisa pela pesquisa, sem nenhum compromisso ético-metodológico com os efeitos que a investigação-tratamento produzirá no sujeito. E é exatamente isso que Freud enuncia em um outro ponto de seus escritos: "a investigação tornou-se uma forma de tratar, e a intervenção clínica transformou-se em uma questão a investigar"[224]. Só assim a pesquisa será psicanaliticamente orientada e poderá trazer avanços científicos no campo em que ela se situa – o campo do sujeito.

Articulando a advertência que Freud faz após enunciar a sua primeira afirmação – a coincidência entre tratamento e investigação – qual seja, a de que é preciso cuidado quanto ao *momento* de levar uma experiência de análise à condição de pesquisa com a nossa proposta da função *pesquisante* para nominar a posição do pesquisador em psicanálise em sua relação com o lugar do psicanalisante e não do psicanalista, podemos ler nesta advertência a disjunção entre o lugar do psicanalista e o do pesquisador. Se em Freud há momentos diferentes para que se faça uso desta coincidência estrutural que a psicanálise faz, em Lacan, já tendo formulado os seus quatro discursos em 1969, e portanto dispondo do discurso do psicanalista, podemos

---

[224] Idem – *A questão da análise leiga,* in *Edição Standard Brasileira,* op. cit., Vol. XX (1976), pp. 205 e segs.

A CIÊNCIA DA PSICANÁLISE

verificar a diferença de *lugares* – o do psicanalista e o do psicanalisante – como articulados por um mesmo laço social (a experiência psicanalítica), mas em posições diferentes. Podemos assim entender o que Freud dissera já em 1914: ainda que tratamento e investigação coincidam – ocorrem no mesmo dispositivo, seguem a mesma metodologia – o *momento* de analisar não pode ser o mesmo do investigar. Em termos lacanianos, o *lugar* do analista não é o mesmo do *pesquisador,* que então se reposiciona, superpondo-se ao lugar do analisante, na nova posição do pesquisante.

A coextensividade entre o ato de pesquisa e ato clínico na psicanálise não é efeito de mera solidariedade na interação entre pesquisar e clinicar, no sentido de uma dessas formas de atividade auxilia a outra, mas um efeito direto da estrutura epistêmica da psicanálise. Não é efeito do livre arbítrio do psicanalista, que pode ou não adotar esta posição, mas fato de estrutura, e assim toma a forma do *não pode não ser assim,* exigindo de todo analista a submissão a ele.

Há na psicanálise uma peculiaridade que podemos, a rigor, considerar epistêmica, que implica que o *objeto da psicanálise*, aquele ao qual o saber produzido se refere – por isso dito *referente* – não se constitua como um *recorte da realidade empírica* considerada. Podemos dizer que o saber psicanalítico, o saber do inconsciente, não tem referente na realidade. Sua produção se faz no ato mesmo de sua operação. Na primeira aula do seu Seminário XII, Lacan assinala que os quatro conceitos que, no ano anterior (Seminário XI, de 1964) ele definiu como *conceitos fundamentais da psicanálise,* a saber, inconsciente, repetição, transferência e pulsão – são paradigmáticos quanto a isso: nenhum deles pode ser apreendido fora do âmbito mesmo em que se operacionalizam, como se fossem objetos da realidade empírica sobre o qual a teoria psicanalítica produziria um saber, que poderia, assim, lhes ser aplicado. Os quatro exigem que um sujeito se encontre em ação, na enunciação da fala, dentro de um dispositivo psicanalítico, para tonarem-se apreensíveis, exclusivamente na, pela e através da experiência em ato, da fala.

Falei no ano passado dos fundamentos da psicanálise. Falei dos conceitos que me parecem essenciais para estruturar sua experiência e vocês

A METODOLOGIA DE PESQUISA EM PSICANÁLISE

puderam ver que, em nenhum desses níveis, **eles não eram verdadeiros conceitos,** e que eu não pude fazê-los sustentar-se, na medida em que eu os fiz rigorosos, em relação a nenhum referente; que sempre, de qualquer modo, o sujeito, que porta esses conceitos, está implicado em seu discurso mesmo; que não posso falar de da abertura e do fechamento do inconsciente sem estar implicado, em meu discurso mesmo, por esta abertura e este fechamento; que não posso falar do encontro como constituindo, por sua falta mesma, o princípio da repetição sem tornar inapreensível o ponto mesmo em que se qualifica essa repetição.[225]

Ora, isso tem consequências bastante radicais, que distinguem a psicanálise como método da ciência comum – sempre no interior, porém, do campo científico, para seguir a orientação adotada neste livro. Uma dessas consequências encontra sua expressão precisamente na recomendação de Freud aqui considerada – a reinvindicação "que a psicanálise faz em seu favor" (isto é, em favor e em decorrência de sua posição metodológica) "de que, em sua execução, pesquisa e tratamento coincidem". Não seria possível não coincidirem, posto que é no ato clínico mesmo que toda pesquisa se faz possível, na medida em que, na inexistência deste ato, não há referente sobre o qual realizar qualquer pesquisa. Parafraseando o título de um dos escritos mais proeminentes de Lacan, podemos dizer que a práxis clínica da psicanálise é uma *condição preliminar a toda pesquisa possível em psicanálise.*[226]

O estatuto do saber na clínica e na pesquisa

O saber em psicanálise não é, assim, o saber referencial, o saber acumulado e ensinado pelos mestres, ou construído nas teorias, mas o

---

[225] Lacan, J. – *Problèmes cruciaux de la psychanalyse – Séminaire 1964 – 1965,* "*Éditions de l'Association Lacanienne Internationale – publication hors commerce*" (sem data de publicação do volume). Lição I, de 2 de dezembro de 1964, pp. 15-16. [tradução livro do autor].

[226] O título a que nos referimos nesta paráfrase é: *De uma questão preliminar a todo tratamento possível da psicose,* escrito do ano de 1957 que é contemporâneo do Seminário III, sobre as psicoses. (Cf., Lacan, J. – *Escritos,* op. cit., pp. 537-590.

A CIÊNCIA DA PSICANÁLISE

saber inconsciente, o saber que inclui o sujeito e sua dimensão radical de desconhecimento. Saber não é conhecimento, e esta distinção já está feita na e pela epistemologia clássica e crítica. Mas na psicanálise uma nova conexão se faz, não entre saber e conhecimento (por distinção) mas entre saber e desconhecimento (por força do inconsciente). É claro que esse estatuto do saber na psicanálise tem as mais incisivas consequências na práxis psicanalítica – na clínica, na pesquisa e na própria elaboração teórica. No momento em que discutimos o impossível da refutação popperiana na psicanálise, demonstramos o quanto o próprio modo como os grandes mestres de nosso campo – Freud, o fundador, e Lacan, o refundador – procederam, em suas respectivas obras, de modo incomum, não trivial, não acadêmico, porquanto marcado pelas incidências do inconsciente.

Consideremos o lugar do saber naquele que conduz uma análise e portanto também uma pesquisa, já que a própria prática da pesquisa implica diretamente o campo do saber. O primeiro passo é assumir a postura de *abstinência do saber prévio*, o que impõe a recusa de todo e qualquer modelo tecnicista *a priori*, e a adoção do *a posteriori* do saber e da proposição dos diferentes modos de configurar o dispositivo psicanalítico.

Com relação a este primeiro procedimento, temos que um dos elementos metodológicos estruturais do que se designa por dispositivo analítico é *operar sem a mediação de um saber prévio*. O lema freudiano *tomar cada caso como se fosse o primeiro,* ou seja, sem lhe aplicar o que quer que já tenhamos conseguido acumular em termos de saber a partir de casos anteriores, é nossa principal referência aqui. Para isso, o que situa e define a função analista não pode confundir-se com nenhuma demanda, propósito ou programa terapêutico, nenhum ideal de saúde ou reabilitação social, e, radicalizando ainda mais, nenhum saber *a priori*, ainda que estritamente teórico ou clínico. Dos ideais de cura, educacionais ou de bem-estar social, este que se propõe a ocupar o lugar de analista deve se abster. De seu saber, que convém que ele tenha, ele deve separar-se por um deslocamento, colocando-o em um lugar que não seja a *proa* (quem sabe a *pôpa* seria indicada?) de seu ato de escuta e acolhimento da palavra ou do ato do sujeito. Toda a especificidade da formação do psicanalista está centrada neste ponto: colocar-se em posição de operar a partir de um furo de saber, o que implica na sustentação de um real, único capaz de dar lugar ao inconsciente. Isso situa a oferta do analista, esteja ele exercendo sua função em uma instituição, qualquer que ela seja, no seu consultório particular ou num ambulatório público. Esse real em jogo no dispositivo analítico nos impede de decidir previamente sobre os limites do alcance de uma psicanálise, seja ela realizada no dispositivo "consultório", seja em uma instituição. É ele, portanto, que permite que a experiência analítica, sendo uma só, dê lugar à particularidade.

O saber atravessado pelo real, curiosamente, é transmissível mesmo que aquele que o transmite desconheça não apenas que o transmite, como também o próprio conteúdo que transmite. Talvez só se transmita verdadeiramente o que ainda não se sabe, do mesmo modo como só se pode ser responsável pelo que ainda não se pode responder, formulação que se extrai do ensino de Lacan. Da primeira frase, sobre a transmissão de algo que não se sabe, temos o testemunho do próprio Freud:

> O consolo que tive em face da reação negativa provocada, mesmo no meu círculo de amigos mais íntimos, pelo meu ponto de vista de uma etiologia sexual nas neuroses [...] foi o pensamento de que eu estava assumindo a luta por uma ideia nova e original. Mas, um belo dia, vieram-me à mente certas lembranças que perturbaram essa ideia agradável, mas que, por outro lado, me proporcionaram uma percepção valiosa dos processos da atividade criativa humana e da *natureza dos conhecimentos humanos*. A ideia pela qual eu estava me tornando responsável de modo algum se originou em mim. Fora-me comunicada por três pessoas cujos pontos de vista mereciam meu mais profundo respeito – o próprio Breuer, Charcot e Chroback [...]. Esses três homens me haviam transmitido um conhecimento que, rigorosamente falando, eles próprios não possuíam.[227]

A posição do pesquisante tem que ser, portanto, a de permitir que se instaure um dispositivo tal que essa transmissão do que não se

---

[227] Freud, S. – *A história do movimento psicanalítico* (1914), in *Edição Standard Brasileira,* op. cit., Vol. XIV (1974), pp. 22-23.

sabe seja possível, a partir do psicanalisante. Para que isso aconteça, é evidente que ele próprio precisa abster-se de seu saber e, além disso, convocar o sujeito a fazer o mesmo, através do cumprimento – que se revelar possível, pois o cumprimento integral não o é – da *Grundregel,* a regra fundamental, a associação livre. Só assim ter-se-ão aberto as condições de transmissão do inconsciente.

O sujeito como vetor axial do campo

Não se trata, aqui, de apresentar a teoria psicanalítica do sujeito e de sua constituição, mas de discutir o significado de tomar o sujeito como eixo de uma pesquisa clínica que se pretende inserida no campo da ciência psicanalítica.

Para o pesquisante, trata-se sempre de localizar na fala daqueles que a ele dirigem sua fala do sujeito do inconsciente, valendo-se dos recursos e dos dispositivos da psicanálise para promover com a maior nitidez possível a sua manifestação.

A primeira distinção a fazer é entre a função *sujeito* e a *pessoa humana,* podendo esta assumir diferentes formas e receber diversas denominações: indivíduo, cidadão, paciente. A este último atributo, preferimos sempre a denominação de analisante, que descreve melhor o que ele faz em uma análise. O sujeito não é de modo algum a pessoa que nos fala, mas uma função operatória no inconsciente que faz suas incidências na fala.

Sobre isso, recorreremos diretamente a Lacan, quando afirma, justamente para definir com rigor a *posição* do sujeito do inconsciente:

> O sujeito, pois, não falamos com ele. Isso fala dele, e é aí que ele se apreende, e isto tão mais forçosamente quanto, antes de, pelo simples fato de que isso se enderece a ele, ele desapareça como sujeito sob o significante que ele se torna, ele não era absolutamente nada. Mas este nada se sustenta por seu advento, agora produzido pelo apelo feito no Outro ao segundo significante.[228]

---

[228] Lacan, J. – *Posição do inconsciente no Congresso de Bonneval* (1960, retomado em 1964), in *Escritos,* op. cit., p. 849.

A METODOLOGIA DE PESQUISA EM PSICANÁLISE

Esta citação, que nada tem de fácil ou imediatamente inteligível, é entretanto precisa e cristalina: o sujeito não é *nada* antes que um significante ("isso", que podemos notar como S1, o significante unário) se dirija a ele. Não há pois, sujeito na realidade objetiva, positiva, como um "dado" ou elemento "natural". No ato d'isso (S1) endereçar-se a ele, ele seria "alguma coisa", teria algum sentido, deixaria de ser um nada, mas este ato do primeiro significante *imediatamente* – sem mediação temporal – remete a um segundo significante (S2), sob o qual o sujeito desaparece (efeito dito de *afânise* ou *fading*) perde o sentido – entrada do *nonsense*. Entretanto, esse apelo feito ao segundo significante, o afanísico, o que o "apaga", o *barra,* vale dizer, freudianamente, o *recalca originariamente,* o funda como inconsciente, constitui seu advento como sujeito do inconsciente. Trata-se de uma outra modalidade do nada, um nada que se sustenta por seu advento.

A importância desta formulação na clínica e na pesquisa é enorme. De saída, ela nos retira da ingenuidade de que fazemos uma "clínica do sujeito" porque recebemos pessoas que chamamos de sujeitos, a quem damos uma escuta atenta e atenciosa, levando em conta o que ele diz, numa perspectiva que é, no máximo, generosa e humanitária (o que certamente convém mas não basta) mas não psicanalítica. Para que o sujeito faça suas incidências na fala daquele que nos procura para falar, é preciso que estejamos posicionados de modo muito específico e peculiar, que saibamos como manejar a escuta, enfim, que estejamos suficientemente destituídos de nossa própria condição de sujeitos para que, do outro lado, ou do lado do outro, algo da ordem do sujeito possa comparecer – já que "aparecer" o sujeito não vai, jamais.

E é preciso acrescentar que este sujeito é sem qualidade alguma. Como já dito em capítulos iniciais deste livro, na referência a Jean-Claude Milner e ao *doutrinal de ciência,* por exemplo, o sujeito moderno, o sujeito pressuposto pela ciência, sobre o qual ela não opera mas é o mesmo sobre o qual nós, psicanalistas, sim, operamos, não exibe as qualidades anímicas, intelectuais, culturais, afetivas, perceptivas, etc., que um indivíduo ou pessoa exibem. Trabalhar com o sujeito do inconsciente – ou seja, fazer psicanálise, como clínica ou

A CIÊNCIA DA PSICANÁLISE

como pesquisa – atravessa classes sociais, níveis de instrução, pertinências étnicas, inserções em gêneros, enfim, toda a diversidade de traços identitários, identificatórios e humanos, demasiado humanos. Atravessa, quer dizer, é *trans: trans-identitário, trans-classial, trans-étnico,* enfim, *transferencial,* a ser atualizado pela repetição atuada na transferência com um psicanalista em função, ou seja, operando o desejo do psicanalista.

O sujeito é também estrangeiro a tudo o que é somático, um nada inclusive no plano da biologia, da organicidade, efeito do Isso que a ele se endereça em seu *initium.* Por isso, é importante, na clínica – que muitas vezes se depara com eventuais manifestações de fatores orgânicos (lesões/disfunções diversas) – e na pesquisa, que mais frequentemente ainda toma como seu objeto de investigação situações que envolvem vários níveis e modalidades de patologia e sofrimento, que afetam e acometem os sujeitos a serem escutados em sua dimensão inconsciente, diferenciar o sujeito do conjunto de fatores biológicos presentes, sem contudo desconsiderá-los, desde que esses fatores não sejam tomados como elementos estruturais do sujeito, e sim como fatores de sua realidade, com os quais, como sujeito, eles tem que se haver. Aplicamos esta mesma postura metodológica em relação às problemáticas de ordem social que operam sobre o sujeito, participando do conjunto de fatores que o determinam: o sujeito é multiplamente determinado, mas seu modo de constituição que, a partir da Psicanálise, o situa como sujeito do inconsciente, faz com que tenhamos que mantê-lo como eixo do trabalho, cuja via é a palavra: o sujeito é falante, ainda que não faça uso da função da fala, pois, mesmo assim, estará no campo da linguagem. Trata-se, portanto, de fazê-lo falar de si – ou antes, de fazer com ele fale de modo tal que *isso fale dele* – por palavras ou atos, e de determinado modo que sua fala possa conduzi-lo ao saber que nele habita, de forma que dele permanece exilada, alienada, e que, uma vez tomado pelo sujeito, este saber contém as vias que tornam inteligíveis os modos como o sujeito se relaciona com eventuais aspectos de seu funcionamento orgânico (lesão, disfunção, sub-funcionamento) e de sua história social (opressão, pobreza, desfavorecimentos diversos e muitas vezes extremamente truculentos).

A METODOLOGIA DE PESQUISA EM PSICANÁLISE

A questão de natureza ético-metodológica que se poderia colocar neste ponto é a de saber se esta postura leva a negligenciar tanto os fatores orgânicos quanto os sociais na determinação do sujeito, e consequentemente também no seu tratamento. Responderemos que não: esta postura metodológica não leva a negligenciar estes fatores, que devem ser tomados em relação ao modo como o sujeito que os porta lida com eles, e mais do que isso, organiza-se subjetivamente em relação a eles, a partir da inclusão deles no campo de sua experiência subjetiva. Ninguém tem uma deficiência grave sem que isso se inclua, e na maioria das vezes com um impacto violento e traumático, em sua subjetividade. Analogamente, ninguém nasce, cresce e vive em condições socioeconômicas extremamente precárias sem que isso lhe cause os mais profundos efeitos, está claro, e esses efeitos devem ser considerados no âmbito da psicopatologia e da clínica, sob pena de praticarmos uma clínica descontextualizada, e, pior do que isso, alienada da realidade social.

Assim, trata-se de privilegiar o sujeito como eixo em torno do qual as lesões/disfunções e as condições materiais da vida incidem, investigar e tratar do modo como estas o afetam, mais do que, sob a capa de uma integração de fatores biopsicossociais, trinômio que muitas vezes fascina o meio científico-social por sua aparência de "consideração da complexidade dos fenômenos em toda a sua multiplicidade", mas que na verdade não tem grande significação conceitual, cair na armadilha de mascarar precisamente o nível em que o sujeito falante, o sujeito constituído na e pela linguagem – tal como o define a psicanálise – é precisamente o único verdadeiro eixo de "integração" possível do que se passa em sua existência, nela incluindo suas eventuais deficiências físicas ou sociais. Este sujeito é precisamente o que é diluído no trinômio acima considerado.

Aqui encontra-se em jogo um fator de ordem metodológica, próprio à psicanálise, que tem importantes consequências éticas: o saber é antes de tudo o saber do inconsciente, e portanto está do lado do sujeito, e não do profissional ou cientista. A técnica e a ciência deste último deve ser eficiente e fundamentada para fazer com que este saber (do inconsciente) se produza, a partir do sujeito, que é, por assim dizer, sua "sede encarnada". A técnica e a ciência são tanto mais

A CIÊNCIA DA PSICANÁLISE

eficazes, em nosso campo, e tanto mais fundamentadas, quanto mais consigam abster-se do anseio e do afã magistrais de serem aplicadas ao sujeito, em exterioridade e anterioridade a ele.

Nossa hipótese é a de que a tendência atual das ciências médico-psicológicas aplicadas ao comportamento vem operando justamente no sentido de reintroduzir no campo científico o movimento de exclusão do sujeito, um século depois que a psicanálise, nisso seguindo passos derivados da própria Ciência Clássica – aquela que, com Galileu e Descartes, inaugurou-se como Ciência Moderna – recolocou o sujeito, suposto mas no mesmo golpe excluído neste passo inaugural da Ciência, em cena. Vivemos uma época, tanto na ciência quanto na civilização mais ampla, em que a globalização planetária se faz acompanhar de um retorno ao organicismo, ao holismo diluidor e portanto a um novo banimento do sujeito do campo da consideração científica. No nosso campo, isso se traduz com o nome de "medicina do comportamento", esta que frequenta as páginas da grande mídia, e infelizmente também em boletins "científicos" de qualidade duvidosa, com delírios pseudocientíficos sobre todos os aspectos da vida "mental" e social, tais como "centros cerebrais de humor, de felicidade, de prazer", pesquisas que garantem prever o fim do casamento através de entrevistas feitas com o casal no momento de suas núpcias, garantias falaciosas da etiologia orgânica de doenças mentais como a esquizofrenia e o autismo, entre outras afirmações sem nenhum fundamento científico, feitas com base em pesquisas sem nenhum rigor científico. O que mais espanta é que esta ausência de fundamento e rigor é visível – e legível – a olho nu, ou seja, não precisa ser um pesquisador do campo para detectá-los, o leigo poderia, caso exercesse seu espírito crítico de cidadão, concluir que não tem base para crer no que é dito. No entanto, o plano da crença triunfa, sob o manto de uma cientificidade de terceira categoria, e atende aos anseios atuais pelo engano globalizante.

Uma última observação, de resto fundamental, a fazer sobre o sujeito é que, na psicanálise, ele não admite nenhum *perfil*. Este aspecto toca diretamente nos critérios de elegibilidade da população-alvo da psicanálise, ou do eventual candidato a psicanalisante.

A METODOLOGIA DE PESQUISA EM PSICANÁLISE

Será que podemos sustentar a existência de critérios de "elegibili-dade da clientela", os critérios de seleção dos pacientes para a clínica? Quando se trata de uma pesquisa, é plausível que se defina um recorte no "universo" de sujeitos para a pesquisa, os sujeitos a quem determi-nada clínica de pesquisa se dirige. Isso, entretanto, exige ser tratado com o mesmo rigor metodológico que temos proposto para qualquer outro aspecto da práxis psicanalítica, clínica e de pesquisa.

Em Psicanálise, a clínica não se define como destinada a uma determinada configuração diagnóstica, e rejeita, radicalmente, a cate-goria de *perfil*. A clínica psicanalítica não é feita para um determinado perfil de clientela, e não existe uma coisa qualificável como o *perfil do paciente para a psicanálise*. Costumamos dizer, em uma brincadeira extremamente séria, que falar em perfil é não querer olhar de frente, e que o psicanalista deverá olhar *de frente* e não *de perfil* para aqueles que o procuram, e deve tomar, a todos, em uma escuta preliminar, para, em um segundo momento, tratar de saber se é um caso cujo tratamento prosseguirá ou não no seu espaço de trabalho – con-sultório ou unidade de saúde mental pública, se será encaminhado para outro profissional ou serviço, ou se a demanda que trouxe o caso, uma vez ouvida e trabalhada, poderá ser desconstituída como tal, ou seja, como demanda de tratamento, verificando-se que trata-mentos formalizados não são indicados no caso. Mas, em qualquer uma desses três possibilidades, um trabalho é exigível, e tem que ser executado.

Freud deu a esta fase de escuta e acolhimento preliminar a todo aquele que procura uma psicanálise o nome de *tratamento de ensaio* e Lacan conceitua este mesmo período como *entrevistas preliminares,* querendo exprimir com o termo *preliminar* componente da expressão (que ele prefere às variantes *primeiras entrevistas* ou *entrevistas iniciais* porquanto essas expressões afirmem uma série ordinal quando nada garante, *a priori*, que haverá entrevistas *posteriores*) o passo a ser dado para franquear – ou não – o limiar (*limen* significa *limiar*, logo *pré-liminar* significa *prévio ao limiar*) pelo qual uma análise se revela possível. Não é portanto em função do quadro diagnóstico que um tratamento analítico se faz possível ou não, mas pelo que possa vir a ocorrer no período preliminar, ou de ensaio, concernindo a inclusão

do analista na problemática do paciente, em sua demanda de tratamento, o que tem o nome de entrada na *transferência*.

No caso de uma pesquisa cuja questão central se configura em
torno de determinada questão, será preciso que o pesquisante procure
inserir-se em espaços clínicos – institucionais ou não – em que exista
a possibilidade de encontro com os sujeitos que possam apresentar as
questões que lhe interessa pesquisar, mas de modo algum ele deverá
arregimentar artificialmente um "rebanho" de sujeitos pré-seleciona-
dos para comporem seu corpo de sujeitos de pesquisa. Isso desatende
os critérios mais fundamentais da prática psicanalítica, contraria a
imanência própria ao encontro entre psicanalisante e psicanalista – no
caso, pesquisante – de que trataremos adiante e fará obstáculo à
transferência, condição estrutural de trabalho, e consequentemente
também de pesquisa.

Efeitos de estrutura na clínica e na pesquisa

Nos tópicos precedentes não tratamos nominalmente da categoria
de estrutura, que afirmamos ser essencial em nosso corpo teórico.
Entretanto, não fizemos outra coisa senão falar da estrutura, na
medida em que o que dissemos do sujeito implica, requer a noção de
estrutura, e já uma forma de falar da estrutura, que é, portanto, uma
categoria coextensiva à de sujeito em psicanálise.

No entanto, cabe acrescentar algumas palavras acerca da categoria
de estrutura: aqui também precisamos diferenciar o uso que esta
categoria tem em outros campos do saber – no movimento chamado
de estruturalismo, por exemplo, que trabalhamos no capítulo II deste
livro – daquele que ele tem na psicanálise, pela razão de que a introdução do inconsciente no campo do saber não cessa de produzir
subversões nas concepções vigentes, que não o levam em conta, e que
a Ciência deve considerar.

A psicanálise, contudo, se por um momento serviu-se do estruturalismo, no Lacan dos primeiros tempos, por exemplo, não pôde
permanecer estruturalista. Isto porque o estruturalismo é uma metodologia que se restringe, para utilizar uma categoria do próprio Lacan,

ao registro do Simbólico. O conjunto covariante de elementos em que consiste a estrutura, no estruturalismo, é um conjunto de elementos simbólicos. A estrutura em psicanálise inclui o real como impossível a simbolizar e, finalmente, como *sem lei*. Dizer que a estrutura é simbólica e o real, por ser *ex-sistente* ao simbólico (exterior ao seu campo) estaria *fora* da estrutura não condiz com o conceito psicanalítico de estrutura. O sujeito é resposta *do real* às exigências da estrutura, que no entanto inclui esta resposta e implica que o sujeito *assuma o que o causa*. Na psicanálise, a o efeito inclui o que o causa, ao modo da imanência.

A psicanálise reintroduz o sujeito na cena científica, a despeito de todo o esforço da ciência, desde a sua fundação com Galileu e Descartes, para excluí-lo de seu campo, embora tenha sido esta mesma ciência que, em sua fundação, supôs um sujeito mas o excluiu de seu campo operatório. Se a estrutura do estruturalismo não apenas exclui todos os valores do humanismo da centralidade da experiência humana, ao formalizá-la e matematizá-la qualitativamente, mas exclui também qualquer noção de sujeito que não se reduza a um elemento covariante, simbólico, da estrutura, como manter esta noção de estrutura na psicanálise?

Há assim uma margem de indeterminação a partir da qual o sujeito *escolhe*, em ato, sem saber algum, o que ele "é" ou "será". Esta margem de escolha deve ser entendida a nível do inconsciente, no mesmo sentido e no mesmo nível em que podemos falar responsabilidade subjetiva pela escolha da posição subjetiva (Freud falava em "escolha da neurose", *Neurosenwahl*). O processo analítico implica, assim, mais a *responsabilização* do que a *responsabilidade* – e os substantivos terminados com o sufixo *–ão* em português exprimem a ideia de *processo*, em vez de *dado*, mais do que os que terminam com o sufixo *–ade* ou *–ez,* como se observa em *identificação* em vez de *identidade, fixação* em vez de *fixidez, sexuação* em vez de *sexualidade.* Pois o sujeito, antes de uma análise, é mais irresponsável que responsável por sua posição subjetiva e suas escolhas inconscientes, e a experiência analítica caminha no sentido de sua responsabilização, pela qual ele assume a *resposta* que ele é, *a sua própria causa.* Assumir a resposta que ele é como a sua própria causa é a enunciação mesma da imanência em psicanálise. Este estatuto inconsciente da escolha e da responsabilização afasta-se do sentido de escolha próprio do existencialismo, que se dá no plano da consciência, do "livre arbítrio", do "projeto de vida", da "responsabilidade existencial do sujeito por suas escolhas". É nessa margem que se fundamenta a dimensão ética da psicanálise, que por isso mesmo não pode ser exclusivamente um saber teórico-clínico: o caráter de sua metodologia exige que a psicanálise seja também habitada por uma ética, enraizada precisamente no ponto real em que falta o saber simbolicamente inscrito, exigindo do sujeito um ato, no vão do saber, em que ele escolhe "no escuro" do saber, mas que, por isso mesmo, lhe permite separar-se das determinações do Outro.

A Ética da psicanálise é, assim, antes a decorrência de um a menos de saber do que de um a mais de saber.

A transferência na pesquisa psicanalítica

O mais importante princípio metodológico da psicanálise é, indubitavelmente, a transferência. Um primeiro aspecto a ser assinalado é que a transferência irrompeu na experiência psicanalítica de modo imprevisto, como um *evento,* em sentido bem próximo daquele que os físicos contemporâneos formularam a partir do princípio da incerteza e da teoria do caos, rompendo com a previsibilidade e com a atemporalidade da física newtoniana. A flecha do tempo, inexistente na física clássica, que permitia que as leis vigorassem em qualquer tempo de modo sempre reversível, entra em cena na física do caos. A transferência é um evento desta ordem, e seu manejo, pelo psicanalista, está intimamente relacionado à temporalidade.

Não é por outra razão que, no próprio tempo histórico da obra freudiana, ela não fez sua aparição na primeira hora. Por algum tempo, Freud pôde sonhar com a promessa de um método científico da modalidade hipotético-dedutiva, o método da *associação livre* que substituiu o uso, este pré-científico, da hipnose, na certeza de que, pelas associações do analisante e superando, através das interpretações do analista, as resistências, o analisante chegaria à verdade, entendida neste contexto como o *núcleo patógeno* da sua neurose – fato traumático e depois fantasia de sedução. A transferência, entretanto, fez ruir esta aposta cientificista, apresentando, como evento imprevisível, um tipo muito particular de resistência, aquela que é, ao mesmo tempo, a mola maior da análise: a presentificação do desejo inconsciente em ato, reedição da fantasia na cena psicanalítica. O inconsciente revela assim sua face real, para além das narrativas e de suas formações, sempre simbólicas: sintomas, sonhos, lapsos, atos falhos e chistes. Sem a irrupção do real do desejo inconsciente, cujo revestimento imaginário e resistencial é o *amor de transferência* (*Ubertragunsliebe*), a psicanálise é uma experiência impossível, e, com esta irrupção, que comporta a dimensão do impossível, ela o contorna pelo manejo (*Handlung,* o que só se pode fazer com as mãos) torna-se possível como experiência, embora sempre marcada pela dimensão da incerteza e sem qualquer garantia, e contorna os pontos de impossibilidade. A única experiência no campo da clínica do sujeito com sofrimento psíquico excessivo e intenso que comporta, não de modo circunstancial mas estrutural, não facultativo mas necessário, a dimensão do *amor* é a psicanálise.

Freud, que não a esperava, precisou acolhê-la, e inventar o desejo do psicanalista como parceiro do que denominou de "demônio da transferência", entendendo rapidamente que não existe outro modo do inconsciente *trabalhar* numa psicanálise: o inconsciente, embora estruturado como uma linguagem (e radicalmente estranho ao registro fisiológico), não é uma instância narrativa, sua transmissão é pelo ato e pela repetição, embora ele faça suas incidências na fala, e a palavra, por sua vez, não é antinômica à dimensão do ato.

Sempre que um laço se estabelece entre um psicanalista e um sujeito, a transferência *pode* ocorrer, o que, na lógica proposicional, expressa-se pelo modo da contingência: *cessa de não se escrever,* suspende o impossível que a impede de se escrever, posto que ela vem no lugar mesmo do que não cessa de não se escrever, a relação sexual, a relação de complementaridade, que produziria um gozo pleno, redondo, sem furo. O desejo é a metonímia da falta desta relação, e o amor é o que recobre o desejo pela demanda, traçando, contudo, o caminho de acesso a ele, no ato mesmo em que o vela.

Parece-nos importante articular o advento da transferência à forma de *escuta* que é própria ao método psicanalítico. O termo escuta é bastante associado à prática psicanalítica, tanto nos meios profissionais quanto na comunidade leiga: o analista é antes de tudo alguém que escuta seus pacientes. Os mal-entendidos, a banalização pela via da popularidade, contudo, exigem que examinemos o seu significado. É bem evidente que escutar, no contexto metodológico em que se desenrola uma análise, não designa o ato *auditivo* de ouvir alguém, embora, pelo menos em princípio, a capacidade auditiva seja uma condição para a escuta psicanalítica. Mas todo reducionismo retira o essencial dos conceitos operacionais, como é o caso da escuta analítica, reduzindo-a a uma postura estática, passiva e impassível, que caracteriza tantas vezes o modo de muitos psicanalistas se portarem em sua prática, dando margem e fundamento a que, popularmente, se diga que ele age como uma "múmia", "esfíngie" ou "parede", mudo e imutável, e até mesmo indiferente ao sujeito.

Aqui evocamos o valor da palavra como um apelo. Para a Psicanálise, toda palavra é apelo e todo apelo implica em resposta (ainda que esta tome a forma do silêncio). É com essas palavras que Lacan inicia o primeiro capítulo de um de seus mais importantes escritos, aquele com que ele funda de modo sistemático seu ensino: "Que ela se queira agente de cura, de formação ou de investigação, a psicanálise só tem um meio (médium): a fala do paciente. A evidência deste fato não desculpa que o negligenciemos. Ora, toda fala apela resposta!"[229].

Se a fala é apelo, há que haver um modo de responder a ela. *Escuta* significa portanto um *modo de responder,* não de *registrar* a fala de alguém. É precisamente a resposta que o analista dá ao apelo que é a fala, ou, em nossa clínica de pesquisa, ao apelo que pode tomar a forma de ato ou de atividade. Escutar, portanto, é tomar o que há de apelo em uma fala e responder a ele, o que não significa, em absoluto, atender ao que é pedido, satisfazer ou gratificar o apelo, o que tornaria inoperante este apelo, já que, uma vez atendido ou satisfeito, ele cessaria de levar o sujeito ao trabalho de análise, que é o de remontar, de apelo a apelo, à responsabilidade subjetiva daquele que está em análise sobre suas questões, escolhas e desejo. Por isso a

---

[229] Lacan, J. – *Função e campo da fala e da linguagem em psicanálise,* in *Escritos,* op. cit., p. 247.

A METODOLOGIA DE PESQUISA EM PSICANÁLISE

psicanálise abstém-se do projeto de prestar ajuda, assistência, apoio, e, pelo mesmo motivo, de restringir-se aos objetivos terapêuticos de curar, que Freud nomeou como *furor sanandi.*

A transferência depende no mais alto grau do modo de escuta do psicanalista, desde o primeiro encontro com o sujeito, mas ela depende essencialmente do tempo e do manejo que o analista tem. Freud, no início do seu mais importante escrito sobre a transferência, adverte:

> Todo principiante em psicanálise provavelmente sente-se alarmado, de início, pelas dificuldades que lhe são reservadas quando vier a interpretar as associações do paciente e lidar com a reprodução do recalcado. Quando chega a ocasião, contudo, logo aprende a encarar essas dificuldades como insignificantes e, ao invés, fica convencido de que *as únicas dificuldades realmente sérias que tem de enfrentar residem no manejo da transferência.*[230] [grifo nosso].

A transferência pode assim ser definida como o campo que se instala entre o sujeito e o analista a partir do modo como este toma o que lhe é dirigido para além da pessoa atual que suporta a função de analista, sem contudo deixar de se incluir no que lhe é dirigido. Não responder como a pessoa atual, com suas opiniões, juízos, valores, ou com sua caridade, prestatividade ou presteza profissional, vontade de ajudar ou curar é a única forma do analista sustentar o lugar encarnado de polo de endereçamento (muitas vezes bastante violentos, sob a forma do amor ou do ódio), sem no entanto confundir este polo com a sua pessoa, e saber invocar o que, no apelo transferencial, está além da situação atual, da realidade imediata constituída entre ele e seus pacientes.

A transferência, assim, não deve ser entendida como um fenômeno espontâneo, que se caracterizaria pela mera atualização (colocação em ato e na atualidade) sobre a pessoa do analista do inconsciente do sujeito: ela depende de uma operação do analista, de seu ato que, ao situar o analista em seu lugar, instala o campo no qual essa atualização

---

[230] Freud, S. – *Observações sobre o amor transferencial,* in *Edição Standard Brasileira,* op. cit., Vol. XII (1969), p. 208.

A CIÊNCIA DA PSICANÁLISE

se produz e se torna analisável. A transferência, assim concebida, é antes o efeito do dispositivo analítico, do que a manifestação espontânea do funcionamento inconsciente, e inclui, portanto, o analista e suas operações.

Tais operações consistem fundamentalmente no modo como ele escuta o paciente, no sentido ativo que demos a esta noção de escuta acima: o modo como responde ao apelo que lhe é dirigido pela fala ou pelos atos do sujeito. Este modo de responder consiste em tomar o que lhe é dirigido para além da dualidade interpessoal que comumente caracteriza as relações humanas. O uso da palavra já comporta o elemento terceiro que medeia a relação intersubjetiva, mas, no caso do analista e do manejo da transferência, este uso deve ir mais além: deve situar o que lhe é dirigido para além de sua pessoa atual, fazendo chegar, pelo seu modo de intervenção, ao sujeito, que sua mensagem foi recebida (acusando recebimento de mensagem, pelo que o analista não se furta a lidar com isso) mas que comporta um endereçamento que ultrapassa a situação dual ou atual, o que indica que esta mensagem se dirige ao Outro (e ao conjunto de "outros" que se situam na história inconsciente do sujeito).

Só assim a transferência se estabelece de modo eficaz, e permite que a história e a estrutura do quadro clínico, em seu nível inconsciente, se ordene na diacronia da análise, em uma temporalidade atualizada, porém sem reduzir-se ao momento atual do "aqui e agora". Só assim o quadro é analisável, e, uma vez estabelecido este dispositivo, ele começa a mostrar mudanças importantes.

Lidamos, em nossa clínica de pesquisa, com a resistência da própria psicanálise, que se apresenta sob a forma de preconceitos – e, na formalização de Bachelard, constituem os obstáculos epistemológicos que precisam sofrer corte para serem ultrapassados – que se traduzem em objeções, quanto à transferência, encontradas na posição de muitos analistas e que podem ser formuladas em duas proposições:

1. Não há transferência "analisável" na psicose;
2. Não existe a possibilidade de se analisar a transferência em uma clínica institucional;

A METODOLOGIA DE PESQUISA EM PSICANÁLISE

Embora hoje essas objeções não sejam mais tão frequentes na comunidade psicanalítica, haja vista ao grande número de psicanalistas que recebem psicóticos para análise e/ou trabalham em instituições, ainda persiste uma certa restrição a considerar essas práticas como estritamente psicanalíticas, como se fossem *orientadas pela psicanálise* mas não *psicanálise propriamente dita.* Essa postura muitas vezes conduz ao equívoco conceitual de designá-las com o atributo de *psicanálise em extensão,* como se esta categoria, que Lacan formulou em contraponto com a *psicanálise em intensão,* significasse a *extensão da prática da psicanálise* para além do consultório, *locus* supostamente próprio para o seu exercício. Ora, *psicanálise em intensão* é a experiência psicanalítica, que se desenvolve entre psicanalista e psicanalisante, em um dispositivo psicanalítico, seja onde for que este dispositivo e este alinhamento se instaure – consultório, ambulatório, enfermaria, instituição penitenciária, espaços de rua, serviços de saúde mental e *tutti quanti.* E a *psicanálise em extensão* é o conjunto de dispositivos de transmissão da psicanálise sua presença no mundo, incluindo a dimensão de transmissão própria a toda atividade de pesquisa, já que, em seu exercício, a pesquisa se articula com a experiência da psicanálise em intensão, como demonstramos antes. O valor desta dualidade é demonstrar que ambas essas dimensões da práxis regem-se pelas mesmas coordenadas estruturais, o que não anula a distinção entre elas – pelo contrário, as torna mais precisas – embora em um vetor comum.

Na prática clínica, portanto na *psicanálise em intensão,* realizada em situações diferentes do consultório, mas sempre no dispositivo psicanalítico, verificamos que não apenas a transferência se instala, desde que o analista se coloque em seu lugar, como ela se mostra analisável. Esta clínica coloca dificuldades imensas para quem nela se dispõe a trabalhar e a pesquisar, por um lado em decorrência das barreiras sociais e históricas construídas insidiosamente por mais de um século de prática elitista da psicanálise, o que faz com que sujeitos que pertencem a estratos sociais francamente desfavorecidos não se endereçem aos psicanalistas só porque eles se tenham estabelecido nos espaços sociais próprios a esses estratos. Além disso, muitas vezes a transferência assume formas violentas, intensas e maciças, seja sob a forma da agressividade, seja sob a forma da sexualidade (tirar a roupa, masturbar-se, bolinar as pessoas). Isto exige serenidade e capacidade de responder (escuta) na transferência, de modo que se diferencia dos atos meramente punitivos, da mera contenção disciplinar, sem cair contudo na permissividade espontaneísta do "tudo pode", frequentemente empregada para se fugir às práticas de contenção e de punição. A intervenção precisa ser analítica, ou seja, operar pela via da palavra capaz de situar os atos do sujeito em relação à sua história, e ao endereçamento para além de quem está na posição de analista, como pessoas físicas e atuais ali presentes. Observamos que, quando esta palavra pode ser dita, os atos cessam ou se desintensificam, dando lugar a outros rumos, capazes de mudar a posição subjetiva dos analisantes.

Grande parte das dificuldades da pesquisa clínica em psicanálise reside neste tipo de resistência por parte dos analistas, que preferem permanecer na posição do "já (não) sabido" pela teoria e pela técnica. Não quer isto dizer que as dificuldades próprias dos quadros sejam inteiramente redutíveis às resistências dos analistas. O que dizemos é que as dificuldades reais desta clínica encontram um suplemento de dificuldade na resistência dos analistas à prática clínica e de pesquisa em situações não habituais e triviais.

Não há nenhuma possibilidade de que uma análise aconteça sem que a transferência entre em jogo, o que faz dele um *necessário* cuja ocorrência entretanto é contingente, ou seja, cuja ocorrência não é *necessariamente assegurada*. Isso torna a própria experiência analítica um evento contingente: nada garante que ela acontecerá mas, caso aconteça, ela terá na transferência sua condição de avanço, e seu êxito dependerá exatamente de que esta transferência seja transmutada numa nova forma, inédita, no final da análise.

Verdade e realidade na pesquisa e na práxis da psicanálise

As categorias de verdade e realidade são obviamente distintas, em vários campos do saber. Na psicanálise, contudo, esta distinção é ainda mais radical. A verdade tem sempre a mais íntima relação com

A METODOLOGIA DE PESQUISA EM PSICANÁLISE

a linguagem, particularmente com o uso da linguagem como fala do sujeito. Ela se desprende, assim, de qualquer ancoragem na realidade objetiva, ela não é a *verdade dos fatos,* mas sobretudo a *verdade dos ditos.* Por isso Lacan formulou a máxima de que a *verdade tem estrutura de ficção.* Já a realidade em psicanálise é algo bem distinto da ficção, embora tampouco ela seja a realidade "objetiva" do positivismo. Ela também depende da linguagem e do discurso, e Lacan afirmará que "não existe realidade pré-discursiva"[231]. Entretanto, a realidade é eminentemente imaginária, ela é um campo situacional que tem seu fundamento psíquico na fantasia, onde ela estabelece uma relação cênica entre a função sujeito e o objeto *a.* Lacan define objeto – não exatamente o objeto *a,* mas qualquer objeto "(parcial, interno, bom, mau, etc...) na medida em que este termo tende a apreciar a realidade implicada numa relação"[232], definição tão simples e elegante quanto precisa. Portanto, a realidade, como sabemos desde Freud, é sempre objetivo-subjetiva, interna-externa, e tem a tessitura do fantasma, e nele situar "...o objeto *a* é interessante para esclarecer o que ele traz sobre o campo da realidade (campo que o barra). [...] Este campo [da realidade] só funciona obturando-se pela tela do fantasma"[233]. Mais adiante, na mesma nota, Lacan dirá que o campo da realidade tem a estrutura da banda de Moebius (unilátera, interna e externa).

Se a realidade é fantasmática, implica a relação com o objeto e a perspectiva situacional, cênica, que constitui a fantasia, na qual o sujeito está implicado no mais alto grau, e com isso sustenta o tecido do saber articulado no inconsciente, a verdade, por sua vez, é sempre disjunta do saber, no qual desenha um furo inapreensível ao saber e, por sua relação interna com a dimensão da linguagem. Toma a forma da ficção, a ser distinguida da forma da fantasia.

Assim, a psicanálise é uma prática que, do ponto de vista metodológico, recusa toda e qualquer forma de *especulação* e, portanto, também de *hipotetização.* Neste ponto, ela é rigorosamente fiel ao princípio que, nos cânones de sua Física, Newton proclamou em

---

[231] Lacan, J. – *O Seminário, Livro XX, Mais, ainda* (1972-73), op. cit., p. 33.

[232] Idem, *A significação do falo* (1958), in *Escritos,* op. cit., p. 696

[233] Idem, *De uma questão preliminar a todo tratamento possível da psicose* (1957/58), op. cit., nota de rodapé longa e famosa que se encontra na página 560.

latim: *Hypothesis non fingo* que significa: não "finjo" hipóteses, não faço especulações abstratas, sigo os dados concretos da experiência. Na psicanálise, esse princípio é, diríamos, radicalizado: vale o que o sujeito diz, na materialidade do que ele diz. Suas intenções são inteiramente irrelevantes. Freud, caso se exprimisse com esses termos, poderia ter dito ao sujeito: "suas palavras me interessam muito mais do que suas intenções: fale, seguidamente e sem retenção ou detenção, tudo que lhe passa na cabeça, e é nisso que confio". Caso o sujeito exiba dúvida ou incerteza quanto ao que diz (relato de um sonho, por exemplo, ou uma recordação remota), isso basta para que o analista afirme que neste ponto há algo de importante. A dúvida é o princípio da certeza, mas não do conteúdo duvidoso, e sim de algo que esta dúvida tem por função assinalar, *com toda certeza*.

Uma outra forma que este princípio toma é a recusa de toda e qualquer especulação quanto ao "se", usado como conjunção condicional interrogativa: "E se acontecer que esse sujeito tenha sido abusado sexualmente quando criança?", por exemplo. Ora, se o sujeito nada disse que indique isso, estamos diante de uma especulação, na verdade movida pela presença, hoje abundante no discurso da cultura, de uma espécie de obsessão pelo tema do abuso sexual, que visa "explicar" – para quem, senão para o equivocado "terapeuta", sequioso pelo sentido que, como se sabe, é sempre religioso – algum elemento de sua conduta que ele considera inadequado pelo suposto e hipotético abuso sexual, do qual, contudo, não existe qualquer indício.

Em contrapartida, se o sujeito nos fala de abuso sexual, diretamente ou através de elementos inconscientes, entretanto evidentes em seu discurso, então podemos estar certos de que este abuso é *real*, independentemente do que quer que lhe tenha ocorrido na dita "realidade objetiva" de sua vida biográfica factual. O sujeito é, em seu discurso, um abusado, e portanto é assim que ele se coloca na realidade. O pesquisante não irá investigar na biografia do sujeito, através de seus familiares ou documentos pessoais da época, se tal fato ocorreu ou não, pois o tal fato já está no discurso do sujeito.

A "imanência" da entrada no inconsciente

As práticas da *teknè* científica, isto é, as práticas ditas profissionais ou "de intervenção" que decorrem da existência da ciência no mundo, via de regra, iniciam-se por um gesto formal: *matrícula*, nos espaços educacionais ou outros espaços instituídos; *contrato,* nas relações jurídicas, comerciais ou outras; *cadastro,* em sistemas, plataformas ou aplicativos diversos do mundo digital; *abertura de conta,* em bancos e instituições financeiras; *passaporte* ou outros documentos, para viagens ou prova de identidade, e muitas outras formas de *inscrição* do indivíduo ou cidadão nas diversas formas e práticas institucionais organizadas no laço social civilizado, cultural, científico e técnico. Fácil notar que todas essas formas de acessar, ingressar e entrar nesses espaços comportam uma dimensão formal, uma espécie de formatação, que quebra com a continuidade quotidiana, numa palavra, produzem uma descontinuidade formal.

Pois bem, como pensar o encontro psicanalítico em face desse modelo geral dos vínculos de estudo, trabalho ou tratamento do mundo científico e tecnológico? Seguirá este encontro o modelo formal das prestações de serviços praticados por profissionais ditos "liberais" ou autônomos, pelo que se entende: não empregados em alguma empresa ou instituição, sem patrão, sem vínculo empregatício trabalhista? Tais modalidades de prestação de serviço habitualmente são precedidas de recepção, orçamento, contrato ou trato de honorários, explicações e planificação do serviço prestado – seja pelo médico, pelo dentista, pelo advogado, pelo arquiteto. Será assim com o psicanalista? O psicanalista é um profissional *liberal, autônomo*? O psicanalista é *um profissional*?

Mesmo quando não nos colocamos essas questões e já as temos trabalhadas de alguma forma, percebemos quase intuitivamente que não: o psicanalista não se coloca no lugar de um profissional que presta um determinado tipo de serviço, de forma "liberal e autônoma", mesmo que, de fato, ele tenha ainda menos patrão ou entidade empregadora do que qualquer outro profissional dito autônomo. Definitivamente, o psicanalista é de certo modo um marginal no sistema de trocas sociais, técnicas, econômicas e profissionais. Não é completamente marginal, porque não é próprio do psicanalista a contestação integral da ordem social: sua função exige que ele trave relação com ela, que ele a frequente, a visite, transite por ela, sempre introduzindo nela *alguma* subversão. Então ele frequentou alguma universidade, formou-se em algum curso superior, instalou-se em algum imóvel, mobiliou--o, constituiu seu dispositivo, que está longe de coincidir com este "equipamento", sustentando-se em posições discursivas mais do que técnico-logísticas, mas não prescindindo delas. Ele em geral cobra por seu trabalho, mesmo sabendo que, no rigor do conceito, não é ele que trabalha. Participa do mundo do capital, do mercado, mas com um pé fora dele – quando faz pagar alguém para que trabalhe, por exemplo, quando contraria leis de mercado no estabelecimento do preço da sessão, dobrando ou reduzindo significativamente o valor de uma sessão sem qualquer justificativa de mercado, mas apenas por razões ligadas à direção da análise, quando decide não receber dinheiro por ela – sem o que ele cessa de exercer a função de psicanalista. Esta posição do psicanalista no cenário das práticas sociais é em todos os pontos homóloga à posição da psicanálise na ciência: dela tendo sido derivada, persistindo parceira, ela não cabe inteiramente na ciência, o que nos faz re-citar e recitar (citar mais uma vez, e recitar como um poema) a frase de Lacan: *Que ciência comporta a psicanálise?*[234]

Outra frase que já citamos anteriormente: "Os psicanalistas fazem parte do conceito de inconsciente, posto que constituem seu destinatário", que exprime mais diretamente a dimensão de imanência que colocamos no título desta seção. A passagem para "dentro" da análise não sofre a descontinuidade habitual dos ingressos sociais, sua descontinuidade é outra, não é formal nem formatada, sem por isso ser informal no sentido de espontânea. A descontinuidade desta passagem ou entrada é marcada pelo estranhamento, não pelo formalismo, e o estranho em questão é familiar ao sujeito, como no clássico dizer de Freud: *unheimlich.*

Este modo de operar toma o sujeito que chega para o encontro com o psicanalista como *já em trabalho*, já há um trabalho e um saber

---

[234] Esta *sentença-interrogação,* nós já recorremos a ela algumas vezes ao longo deste livro.

em curso. Não somos nós, com nossos protocolos, enquadres, propostas, atividades ou tarefas que os colocamos a trabalhar. Isso não exclui que nosso ato clínico os faça trabalhar de outro modo. O que esta colocação do *já em trabalho* visa é a desmontagem de uma concepção tecnicista, protocolar ou pedagógica segundo a qual são as atividades propostas pelo "profissional" que iniciam ou inauguram um determinado modo de trabalho psíquico, como se o sujeito chegasse nulo, "virgem" vazio ou inadequado à técnica. O sujeito chega *leigo,* como é leigo o inconsciente, e assim permanecerá durante toda a análise, seja qual for seu grau de instrução, cultura ou erudição, e mesmo que seja um psicanalista de ofício. A psicanálise confere ao inconsciente as credenciais de uma atividade psíquica determinante. Assim, é pelo ato do psicanalista de *entrar* nesse trabalho prévio, do sujeito, de uma determinada maneira que poderá intervir psicanaliticamente sobre ele, mudando, inclusive, seu curso, ou antes fazendo com que esse curso seja cada vez mais entregue às próprias leis do inconsciente, de cujos efeitos o sujeito empenha-se arduamente em se livrar, e devota-se obstinadamente a desconhecer.

Modos de verificação da teoria e de eficácia clínica

Em um outro eixo metodológico situaríamos os modos de verificação de nossas intervenções junto aos sujeitos (psicanalisantes) como indicadores de verificação da validade de nossas teses e de eficácia de nossas intervenções. Recorrendo a uma terminologia de Thomas Kuhn, referimo-nos à relação entre o *contexto da descoberta* e *o contexto da verificação.* No campo clínico da pesquisa em psicanálise, a verificação não se faz através da prova experimental, última etapa do método hipotético-dedutivo da ciência, pois essa etapa, no caso da pesquisa psicanalítica, estaria destacada do campo mesmo em que se trava a experiência. Na psicanálise, a verificação é interna ao método mesmo de tratamento e pesquisa. Esta peculiaridade custou à psicanálise, durante longo tempo e por parte de muitos críticos epistemólogos partidários do experimentalismo, a pecha de psicologismo tautológico, segundo o qual, dados certos passos, só se pode chegar

A CIÊNCIA DA PSICANÁLISE

a certos resultados, a verificação positiva estaria já contida nos passos que, no entanto, visariam testá-la.

Esta é a base da crítica de Popper à psicanálise, acusando-a de comprovar-se a si mesma porque seus enunciados não podem ser falseáveis, só admitindo serem reiteradamente corroborados. Já tivemos a ocasião de debater os argumentos de Popper no capítulo IV, dedicado à psicanálise. Mas vamos aqui considerar um outro grande crítico de Freud, que citamos entre os epistemólogos notáveis da contemporaneidade (ver capítulo I, *A morte da epistemologia crítica na contemporaneidade*) mas cujas posições, críticas, como dissemos, só agora vamos discutir, porquanto elas dizem respeito, essencialmente, à questão da verificação e da comprovação de eficácia da psicanálise. Trata-se de Adolf Grünbaum, autor de *The foundations of psychoanalysis – a philosophical critique,* de 1984[235]. Nesta obra, que teve grande repercussão, principalmente nos Estados Unidos, a crítica epistemológica incide sobretudo sobre o *método clínico* da psicanálise, o que a torna particularmente interessante aqui, onde sustentamos precisamente que o grande valor do método freudiano é sua unicidade, como método clínico e de pesquisa, o que não deve ser entendido de modo *restritivo*, isto é, como se o método freudiano fosse exclusivamente um método de tratamento de afecções psicopatológicas. Pelo contrário, entendemos que a psicanálise desconstrói a psicopatologia, que aliás é fundamentalmente uma "psicopatologia da vida quotidiana", no sentido de aplicar-se à experiência humana de todo mundo, tanto quanto a "disposição perverso-polimorfa" dos *Três ensaios sobre a teoria sexual* aplica-se a todos os sujeitos, crianças ou não – já que, do ponto de vista estrutural, não há "sexualidade adulta" mas apenas a infantil e sua "posterioridade", segundo tempo da estrutura bifásica, como diz Freud – e tanto quanto não existe, em Freud, a "estrutura da normalidade" – e portanto tampouco a da patologia: "de perto ninguém é normal"[236], dito poético da música

---

[235] Grünbaum, A. – *The foundations of psychoanalysis – a philosophical critique,* University of California Press, 1984.

[236] Veloso, C. – Verso da composição de Caetano Veloso intitulada *Vaca profana,* gravada pela primeira vez por Gal Costa, a quem a composição se destinou, no LP "Profana" (RCA/BMG, 1984), de Gal Costa.

A METODOLOGIA DE PESQUISA EM PSICANÁLISE

brasileira que traduz uma posição discursiva com todo o rigor da enunciação científica freudiana.

Mas Grünbaum supõe que o método clínico de Freud padece do *"tally argument"*, o "argumento tally", que em inglês significa uma necessária e pressuposta adequação ou correspondência entre um determinado resultado e a premissa que o engendrou. O exemplo *princeps* que ele dá desse *argumento* estaria na conferência "A terapia analítica", proferida em 1917, na qual Freud sustenta a eficácia da psicanálise na cura de sintomas e no rearranjo da economia psíquica *porque* a interpretação do psicanalista aponta causas dos sintomas do paciente que *de fato* correspondem a (*tally with*) traumas e conflitos que ele experimentou no passado. Na opinião de Grünbaum, a única forma de verificação da validade de uma interpretação seria *extra clínica,* ou seja, teria que vir de fora da experiência mesma da análise.

Sem muito nos estender nos argumentos de Grünbaum, e já remetendo o leitor a um interessante artigo de Renato Mezan sobre esse tema[237], no qual ele poderá encontrar uma exposição clara e extensa tanto dos argumento de Grünbaum quanto dos críticos a esses argumentos, diremos que, a rigor, nosso arguto filósofo não entendeu a lógica própria à experiência analítica, no que ela implica especificidades metodológicas que só são acessíveis a uma metodologia psicanalítica, evocando aqui uma vez mais o lema que Merleau-Ponty proferiu sobre a fenomenologia, e que adotamos, parafraseando-a, para o nosso campo: *A psicanálise só é acessível ao método psicanalítico.*

Pois bem, Grünbaum não acessou a experiência psicanalítica curvando-se, por assim dizer, a esta exigência metodológica, que não nos parece um delito mas uma idiossincrasia epistemológica. Incorre, assim, no equívoco de julgar um determinado método heterogêneo a um outro com critérios metodológicos derivados deste último. A psicanálise, por sua estrutura discursiva, deu o passo de incluir em seu campo operatório o sujeito da ciência, este mesmo que a ciência havia expelido do seu após tê-lo suposto como um correlato inevitável do ato de despojar seu objeto de toda e qualquer qualidade sensível

---

[237] Mezan, R. – *Pesquisa em psicanálise – algumas reflexões,* São Paulo, Jornal de Psicanálise, vol. 39, nº 70, 2006.

A CIÊNCIA DA PSICANÁLISE

ou ideativa – despojamento que a psicanálise refaz mas em relação ao próprio sujeito agora por ela incluído. Esta inclusão do sujeito implica incluir a verificação no campo mesmo de sua experiência, sem risco de tautologia ou circularidade. Isso porque o sujeito – regente do processo – é incluído nesta experiência de tal modo que não será nunca por suas declarações tendenciosas, conscientes ou voluntárias que o analista fará qualquer tipo de verificação. O discurso psicanalítico tem condições não ideativas nem valorativas tais que lhe conferem a potência de atingir a verdade do sujeito, para além de seu saber, pelo fato de que o sujeito *terá seguido* em ato – e não em pensamento ou concordância – o que lhe *terá sido* transmitido pelo analista em sua interpretação. É o que leva Lacan a afirmar, o que faria enrubescer um Grümbaum: *uma interpretação será verdadeira se for seguida*. Ora, o que ele está dizendo com isso? Que o analisante, submetido pelos efeitos de sugestão ao psicanalista, assentirá às cegas às suas interpretações? Será esse o efeito de verdade da interpretação, para Lacan?

Em outro momento de sua crítica, Grünbaum assegura que Freud não teve êxito em suas tentativas de distinguir a sugestão da transferência. Sabemos, contudo, que uma leitura minimamente crítica do texto freudiano e das posições de Lacan revelam essa distinção com toda a clareza. Senão vejamos: para começar, a clássica e bela metáfora de Leonardo da Vinci a que Freud recorre para opor a sugestão à transferência: as *artes di levare* (artes de tirar) às *artes di porre* (artes do por)[238], sendo o exemplo *princeps* da primeira a escultura, que Freud compara à psicanálise porquanto as formas que se revelam com o trabalho do artista já estejam virtualmente presentes na matéria bruta, à qual o artista nada acrescentou, mas tirou, e o exemplo *princeps* da segunda a pintura, que Freud compara à sugestão pois, na pintura, o artista adiciona tintas sobre uma superfície que não as continha; a observação de Lacan de que Freud "reconheceu imediatamente [...] o princípio do seu poder [da transferência], no que ele não se distinguia da sugestão, mas também que este poder só lhe dava a saída do problema à condição de não usá-lo, pois é só então que ele tomava todo o

---

[238] Freud, S. – *Sobre a psicoterapia* [1908], in *Edição Standard Brasileira,* op. cit., vol. VII, 1972, p. 270.

seu desenvolvimento de transferência" – ou seja, o psicanalista precisa renunciar ao uso do poder que a sugestão lhe confere porque esta renúncia é condição *sine qua non* para que a transferência se instale; em outro momento, Lacan fará a distinção entre duas frases: *tu és aquele que me seguirá* (sem o "s" da desinência de segunda pessoa do singular, *tu,* sujeito gramatical e também da operação de seguir) e *tu és aquele que me seguirás* (com o "s" desta desinência subjetivante do *tu,* que faz com que seguir seja um *ato de sujeito* e não uma *submissão passiva de objeto.* A transferência está, obviamente, na segunda frase. O sujeito não abre mão do ato de seguir o analista, por seu desejo ativo, e que o analista não "vacile" em tomar isso como submissão, pois que se fizer isso será sem retardo defenestrado da posição que a transferência o colocou; e, *last but not least,* sabemos que a transferência depende do tempo e da *operação de separação*, no qual o desejo do sujeito se coloca, e não do tempo primeiro da *alienação,* o que ainda lhe confere uma dimensão ativa a mais.

Seguir uma interpretação, portanto, longe de se deixar sugestionar pelo mestre, pastor, chefe ou guru, é tomar para si, como sujeito, em ato, o que dizem as palavras interpretativas, é fazê-las suas. O sujeito, ao seguir uma interpretação, fazendo-a, assim, verdadeira, o faz de modo, em princípio, inconsciente, sem saber que o está fazendo, e o faz em ato, portanto. Afasta-se da condição de objeto do Outro, ao invés de mergulhar nela.

As críticas de Grünbaum, ainda que formalmente bem construídas em sua estrutura de argumentação[239] carecem, portanto, de rigor quanto àquilo de que se trata em uma análise.

---

[239] Cedendo à tentação de fazer um jogo de humor entre autores de sobrenomes homônimos mas posições bastante distintas, diremos que Grünbaum está mais para o filósofo do direito polonês Chaïm do que para o genial matemático russo Gregori, ambos **Perelman**: melhor teria feito em demonstrar a validade das teses freudianas, como Gregori fez com a *conjectura de Poincaré – a equivalência entre qualquer espaço tridimensional sem furos e uma esfera esticada,* do que em argumentar, como Chaïm, sobre a inconsistência científica dessas mesmas teses. Talvez fosse interessante levar mais longe essa nossa "brincadeira" e pensar sobre a relação entre a tal equivalência suposta por Poincaré entre triedros sem furos e esferas esticadas e as teses freudiano-lacanianas sobre a topologia do gozo e da castração.

Para além do que já dissemos, cabe acrescentar que a eficácia da psicanálise está em *modificar uma posição subjetiva*. A categoria *posição subjetiva* é de grande valor metodológico, e permite um diálogo, por vezes duro, com os cientistas de orientação positivista, incompreensivelmente considerados representantes do chamado *núcleo duro da ciência,* pois na verdade o positivismo nos parece antes *amolecer* a cientificidade das posições que ele demarca (por exemplo, quando se aplica aos fenômenos subjetivos e sociais). *Uma posição subjetiva, eis algo perfeitamente objetivável*, dirá Lacan. Considerar as posições subjetivas não nos faz adentrar na nebulosa de um subjetivismo vago e impreciso, e são elas que a experiência psicanalítica, e a pesquisa psicanalítica, não cessam de modificar, desde que se mantenham sobre os trilhos metodológicos que norteiam sua práxis.

Discussão do estatuto da evidência na psicanálise e na ciência

No campo das Ciências Médicas, contemporaneamente, encontramos algumas tendências metodológicas substancialmente divergentes: uma delas, mais próxima do se poderia chamar o *núcleo duro* da ciência, intitula-se *Medicina baseada em evidências,* tradução da expressão americana *Evidence-based Medicine* (EBM), tradução questionável porque demasiado literal, haja vista ao fato de que a palavra *evidence,* em inglês, traduz-se melhor em português como *prova*. Seria, então, uma *Medicina baseada em provas,* provas certamente empíricas, base considerada confiável e segura para a tomada de decisões médicas.

A outra vertente, de cunho mais humanístico-fenomenológico, intitula-se *Medicina baseada em narrativa,* tradução da *Narrative-based medicine*, caracteriza-se pela valorização da história clínica, da palavra do paciente no diálogo com o médico, dando a esses elementos o estatuto de uma base fidedigna para a tomada de decisões médicas, de forma compartilhada com o paciente.

Verifica-se que a questão de fundo desses dois modos de se conceber e praticar a medicina é a questão da decisão, da direção a ser dada ao ato médico, ao ato clínico. Sabe-se que, no caso da Medicina baseada em evidências, a motivação nasceu da necessidade de controle dos

A METODOLOGIA DE PESQUISA EM PSICANÁLISE

efeitos da aplicação de medicamentos, em um momento da sociedade americana em que muitas novas substâncias entravam no mercado sem que se conhecessem suficientemente seus efeitos. Tome-se o exemplo da talidomida, que nos anos 60 produziu uma multidão de crianças que nasceram com malformações congênitas em decorrência do uso, pela mãe, desta substância, efeito desconhecido que só foi descoberto pela constatação do mal causado.

Entretanto, passada esta primeira motivação, a EBM continuou desenvolvendo-se e ampliando seu campo de aplicação para além do controle estritamente medicamentoso, incluindo a verificação do efeito de quaisquer métodos ou técnicas terapêuticos passíveis de serem submetidos aos critérios metodológicos exigíveis para que a prova ou evidência seja obtida. Ganhou também novos campos, como o da clínica psiquiátrica, que nos interessa mais de perto pela proximidade com o nosso campo.

Em que pesem as referências da Medicina baseada em narrativa (NBM) à palavra, à história e à pessoa do paciente, sugerindo uma aproximação muito maior desta vertente da medicina atual com a Psicanálise, pensamos que esta aproximação é aparente e ilusória. A Psicanálise filia-se de modo muito mais direto à linhagem da ciência clássica do que das chamadas *ciências humanas*, e o uso da palavra em psicanálise não apenas não tem nenhuma relação com o humanismo como lhe é contrário: Freud sempre preferiu a palavra à pessoa, e instituiu um método no qual a palavra pudesse ser o mais completamente possível despojada de suas referências e valorações humanísticas ou pessoais. Sobre isso, vale aqui lembrar duas importantes frases de Lacan, ambas do escrito *A ciência e a verdade*: "não há ciência do homem porque o homem da ciência não existe, mas apenas seu sujeito"[240], e a outra: "uma coisa é certa: se o sujeito está mesmo aí, no âmago da diferença, toda e qualquer referência humanista torna-se aí supérflua, pois é ela que ele [o sujeito] corta rente"[241].

Como se caracteriza a Medicina baseada em evidências? Ela exige que se aplique sempre o método *randomizado*, que quer dizer

---

[240] Lacan, J. – *A ciência e a verdade,* in *Escritos,* op. cit., p 873
[241] Ibid, pag. 871.

A CIÊNCIA DA PSICANÁLISE

aleatório, feito com o necessário desconhecimento dos operadores acerca do que está sendo testado. Se aplico, sem saber o que estou aplicando, determinado método ou determinada substância a um paciente ou grupo de pacientes, que igualmente desconhecem o que lhe está sendo aplicado, e verifico efeitos desta aplicação, posso então considerar que esses efeitos constituem evidências, provas que tornam confiável a aplicação do método ou da medicação.

É bem evidente que não se pode aplicar este método de verificação de evidências aos efeitos da aplicação clínica da Psicanálise, pela razão óbvia de que o agente da prática psicanalítica, o analista, não poderia exercer o seu ato psicanalítico no desconhecimento deste ato (e o que ele radicalmente desconhece não é o ato ou o fato de que está propondo um lugar de discurso ao sujeito, lugar que ele deve saber muito bem qual é, ainda que não possa prever seus efeitos).

O sujeito, menos ainda, pode desconhecer no sentido do método randomizado, que está sendo convocado a tomar lugar em uma determinada experiência. Se ele nada sabe sobre essa experiência não é porque se "combinou" que nada seria dito a ele a respeito, mas porque, um ato, isso não se explica a ninguém. É por razões reais, de estrutura, que o sujeito não sabe o que está por acontecer, mas pode perfeitamente ser informado de que, naquele tratamento, naquele serviço público de saúde mental, é de psicanálise que se trata. Esta informação não altera nada sobre seu desconhecimento, que é radical e estrutural. A suposição psicanalítica é a de que, mesmo desconhecendo, em sua consciência, o que se passa, o sujeito sabe, inconscientemente, em que laço está, em que "método" está "metido", e responde a isso, pelo que Freud chamou de transferência. Se artificialmente (isto é, pela via das exigências de randomização) ocultamos do sujeito – e do próprio agente clínico – o que será aplicado, isso fará parte, necessariamente da transferência, e, neste caso, fará parte de modo muito peculiar, qual seja, o que impedir que justamente o que quer que seja do método psicanalítico seja aplicado, e chegaríamos precisamente ao resultado mais oposto possível ao que pretendíamos: a impossibilidade de verificação "randomizada" dos efeitos de uma psicanálise. Conclusão: a psicanálise não pode ser baseada em evidências, se por evidências entendermos o que a EBM entende, e

A METODOLOGIA DE PESQUISA EM PSICANÁLISE

estaríamos na situação curiosíssima de adotar um método que se priva a si próprio dos meios mesmos de atingir seus objetivos.

Duas questões então se formulam, ambas desdobrando-se em várias perguntas articuladas entre si:

1. EBM é científica, se por ciência concebemos o método que trata o real pelo simbólico, ou seja, utiliza a linguagem, o significante, a rede literal e matematizada para tratar de um recorte de real que não é apreensível de outro modo e que não admite abstrações e delineamentos prévios meramente nominalistas? A *randomização* é compatível com a *matematização*, no sentido em que esta é exigível pela ciência? Ou ela permanece limitada ao nível da *estatística*? O universo com que lida a EBM é infinito e contingente, como exige a ciência, ou é finito e pré-delimitado pela consciência "metodológica" imposta por seus procedimentos?

2. O que seria então uma evidência em psicanálise? Se a psicanálise atende às exigências de cientificidade quanto ao tratamento do real imprevisível (que só se reconhece *a posteriori*) pela linguagem e pelo simbólico, se ela não crê em uma realidade dada e *a priorística*, não mediatizada pela linguagem, se ela é aberta ao universo infinito e contingente e é passível de matematização qualitativa (pelo matema), como é que ela dá provas de sua eficácia? É como se tivéssemos, de um lado, evidências sem cientificidade real, e de, outro, cientificidade real sem evidências. Serão as evidências incompatíveis com a cientificidade real?

3. A prova de eficácia na psicanálise não é, portanto, "baseada em evidências", que de resto evidenciam efeitos empíricos e não derivados de uma lógica racional, mas fundamenta-se em mudanças concretas e efetivas na posição do sujeito na vida real. Podemos dar como exemplo o caso de um paciente grave que teve inúmeras reinternações psiquiátricas, não cessava de se colocar em riscos de vida e cessa de ser internado, passa a ter autonomia e a sustentar-se em uma moradia assistida, em decorrência demonstrável de seu tratamento psicanaliticamente orientado em um CAPS, com testemunho de sua família,

A CIÊNCIA DA PSICANÁLISE

da comunidade e do coletivo da equipe do CAPS. Claro que são centenas de exemplos, tanto de situações coletivamente testemunhadas como de consultórios de psicanalistas, em que a posição subjetiva do analisante (que Lacan afirma ser perfeitamente objetivável) mudou, mas os exemplos institucionais gozam de maior fidedignidade, por serem públicos e coletivos.

A desconstrução metodológica do elitismo em psicanálise

Comecemos por problematizar a expressão *consultório privado* nos dois termos que a compõem: por que denominar de consultório o *locus* da práxis psicanalítica, se a rigor o que se passa numa análise está longe de ser uma sequência indeterminada em seu número e duração no tempo de *consultas*? Estamos evidentemente diante de uma herança das práticas médicas que não traduz a práxis da psicanálise, e talvez devêssemos inventar um novo termo, como *psicanalisório,* por exemplo. Quanto ao segundo termo, o epíteto *privado,* temos questões ainda mais críticas: em que sentido de pode efetivamente afirmar que a psicanálise seja uma práxis *privada,* se sua lógica discursiva, sua estrutura operatória, enfim, seu *método* contrariam ponto por ponto as coordenadas do que se convencionou chamar de mundo privado? Se o inconsciente é alheio e estranho a toda e qualquer *qualidade* e *valoração,* e o mundo privado se define precisamente por um conjunto bastante consistente de qualidades e valores sociais muito bem definidos, parece-nos evidente que o inconsciente seja algo bastante distante do que é privado.

É perfeitamente demonstrável, assim, a *impossibilidade metodológica do elitismo* em psicanálise, ainda que, tradicional e historicamente, a psicanálise tenha sido sempre praticada como elitista, inacessível à população economicamente desfavorecida – e isso não apenas no plano estritamente financeiro de seus altos custos que, por si só, já constituem uma barreira social intransponível, mas também nos modos e códigos socioculturais de acesso, a no modo de usar a linguagem pelos psicanalistas, na ideia de que determinado nível de instrução seria exigível para que se pudesse realizar uma análise, pelas supostas "exigências de elaboração psíquica", confundidas, neste caso, não por acaso, com elevados padrões intelectuais, como se o inconsciente fosse estruturado – não como uma linguagem, como propôs Lacan, leitor de Freud – mas como uma função cognitiva ou intelectual. Ora, o inconsciente é, no barro mesmo das letras que o escrevem, o *incognitivo – o incognosciente – o que não se tece pelo intelecto,* muito menos em sua dimensão qualificativa e valorativa de *instrução formal* ou *erudição.*

A categoria de *consultório particular* não designa apenas um tipo de espaço e sua organização mobiliária, sua localização física e o caráter de um trabalho que se realiza entre duas pessoas, o analisante e o analista, mas designa um ideário, uma ideologia, um modo de procurar o analista (em geral por indicação e por telefone – ou *Whatsapp,* como se tornou mais corriqueiro hoje em dia), sempre a partir da indicação de alguém, de chegar e até mesmo de se apresentar, de formular sua queixa, de pagar, e sempre a custos elevados e segundo *standards* tecnicistas rígidos, o que justamente significa que não são nada rigorosos.

No plano histórico, a prática da psicanálise foi apropriada pela ideologia burguesa e elitista. O consultório é uma prática burguesa, com tudo o que isso comporta, e o que pretendemos demonstrar é que não existe nada na psicanálise que obrigue a que seja assim, não existe nenhuma correspondência entre os princípios teóricos, clínicos, éticos e metodológicos da psicanálise e uma prática sociologicamente recortada, economicamente determinada, ideologicamente condicionada. A psicanálise é uma práxis científica, é uma ciência, ainda que *peculiar,* e como tal ela ultrapassa em suas coordenadas estruturais a dimensão ideológica de seu exercício.

O elitismo da clientela da psicanálise e os modos burgueses de seu exercício – nada disso é autorizado pelos princípios conceituais, clínicos, éticos e metodológicos da Psicanálise científica e rigorosa – quando bem lida e bem exercida – o que acaba por acrescentar também o atributo de *políticos* como uma quinta dimensão desses princípios. Temos o claro entendimento de que o que define uma práxis não podem ser suas condições logísticas, históricas, econômicas ou sociais, devendo ela atravessar todas elas.

Se uma pesquisa tem como público-alvo uma população periférica e socialmente vulnerável – pobre, favelada, em situação de rua, usuária de drogas em cenas de uso, ou institucionalizadas ou usuárias de serviços de atenção psicossocial – pode-se supor que que esta condição representaria a inclusão de uma dificuldade "suplementar" ao seu já agudo sofrimento psíquico. De fato, representam. Posto que viver nessas condições – e nosso país é um dos líderes mundiais em matéria de desigualdade social – é bem mais difícil do que em outras mais favoráveis, e isso faz parte do sofrimento dito *psíquico.*

Hoje, graças a obras como a de Elizabeth Ann Danto[242] e Florent Gabarron- Garcia[243] – para ficarmos com esses dois autores cujos livros são bastante atuais – temos acesso a um Freud infinitamente mais atento e preocupado com as condições sociais das populações economicamente desfavorecidas e com o sofrimento psíquico delas decorrentes do que nos fez supor a narrativa da história "oficial" da psicanálise, com o mais decidido e nocivo recalcamento da dimensão política da psicanálise tal como concebida e exercida por Freud. Deste projeto de eliminação do político e da correlata produção do mais deletério apoliticismo da psicanálise freudiana, Ernest Jones foi, sem dúvida, o maior expoente. Danto nos mostra as inúmeras clínicas *públicas* (na sua língua ela diz *free clinics* desde o título: *clínicas gratuitas* – e não *públicas,* como foi traduzido em português) de Freud, e a verdadeira intervenção social que, sob seu comando, muitos psicanalistas da década de 20, justamente no período compreendido entre a Primeira Guerra Mundial e a ascensão do nazismo, empreenderam. Gabarron-Garcia acrescenta, entre outros aspectos, o interesse de Freud pelas incursões da psicanálise na Rússia bolchevique. Curioso que essas informações não tenham circulado de modo amplo, até os dias atuais, na comunidade psicanalítica, nas sociedades de formação psicanalítica, nem mesmo nas escolas de psicanálise de orientação lacaniana, tampouco nas universidades, onde, entretanto, os psica-

---

[242] Danto, E. A. – *As clínicas públicas de Freud – Psicanálise e justiça social,* São Paulo, Editora Perspectiva, 2019.

[243] Gabarron-Garcia, F. – *Histoire populaire de la psychanalyse,* Paris, La Fabrique Editions, 2021.

A METODOLOGIA DE PESQUISA EM PSICANÁLISE

nalistas, sobretudo os lacanianos, tem sido nas três últimas décadas muito presentes e atuantes.

Freud sabia que a psicanálise que ele criou não era de modo algum uma práxis seletiva quanto a problemáticas sociais, e já assinalava que uma pessoa para quem a vida não foi sorridente terá muito mais resistência a fazer uma análise do que outra, de vida mais confortável, pois pensará; "se eu já tenho que arcar com o pesado fardo que a vida (social) me impôs, por que ainda tenho que me responsabilizar pela minha parte nisso tudo?" Essas dificuldades não podem, portanto, ser consideradas como signo de alguma seletividade por parte da psicanálise, pois sua estrutura ético-clínico-metodológico não *autoriza* qualquer discriminação, mas como uma dificuldade a mais da situação concreta a tratar. O movimento psicanalítico sempre se manteve em um certo grau de alheamento, quando não de verdadeira aversão, aos quadros psiquiátricos mais graves e, igualmente, a pessoas mais francamente miseráveis do ponto de vista econômico e social, que nunca constituíram o grosso do contingente de "analisáveis". Esta postura custou e custa à Psicanálise a fama – de resto não injusta – de elitista, imprópria e avessa aos modos de intervenção que devem ser utilizados com populações de baixa renda e com pacientes gravemente comprometidos. Devemos, portanto, colocar em questão o elitismo da psicanálise, e demonstrar a impossibilidade de sustentá-lo à luz de sua teoria, método e ética. Se uma postura elitista segue sendo sustentada por muitos psicanalistas, talvez sua maioria, é por um viés ideológico mas não lastreado pelos princípios teóricos e ético-metodológicos, o que explicaria e tornaria compreensível a acusação de elitismo mas não a justificaria nem a fundamentaria devidamente.

Dissemos movimento psicanalítico porque esta postura não caracteriza o discurso psicanalítico. Suas bases são ideológicas, mas não discursivas, no sentido dos princípios de saber (e não de ideologia) que regem um discurso. Não há nada no campo discursivo da psicanálise que justifique o elitismo, muito pelo contrário. Vamos mais longe neste ponto e afirmamos que só a psicanálise está em condições metodológicas de desmontar o elitismo, ou seja, de demonstrar a sua impossibilidade lógica. Claro que outros saberes do campo das ciências sociais, a Antropologia, a Sociologia e até mesmo a Psicologia

Social podem opor-se veementemente ao elitismo no campo dos cuidados e da saúde mental, por exemplo, mas não são capazes de demonstrar a sua impossibilidade no campo de exercício de seu saber.

Para dar fundamento à nossa afirmação, precisamos evocar a teoria psicanalítica do sujeito, segundo a qual um sujeito é o efeito, ativo e em ato (o que já engendra um aparente paradoxo – como um efeito pode ser ativo se é efeito, e portanto "sofre" a ação de uma causa, esta ativa?), do significante sobre o ser vivo. Decorre daí que o sujeito, enquanto tal, não tem qualidade alguma – rico, pobre, negro, branco, culto, inculto, e nem qualquer outra. Todas as suas "qualificações" são fruto de suas identificações (subjetivas, sexuais, familiares, culturais, sociais, étnicas, políticas, religiosas, esportivas, e também psicopatológicas – "ser um doente do tipo X", por exemplo).

Por isso a teoria do inconsciente o concebe como um saber leigo, que todo mundo fabrica, elabora, tece, seja qual for a sua classe social, sua etnia e seu gênero, e seja qual o for o seu nível intelectual. O inconsciente não é sequer inteligente. Ele é "desarrazoado", não no sentido oposto ao de inteligente, o que seria situá-lo negativamente no eixo da inteligência, mas no sentido de a-intelectivo, tanto quanto é alheio à moralidade. Se as instâncias morais (como um supereu extremamente severo, por exemplo) atuam de modo intenso no inconsciente, isso não faz do sujeito um agente da moralidade, mas um sintoma a mais a reconhecer, analisar e tratar, de modo a mudar sua posição subjetiva, na perspectiva da *imanência* própria à postura ético-metodológica da psicanálise.

Por isso também Freud escreveu 24 volumes de sua obra sem recorrer a uma língua de especialista, "cientificamente erudita", utilizando-se do alemão corrente, belo e literário, claro, mas ainda assim corrente, o alemão de um leigo culto, mas não de um especialista. Para além de seu estilo pessoal e de sua cultura, Freud era afetado em sua escrita pelo fato de que o campo sobre o qual escrevia – o inconsciente – constituía-se como um saber mas não um saber de especialista, e sua escrita deveria levar as marcas do próprio campo sobre o qual escrevia.

Se o inconsciente é leigo, como praticar uma psicanálise erudita, ou de especialista? Como supor que um sujeito pobre e sem instrução

A METODOLOGIA DE PESQUISA EM PSICANÁLISE

"teria" um inconsciente mais "pobre e sem instrução" do que outro? Como imaginar que sua produção, ao ser convidado a fazer uso da função da palavra, que ele detém tanto quanto todo mundo, pois todo mundo é falante, produzirá menos efeitos metafóricos, tenderá a ser habitada por menos "atos falhos", será menos sintomática? Considerar as coisas deste modo equivale a tomar o indivíduo social, antropológico ou mesmo psicológico como se ele fosse o sujeito do inconsciente. Se fala bem e bonito, podemos ouvi-lo (leia-se: fala como falamos ou como gostaríamos de falar), espelha nosso eu ou nosso ideal de eu. Se o paciente nos diz que tem "um problema nos nervos", enervamo-nos nós, que preferíamos que ele nos dissesse que tem "uma questão subjetiva com o seu gozo sexual". E começamos a dizer que ele tem déficit de linguagem, código restrito, e outras baboseiras, e que não pode fazer análise, ou melhor, que não se pode aplicar a ele a psicanálise.

Mas, por uma exigência metodológica da própria psicanálise, não estamos autorizados a proceder assim. Exige-nos a psicanálise que ouçamos os tais "nervos" como um significante, algo portanto cujo significado ainda está por ser produzido, e só o será pela articulação com outros significantes. Temos portanto que seguir ouvindo-o falar de seu problema de nervos, ao invés de, no engano de supor que já entendemos o que ele está dizendo, e – o que é pior – que ele está dizendo "errado", compreendê-lo, interpelá-lo, interpretá-lo ou corrigi-lo. Menos ainda devemos concluir que ele é impróprio para a psicanálise, ou que a psicanálise é imprópria para ele. Só a psicanálise, com a teoria do sujeito, do significante e do inconsciente, permite que se possa, em princípio, escutar qualquer sujeito falante e apostar na possibilidade de que este sujeito venha a entrar em trabalho analítico (o que, aliás, pode não ocorrer, por isso falamos em aposta, mas isso vale tanto para o "ignorante" que fala em nervos quanto para o "cultivado" que fala em questões subjetivas sobre seu gozo). E só esta posição permite escutá-lo por um motivo que não seja caritativo, paternalista, cristão, mas por razões lógicas e metodológicas.

Mas justamente porque o sujeito é afetado, no mais alto grau, por esses fatores, será que devemos estabelecer, antes dele e por ele, antecipando-nos, ainda que pelas "melhores razões ideológicas", ao que ele possa dizer sobre isso, que ele é um psicótico ou um autista

A CIÊNCIA DA PSICANÁLISE

"diferente" em função de tais condições de vida? Será que, ao fazê-lo, não apenas exercemos uma mestria "bem intencionada" sobre o sujeito (sabemos mais dele do que ele sabe ou pode vir a saber se fizer uso da palavra, que é seu maior e radicalmente inalienável patrimônio, como preconiza a Psicanálise), como também reintroduzimos, pela porta dos fundos, o que supomos expulsar pela da frente, ou seja, o mais abominável elitismo? Ou devemos oferecer, aos sujeitos pobres e ricos, as mesmas condições de escuta e tratamento, para que os diferentes modos como as suas condições de vida os afetaram possam revelar-se a partir do que eles puderem dizer sob transferência? Homologamente, será que uma moça da favela só tem questões "subjetivas" relacionadas à sua vida de favelada, enquanto a moça do asfalto tem problemas com a angústia, com o sintoma, com o desejo e com o gozo sexual? A moça da favela está menos nas questões da sexualidade, do desejo e do gozo, do sintoma e da angústia? Esta postura "engajada" não se revela, na verdade, elitista e preconceituosa?

O sujeito do inconsciente constitui para si um laço com o que podemos dizer sua cidade, suas cidades, suas redes simbólicas, fios que tecem sua trama mais íntima. E ele é encontrável em qualquer *locus* social ou econômico, do bairro abastado à comunidade mais miserável, com as mesmas angústias, sintomas e modos de desejar, gozar e sofrer, ainda que, é claro, tudo isso seja afetado pelas condições concretas que as coordenadas sociais impõem ao sujeito. É preciso que exista psicanalista em todos os espaços e níveis sociais, sem o que o sujeito não terá a quem endereçar as suas questões. É preciso partir de alguns pontos essenciais para demonstrar isso.

O primeiro é a distinção entre *íntimo* e *privado*. A identificação do íntimo com o privado é um efeito ideológico e cultural de classe social. O íntimo não equivale ao privado, o que implica que podemos perfeitamente estabelecer um espaço de intimidade num campo não privado, no campo público, por exemplo.

Por outro lado, o público não equivale, por sua vez, aos espaços institucionais ou institucionalizados, como a saúde pública, o SUS, a rede de saúde mental, de atenção psicossocial, etc. O público pode ser definido como o que é desprovido de qualidades definidas *a priori*. O privado, como regime do privilégio, é qualificado e definido a priori por e para alguns poucos que assim são ditos privilegiados: – *privi legis*, é a lei do privado. Nesse sentido, o que é público seria para todos, mas preferimos dizer "indiferente a qualidades sociais pré--definidas", pois não será "para todos" porque a totalidade não existe: Lacan dirá, em um de seus escritos: "A **parte** não é o todo, como se diz, mas ordinariamente de modo displicente. Pois será necessário acentuar que ela não tem nada a ver com o todo. É preciso tomar seu **partido**, ela joga sua **partida** sozinha"[244]. Nem todos, ou não-todos, entrarão necessariamente, ou necessariamente não entrarão (por impossibilidade lógica) na categoria que chamaremos de público, mas os que não entrarão não terão seu acesso barrado por necessidades *a priori*, mas por contingências *a posteriori*.

Implicações sociais da questão do "custo" de uma análise

Cabe aqui uma discussão a respeito da questão do *custo,* do *pagamento,* que Freud sempre sustentou como essencial à experiência da análise, para além das questões do elitismo e das configurações socioeconômicas em que a psicanálise degradou esta questão. Se pretendemos sustentarmo-nos no campo estrito da psicanálise, não podemos nos furtar a essa discussão, que consideramos de natureza eminentemente metodológica.

Quanto ao custo da análise, com cuja exigibilidade estamos inteiramente de acordo, é preciso no entanto tomá-lo em seu rigor, e não em sua rigidez, ou seja, na mesma direção em que vimos discutindo outros aspectos: a contingência simbólica definida por eixos estruturais e a-semânticos, não compartilháveis, devendo manter sua primazia

---

[244] Lacan, J. – *Posição do inconsciente no Congresso de Bonneval* (1960, retomado em 1964), in *Escritos,* op. cit., p. 857. Tradução livre do autor – há problemas de tradução nesse trecho, por exemplo, na frase: "*Il faut en prendre son parti*", traduzida por "*É preciso tomar partido nisso*" – mas o sentido é muito claro quanto à importância de tomar *o partido da parte,* pois *ela joga sua partida sozinha*. Os grifos em negrito das palavras que compõe o jogo metafórico de Lacan também são nossos.

A CIÊNCIA DA PSICANÁLISE

sobre as significações que dela derivam, e que, quando são prevalentes conduzem inevitavelmente à rigidez das formas permanentes.

O custo de uma análise não pode, assim, tornar-se o equivalente exclusivo do custo financeiro de uma análise, seu pagamento com dinheiro. O dinheiro, sabemo-lo desde Freud, está destinado a carrear poderosos fatores sexuais no inconsciente do sujeito: "Um analista não discute que o dinheiro deve ser considerado [...] mas sustenta que, ao lado disso, poderosos fatores sexuais acham-se envolvidos no valor que lhe é atribuído"[245]. Além disso, o dinheiro é um elemento demasiado simbólico, por sua relação com um valor de referência central (a moeda), que, em si, não é apreensível ou quantificável porquanto justamente permite toda quantificação possível, para que deva ser substituído como modo de pagamento da análise, forma de dar corpo ao custo e à perda necessários ao sujeito para que ele consinta na experiência analítica, à experiência pela qual ele dá seu consentimento à sua determinação pelo inconsciente, e, no mesmo ato, apodera-se da possibilidade de retraçar seu destino. Dificilmente outro elemento poderia cumprir a mesma função simbólica do dinheiro, e, portanto, mantendo-se a absoluta contingência do nível socioeconômico e do poder aquisitivo de qualquer analisante, seja qual for sua renda, convém que, sempre que possível, ele pague com dinheiro sua análise. O *quanto* de dinheiro ele pagará não pode ser determinado, contudo, de forma alguma, por critérios que, definidos pelo mercado, digam respeito a uma classe social – a média ou média--alta, por exemplo. A série lógica com que trabalhamos aqui pode ser enunciada assim: a) toda análise deve custar ao sujeito, que deve pagar por ela, nisso materializando alguma perda real; b) este custo, convém que ele seja pago com dinheiro, por inúmeras razões simbólicas, teóricas, e não ancoradas na economia do mercado; c) a quantidade de dinheiro que faz de seu pagamento um custo para o sujeito só pode ser definida no caso a caso, na singularidade da escuta do modo como o sujeito situa este custo, não admitindo quantificações a priori, ou definidas por critérios exteriores ao dispositivo.

---

[245] Freud, S. – *Sobre o início do tratamento (Novas recomendações sobre a técnica da psicanálise)*, in *Edição Standard Brasileira,* op. cit., 1969, p. 173.

Na clínica pública, contudo, quase sempre o uso do dinheiro como forma de pagamento do custo subjetivo de uma análise é impossível, tanto por razões legais quanto pelo que chamarei de *inviabilidade moral*: o sujeito tem *direito* ao atendimento institucional público, não apenas porque a lei lhe garante este direito, mas porque, na lógica da Coisa Pública e das políticas públicas de saúde (mental, no caso), este direito é, além de legal, também legítimo, e não se trata, para o psicanalista, de colocar isto em questão. Na verdade, a relação do sujeito com seus *direitos* deverá ser interrogada na análise de modo muito mais amplo e profundo, permitindo ao sujeito deslocar-se da posição de demanda, em que o direito lhe é assegurado pelo Outro, às expensas de sua responsabilidade e de seu ato, para uma posição em que o sujeito se responsabilize por si, sua vida, seu sofrimento, seu prazer, seus atos, enfim, para uma posição de desejo. Questionar a posição do sujeito na demanda pelo viés de contestação da legitimidade de seu direito de cidadão ao tratamento público e gratuito é grave equívoco, pois, além de contrariar uma posição politicamente legítima, atrai contra si (e com razão) toda a resistência que o sujeito poderá opor a verificar os pontos nos quais o aferramento à demanda de seus direitos dissolve sua responsabilidade pelos atos de desejo.

Assim, na clínica psicanalítica exercida em instituições públicas, o custo deverá ser situado fora do circuito do dinheiro, e só a escuta hábil do analista permitirá identificar os pontos nos quais ele estará poupando o sujeito deste custo ou, ao contrário, estará fazendo com que o sujeito arque com ele.

A pesquisa em psicanálise e a "ética do consentimento"

Por ser *um só e mesmo* o método da psicanálise – não havendo outros no interior de seu campo – o método de pesquisa é coextensivo, equivalente e coincidente com o método clínico, de tratamento. Não existe nenhuma possibilidade de que uma pesquisa seja feita no campo da psicanálise fora do mesmo dispositivo em que a psicanálise se pratica como uma experiência, pela simples razão de que este método é o único que dá acesso ao sujeito do inconsciente. Se um

A CIÊNCIA DA PSICANÁLISE

psicanalista, ao empreender uma pesquisa, se coloca no campo de modo diverso daquele pelo qual ele exerce sua função de psicanalista, explicando, por exemplo, ao "sujeito" da pesquisa o que vai acontecer, ou mesmo informando-lhe que ali se trata de uma pesquisa (o que é considerado, pelos *comitês de ética*, um "direito" da pessoa que participa da pesquisa, recebendo a denominação de "consentimento livre e esclarecido" e constituindo inclusive objeto de um Termo, um documento a ser assinado pelo sujeito após os referidos esclarecimentos) então nem a experiência do inconsciente nem a pesquisa terão qualquer chance de acontecer. Não discutimos que seja um direito daquele que participa de uma pesquisa ter conhecimento e portanto dar seu consentimento livre e esclarecido quanto a esta participação. A questão não se formula nesses termos de contestação dos princípios ditos "éticos" que devem reger as pesquisa com seres humanos. O que ocorre na verdade é que a proposta de realizar uma pesquisa em psicanálise será sempre subsidiária da proposta primordial de realizar uma experiência analítica. Isso deve preceder, logica e eticamente, os propósitos de realizar uma pesquisa. Os procedimentos a serem adotados em relação aos critérios dos comitês de ética deverão, evidentemente, atendê-los, mas sem prejuízo dos princípios metodológicos da psicanálise, e os referidos comitês precisam levar em consideração as particularidades metodológicas de cada campo, não impondo procedimentos que contrariem os princípios dos diferentes campos. Assim, é altamente recomendável que o pesquisante, o pesquisador em psicanálise, não faça equivaler o sujeito do inconsciente, cujos dizeres constituem o essencial de sua pesquisa, com as pessoas físicas, os chamados *sujeitos da pesquisa* que eventualmente escutará no decorrer do processo. Não é necessário que ele faça referência nominal a esses sujeitos em suas elaborações como pesquisador e tampouco que nomeie formalmente o seu afazer institucional *como uma pesquisa*, o que o dispensará de "etiquetar" o sujeito que lhe falará nos encontros que vierem a ocorrer como "sujeito de uma pesquisa", este que deverá dar seu "consentimento livre e esclarecido" em participar da pesquisa. Esta posição convoca o "eu" do sujeito em uma posição de resistência inconsciente, ainda que conscientemente ele consinta em participar da pesquisa, e eventualmente até extraia disso algum

A METODOLOGIA DE PESQUISA EM PSICANÁLISE

regozijo desconhecido de si mesmo, o que se constituiu igualmente como poderosa resistência. Em outras palavras, ao exercer a atenção e a escuta psicanalítica, em qualquer situação que for, o psicanalista estará em posição homóloga à do pesquisador, já que, como afirma Freud, tratamento e investigação coincidem. Entretanto, levar o seu afazer à condição de pesquisa exige, como vimos, alguns remanejamentos de posição que dizem respeito ao pesquisante mas não dizem respeito à posição do sujeito escutado.

Assim, não é para furtar-se à obrigação ética de esclarecer ao sujeito o que vai se passar ali apenas porque isso "atrapalharia" a experiência do inconsciente, que o pesquisador em psicanálise não faz isso, mas por respeito ao rigor ético de seu próprio campo, que faz exigências metodológicas muito específicas a quem opera e atua nele. Ele não está propondo uma pesquisa sem informar isso ao sujeito, o que ele está propondo é outra coisa, uma experiência na qual o sujeito, tal como no método freudiano, terá sempre a dianteira do uso o mais livre possível da fala (associação livre, como é designada por Freud). Se ele se adianta ao sujeito e lhe diz: "Olhe, isso que vamos fazer aqui é uma pesquisa", ele já terá descumprido o princípio ético do método psicanalítico, que é o de que a fala parta sempre e antes de tudo do sujeito, sem nenhum direcionamento por parte de quem escuta, e escuta radicalmente, ou seja, nada podendo dizer antes de escutar a não ser: « Fale! »

Se, como diz Freud, "a cura vem por acréscimo", não sendo ela o objetivo precípuo da experiência psicanalítica, podemos dizer, em paráfrase, que « a pesquisa vem por acréscimo » a algo que precipuamente não *era* uma pesquisa nem visava primordialmente o ato de pesquisar.

A "questão de pesquisa" é sempre "nachträglich"

Para concluir nossa aventura metodológica por um viés tematicamente relacionado com a prática da pesquisa, mas essencialmente determinado pelo discurso psicanalítico, diremos que toda pesquisa em psicanálise dependerá, por força da estrutura, ou seja, do inconsciente, do tempo *a posteriori,* do *nachträglich* freudiano. Não será possível, se se pretender inscrever uma pesquisa no campo da psicanálise, formular a questão a ser investigada como passo inicial do processo, como em uma decisão acadêmica ou de consciência, que poderia assumir a forma: "vou pesquisar tal questão", escolhida no interior de um leque de possibilidades. A questão de pesquisa precisa decorrer de um trabalho preliminar, este de ordem psicanalítica: seja um tempo de experiência analítica, seja um tempo de elaboração do sujeito que virá a formular sua questão, mas sempre a partir de algum encontro com algum ponto real da experiência, na vida, no trabalho, na análise.

Tal como o quarto termo da série complementar de Freud, pelo qual ele faz intervir a dimensão da *vida real* – esta mesma vida real cujos fragmentos o psicanalista convoca o sujeito a repetir na análise[246], na formação do sintoma em psicanálise, único campo em que a "etiologia" inclui o real da vida na produção de um *quadro clínico,* também a pesquisa requer a intervenção, como seu fator desencadeante, de um elemento da vida real daquele que se tornará o pesquisante – o pesquisador em psicanálise.

---

[246] Freud, S. – *Recordar, repetir, elaborar* (1915), in *Edição Standard Brasileira,* op. cit., Vol. XII (1969), p. 198.

REFERÊNCIAS

Allouch, J. – *A etificação da psicanálise,* Rio de Janeiro, Cia. de Freud, 1997.

Andreasen, N. – *DSM and the death of Phenomenology in America: An exemple of unintended consequences.* In Schizophrenia Bulletin Advance Access, Oxford University Press, 2006.

Arendt, H. – *Responsabilidade e julgamento,* São Paulo, Companhia das Letras, 2004.

Aristóteles – *Metafísica,* São Paulo, Almedina, Selo 70 – Textos Filosóficos, 2021

Arthur, C. J. – *A nova dialética e O Capital de Marx,* São Paulo, Edipro, 2016.

Babin, P. – *Sigmund Freud, "Um tragique à l'âge de la Science,* Collection Découvertes Gallimard/Sciences, nº 79, Paris, Editions Gallimard, 1990. (impresso na Itália).

Bachelard, G. – *O racionalismo aplicado,* Rio de Janeiro, Zahar Editores, 1977.

Bacon, F. – *Da proficiência e o avanço do conhecimento divino e humano (The advancement of learning),* 1605, São Paulo, Madras Editora, 2006.

Beer, P. – *Psicanálise e ciência – um debate necessário,* São Paulo, Blucher, 201

Bunge, M. –*Teoria e realidade,* São Paulo, Editora Perspectiva, Coleção Debates/ /Filosofia da Ciência, 1974.

Capra, F. – *O Tao da Física,* São Paulo, Editora Cultrix, 1983.

Cazotte, J. – *O diabo apaixonado,* Rio de Janeiro, José Olympio Editor, 2014.

Coelho, E. P. (org.) – *Estruturalismo – Antologia de textos teóricos,* Lisboa, Livraria Martins Fontes e Portugália Editora, Coleção Direcções, 1967.

_____ – *Introdução a um pensamento cruel: estruturas, estruturalidade e estruturalismos,* in *Estruturalismo – Antologia de textos teóricos,* op. cit.

Danto, E. A. – *As clínicas públicas de Freud – Psicanálise e justiça social,* São Paulo, Editora Perspectiva, 2019.

De Cusa, N. – *A douta ignorância (1440),* Lisboa, Fundação Calouste Gulbenkian, 2008.

Derrida, J. – *A estrutura, o signo e o jogo no discurso das ciências humanas* (1967), in *Estruturalismo,*

Duquette, D. A. – *Hegel history of philosophy – new interpretations,* capítulo 8: *Hegel between Spinoza and Derrida,* de autoria de Merold Westphal, State New York University Press, 2003.

Elia, L. – *"Je panse donc j'essuie": o que retorna do exílio?* In *Retorno do exílio* (Alberti, S. e Ribeiro, M. A. C., orgs). Rio de Janeiro, Contracapa Livraria, 2004, pp. 29-35.

_____ – *A lógica da diferença irredutível – a formação do psicanalista não é tarefa da Universidade,* in Estudos e Pesquisas em Psicologia, Vol. 16, nº 4, 2016 – Dossiê *Psicanálise* – A psicanálise *e a clínica do mal-estar na contemporaneidade,* publicação do Instituto de Psicologia da Universidade do Estado do Rio de Janeiro (UERJ).

_____ – *O operário e a histérica – dois sujeitos modernos,* in *História, Ciências, Saúde Manguinhos,* Rio de Janeiro, Fundação Oswaldo Cruz, Casa de Oswaldo Cruz, 2007, vol. 14, nº 3, julho-setembro 2007.

_____ – *Psicanálise e ciência: o DSM e a recusa da cientificidade,* in *Revista da Associação Psicanalítica de Curitiba, nº 32 – Psicanálise e suas interfaces,* Curitiba, Juruá Editora, 2016.

Endwar (Andrew Russ) – *Open Your I,* poema concreto extraído da antologia *The Last VISPO Anthology: Visual Poetry 1998 – 2008,* editada por Nico Vassilakis & Craig Hill.

Engels, F. – *Dialética da natureza,* Rio de Janeiro, Editora Leitura, 1939.

Ernout, A. e Meillet, A. – *Dictionnaire étymologique de la langue latine, – Histoire des mots, 4ª edição,* Paris, Librairie C. Klincksieck, 1959.

Escobar, C. H. – *Ciência da história e ideologia,* Rio de Janeiro, Edições Graal, 1979.

Faria, M. C. B. – *Introdução ao pensamento kantiano,* in *Espaço – Cadernos de cultura USU – nº 8, Filosofia e ciência,* Editora da Universidade Santa Úrsula, Rio de Janeiro, 1983.

REFERÊNCIAS

Feyerabend, P. – *Contra o método,* São Paulo, Editora UNESP, 2011.

Foucault, M. – *A arqueologia do saber,* Rio de Janeiro, 1973

―――― – *Il faut defendre la société,* – Curso ministrado no Collège de France no ano de 1976, in *Dits et écrits 1954-1988,* Paris, Éditions Gallimard, Bibliothèque des Sciences Humaines, Vol. III (1976-1979).

―――― – *Les mots et les choses,* Paris, Editions Gallimard, Bibliothèque des idées, 1966.

―――― – *Nietzsche, la généalogie, l'histoire, hommage à Jean Hyppolite,* in *Dits et écrits 1954-1988,* Paris, Éditions Gallimard, Bibliothèque des Sciences Humaines, Vol. II (1970-1975).

Freud, S. – *A dissecção da personalidade psíquica,* Conferência XXXI da série *Novas conferências introdutórias sobre psicanálise* (1933/32), in *Edição Standard Brasileira das Obras Psicológicas Completas de Sigmund Freud,* Rio de Janeiro, Imago Editora, 1976

―――― – *A história do movimento psicanalítico* (1914), in *Edição Standard Brasileira,* op. cit., Vol. XIV (1974).

―――― – *A interpretação de sonhos* [1900], in *Edição Standard Brasileira,* op. cit., Capítulo VII (A Psicologia dos processos oníricos), Seção A (O esquecimento nos sonhos), Vol IV (1972).

―――― – *A psicoterapia da histeria* (1895), capítulo IV dos *Estudos sobre a histeria,* in *Edição Standard Brasileira,* op. cit., Vol. II (1974).

―――― – *A questão da análise leiga,* in *Edição Standard Brasileira,* op. cit., Vol. XX (1976),

―――― – *Alguns pontos para o estudo comparativo entre as paralisias motoras orgânicas e histéricas* (1891), (o original escrito em francês) in *Edição Standard Brasileira,* op. cit., Vol. I, 1977.

―――― – *As pulsões e suas vicissitudes, O Recalque, O Inconsciente,* todos de 1915, in *Edição Standard Brasileira,* op. cit., Vol. XII, 1974.

―――― – *Conferências introdutórias sobre Psicanálise. Conferência II – Parapraxias* (1915), in *Edição Standard Brasileira,* op. cit., Vol. XV (1976).

―――― – *Construções em análise* (1937), in *Edição Standard Brasileira,* op. cit., Vol. XX (1975), pp. 289 e segs.

―――― – *Massenpsychologie und Ich-analyse* (1921), in *Studienausgabe,* Frankfurt am Main, 1975, Vol. IX,

―――― – *O eu e o isso* (1923), in *Edição Standard Brasileira,* op. cit. Vol XIX (1976), p. 30.

A CIÊNCIA DA PSICANÁLISE

_____ – *Observações sobre o amor transferencial (Novas recomendações sobre a técnica da psicanálise III),* (1914), in *Edição Standard Brasileira,* op. cit., vol. XII (1969).

_____ – *Rätschlage für den Arzt bei der psychoanalytischen Behandlung* (1912), in *Studienausgabe,* Frankfurt am Main, 1975, Ergänzungsband.

_____ – *Recomendações aos médicos que praticam a psicanálise* (1912) in *Edição Standard Brasileira,* op. cit., vol. XII (1969).

_____ – *Recordar, repetir, elaborar* (1915), in *Edição Standard Brasileira,* op. cit., Vol. XII (1969)

_____ – *Sobre a psicoterapia* [1908], in *Edição Standard Brasileira,* op. cit., vol. VII, 1972.

_____ – *Sobre o início do tratamento (Novas recomendações sobre a técnica da psicanálise),* in *Edição Standard Brasileira,* op. cit., 1969.

_____ – *Três ensaios sobre a teoria da sexualidade* (1905), in *Edição Standard Brasileira,* op. cit., Vol. VII.

Gabarron-Garcia, F. – *Histoire populaire de la psychanalyse,* Paris, La Fabrique Editions, 2021.

Galilei, G. – *Diálogo sobre os dois máximos sistemas do mundo,* in *Le opere di Galileo Galilei,* Firenze, Edizione Nazionale, 1964, t. VII, p. 139, *apud* Nascimento, C. A. R. – *Para ler Galileu Galilei,* São Paulo, Nova Stella Editorial e EDUC (Editora da PUC-SP), 1990.

_____. – *O ensaiador (Il saggiatore), Os Pensadores,* São Paulo, Editora Nova Cultural, 2000.

Gramsci, A. – *Concepção dialética de história,* Rio de Janeiro, Civilização Brasileira, 1981.

_____ – *Siderius Nuncius (O mensageiro das estrelas)* (1610), Lisboa, Fundação Calouste Gulbenkian, 3ª edição, 2010.

Grünbaum, A. – *The foundations of psychoanalysis – a philosophical critique,* University of California Press, 1984.

Hacking, I. – *Por que a linguagem interessa à filosofia?,* São Paulo, Editora UNESP, 1999.

Hegel, G. W. F. – *La phénoménologie de l'esprit,* Vol. I, Paris, Aubier, Editions Montaigne, 1941, tradução do original alemão por Jean Hyppolite.

Heisenberg, W. – *A parte e o todo,* Rio de Janeiro, Contraponto Editora, 1996.

Hume, D. – *Investigação sobre o entendimento humano (Enquiry concerning human understanding,* Londres, 1748), São Paulo, Edições 70 – Textos Filosóficos, 2014.

REFERÊNCIAS

Husserl, E. – *Idées directrices pour une phénoménologie et une philosophie phéno-ménologique pures, I – Introduction générale à la phénoménologie pure* (1913), Paris, Éditions Gallimard, Collection TEL, 1950.

_____ – *Investigações lógicas, volume I – Prolegômenos para uma lógica pura,* 1900

_____ – *Investigações lógicas, volume II – Investigações para uma fenomenologia e teoria do conhecimento,* 1901.

_____ – *La philosophie comme science rigoureuse* (1911), Paris, PUF, Collection Epiméthée, 1989.

Japiassu, H. – *Psicanálise – ciência ou contraciência,* Rio de Janeiro, Imago Editora, 1998.

Jaspers, K. – *Psicopatologia geral,* Rio de Janeiro, Livraria Atheneu, 1973.

Jung, C. G. – *Analytical psychology and "Weltanschuung",* (1928-1931), in *Collected works of C. G. Jung,* Princeton University (New Jersey, USA), 1970, editores Gerhard Adler e R. F. C. Hull, Vol. 8 (*Structure and dinamics of the psyche*).

Kant, I. – *Crítica da faculdade do juízo,* Rio de Janeiro, Forense Universitária.

_____ – *Crítica da razão pura,* Lisboa, Fundação Calouste Gulbenkian, 2ª edição, 1989

Khun, T. – *O caminho desde a estrutura, Ensaios filosóficos, 1970-1993,* São Paulo, Editora UNESP, 2017.

Koyré, A – *Do mundo fechado ao universo infinito,* Rio de Janeiro, Editora Forense Universitária, 4ª edição, 2006.

_____ – *Galileu e Platão,* in *Estudos de história do pensamento científico,* Rio de Janeiro, Editora Forense Universitária, 2ª edição, 1991, pp 152-180. Título original: *Galileu and Plato,* in *Journal of the history of ideas,* (New York) Vol. IV, nº 4, outubro de 1943.

Lacan, J. – *A ciência e a verdade,* in *Escritos,* Rio de Janeiro, Jorge Zahar Editor, 1998.

_____ – *A direção do tratamento e os princípios do seu poder,* in *Escritos,* op. cit.

_____ – *A significação do falo* (1958), in *Escritos,* op. cit.

_____ – *De uma questão preliminar a todo tratamento possível da psicose* (1957), in *Escritos,* op. cit..

_____ – *Função e campo da fala e da linguagem na psicanálise,* in *Escritos,* Rio de Janeiro, Jorge Zahar Editor, 1998

_____ – *Escritos,* Rio de Janeiro, Jorge Zahar Editor, 1998, quarta capa do volume.

_____ – *Le Séminaire, Livre XV, L'acte psychanalytique, 1967-68,* documento de trabalho da Associação Lacaniana Internacional (ALI), não datado.

_____ – *O Seminário, Livro X, A Angústia* (1962-63), Rio de Janeiro, Jorge Zahar Editor, 2005.

_____ – *O Seminário, Livro XI (Os quatro conceitos fundamentais da psicanálise),* 1964, Rio de Janeiro, Jorge Zahar Editor, 1985

_____ – *O Seminário, Livro XVII (O avesso da psicanálise)* 1969-70, Rio de Janeiro, Jorge Zahar Editor, 1992

_____ – *O Seminário, Livro XVIII (De um discurso que não seria semblante),* 1971, Rio de Janeiro, Jorge Zahar Editor, 2009.

_____ – *O Seminário, Livro XX, Mais, ainda (1972/73),* Rio de Janeiro, Jorge Zahar Editor, 1985.

_____ – *Posição do inconsciente no Congresso de Bonneval,* 1960, retomado em 1964, in *Escritos,* op. cit.

_____ – *Problèmes cruciaux de la psychanalyse – Séminaire 1964 – 1965,* "Éditions de l'Association Lacanienne Internationale – publication hors commerce" (sem data de publicação do volume).

_____ – *Résumé rédigé pour l'Annuaire de l'École Pratique des Hautes Études de 1965,* in *Le Séminaire, Livre XI (Les quatre concepts fondamentaux de la psychanalyse),* (1964), página final.

_____ – *Subversão do sujeito e dialética do desejo no inconsciente freudiano,* (1960), in *Escritos,* op. cit.

Langenscheidt Taschenwörterbuch – Portugiesisch, München, Wien, 1915, verbete *treiben,* p. 1184.

Latour, B. – *Jamais fomos modernos,* São Paulo, Editora 34, 2019.

Laurent, É. – *O que as psicoses ensinam à clínica das neuroses,* in *Revista Curinga nº 14,* Escola Brasileira de Psicanálise – Seção Minas Gerais, Belo Horizonte, 2000

Leibniz, G. W. – *Nouveaux essais sur l'entendement humain par l'auteur de l'hamonie pré-etablie,* Paris, Garnier-Flammarion, 1966.

Lenin, V. I. – *Cadernos filosóficos – Hegel,* São Paulo, Boitempo Editorial, 2018.

Lima, R. C. – *Somos todos desatentos? O TODA/H e a construção de bioidentidades,* Rio de Janeiro, Relume Dumará, 2004.

REFERÊNCIAS

Lippi, S. e Landman, P. – *Marx, Lacan: l'acte révolutionnaire et l'acte analytique,* Toulouse, Éditions Érès, 2013.

Manual Diagnóstico e Estatístico de Transtornos Mentais – V Edição (DSM-V – Diagnostic and Statistical Manual of Mental Disorders, da *American Psychiatric Association),* Porto Alegre, Artmed, 2014.

Martins, M. V. – *Marx, Espinosa e Darwin – pensadores da imanência,* São Paulo, Usina Editorial, 2021.

Marx, K. – *Crítica da Filosofia do Direito de Hegel,* ou *Crítica de Kreuznach,* Lisboa, Editorial Presença, 1983.

_____– *Manuscrits de 1844 (Manuscrits parisiens),* Paris, Flammarion, Colection GF-Flammarion, 1996.

Mascaro, A. L. – *Estado e forma política,* São Paulo, Boitempo Editorial, 2013.

Mbembe, A. – *Necropolítica* – São Paulo, n-1 edições, 2018

Merleau-Ponty, M. – *Phénoménologie de la perception,* Paris, Editions Gallimard, Bibliothèque des idées, 1945.

Mezan, R. – *Pesquisa em psicanálise – algumas reflexões,* São Paulo, Jornal de Psicanálise, vol. 39, nº 70, 2006.

Miller, J. A. – Quarta capa de *Autres écrits* (Jacques Lacan), Paris, Éditions du Seuil, 2001.

Milner, J.-C. – *A obra clara – Lacan, a ciência, a filosofia,* Rio de Janeiro, Jorge Zahar Editor.

Milner, J.-C. – *Clartés de tout – de Lacan à Marx, d'Aristote à Mao,* Paris, Éditions Verdier, 2011.

Poincaré, H. – *O valor da ciência,* Rio de Janeiro, Contraponto Editora, 1995.

Portugal, E. – *Uma introdução ao estudo de Galileu a Descartes,* in *Filosofia e ciência – Espaço, Cadernos de cultura USU (Universidade Santa Úrsula),* Rio de Janeiro, Editora da USU, 1983.

Prigogine, I. – *O fim das certezas – tempo, caos e leis da natureza,* São Paulo, Editora UNESP, 2ª edição, 2011.

Prigogine, I. (com a colaboração de Isabelle Stengers) – *O fim das certezas – tempo, caos e leis da natureza,* São Paulo, Editora UNESP, 1996.

Resende, C. N. – *Saúde mental infantil: as questões diagnósticas e a cientificidade da psicanálise,* in *Ermira – ideias, cultura e redemoinhos,* Goiânia, 2023.

Ricoeur, P. – *De l'interprétation – essai sur Freud,* Paris, Editions du Seuil, *l'Ordre Philosophique,* 1965.

A CIÊNCIA DA PSICANÁLISE

Santos, B. S. – *Um discurso sobre as ciências,* São Paulo, Editora Cortez, 7ª edição, 2010.

Sartre, J.-P. – *Critique de la raison dialectique (précédé de Questions de méthode), Théorie des ensembles pratiques,* Paris, Éditions Gallimard, Bibliothèque des idées, 1960.

_____ – *O existencialismo é um humanismo* (1946), Petrópolis, Editora Vozes, 2014.

Stengers, I. – *Quem tem medo da ciência? Ciências e poderes,* São Paulo, Edições Siciliano, 1990.

Spinoza, B. – *Ética,* Belo Horizonte, Autêntica Editora, 2013 (edição bilíngue latim-póortuguês).

Visentini, G. – *Pourquoi la psychanalyse est une Science – Freud épistémologue,* Paris, P.U.F., 2015.

Weber, M. – *Metodologia das ciências sociais,* Campinas, Editora Cortez, 5ª edição, 2016.

Wittgenstein, L. – *Tractatus logico-philosophicus*, 1921, São Paulo, Companhia Editora Nacional, 1968.